国际法价值体系的重塑

——以风险社会理论为视角

郑实◎著

中国民主法制出版社

图书在版编目（CIP）数据

国际法价值体系的重塑：以风险社会理论为视角/郑实著.—北京：中国民主法制出版社，2022.9

ISBN 978-7-5162-2913-2

Ⅰ.①国… Ⅱ.①郑… Ⅲ.①国际法—研究 Ⅳ.①D99

中国版本图书馆 CIP 数据核字（2022）第 162116 号

图书出品人： 刘海涛

责任编辑： 逯卫光　许泽荣

书名/ 国际法价值体系的重塑——以风险社会理论为视角

作者/ 郑　实　著

出版·发行/ 中国民主法制出版社

地址/ 北京市丰台区右安门外玉林里 7 号（100069）

电话/（010）63055259（总编室）　63058068　63057714（营销中心）

传真/（010）63055259

http：// www. npcpub. com

E-mail：mzfz@ npcpub. com

经销/ 新华书店

开本/ 16 开　710 毫米×1000 毫米

印张/ 15.25　**字数/** 218 千字

版本/ 2022 年 9 月第 1 版　2022 年 9 月第 1 次印刷

印刷/ 三河市宏图印务有限公司

书号/ ISBN 978-7-5162-2913-2

定价/ 58.00 元

2021 年度湖北省社会科学基金一般项目（后期资助）（2021073）
2020 年度湖北汽车工业学院博士科研启动基金项目（BK202002）
湖北汽车工业学院马克思主义学院学术基金资助
检察理论与实务研究基地学术基金项目资助（SYRJ－2021）

序　言

既有的国际法价值体系在为人类社会有序发展提供价值指引的同时，也蕴含着诸多危机。随着全球化程度的加深，许多对人类生存造成严重威胁的全球性风险都迫使既有的国际法价值体系作出相应的调整。从国际法与国际社会的交互关系出发，重塑一种合理的国际法价值体系，不仅有助于化解其内部潜在的危机，也能更有效地应对全球性风险所带来的挑战。

全球化时代背景下，既有的国际法价值体系在国际法实践中潜藏着深刻的危机。在具体内容上，该危机一方面表现为整体架构上的结构失衡：正义与秩序的价值紧张，以及自由、平等与安全之间的价值冲突。另一方面，该危机则表现为具体目标上的要素缺失：秩序价值存在着时代内涵的缺失，平等价值存在着形式化的价值局限。透过危机的表象深入其里可知，导致国际法价值体系危机的原因有二：一是自由主义价值观内部所存在的困境，以及美国所主导的自由霸权秩序的衰落；二是国际社会现代性转向与国际法滞后性因素的共同作用。

国际法的价值是国际法价值体系的理论根基，它是指国际法对于实现价值主体的主体性所具有的意义。它的基本内涵由主体性要素、自然法本性及主权与人权二元价值结构所构成。它的主要外延包括正义与秩序、自由、平等与安全及人权。它还具有主体客观性、多元性和历时性的根本特征。国际法价值体系的基本构造表现为：正义价值可以通过整合自由与平等价值来构筑其原则体系，秩序价值的本质在于安全价值的制度性外化，人权价值的达成则在民主制度与法治实践中具体化为对自由、平等与安全价值的实现，而正义与秩序价值最后将统一于和谐价值之中。由此，各项价值按照这种逻辑关系构成了静态意义上的国际法价值体系。国际法价值体系的历史演变则表现为：通过国际法各项价值目标之间主次序位的变更和替换，来完成国际法价值体系的自我调整和完善，以适应不断发展和更新的国际法社会基础。

风险社会理论是检视国际法价值体系的新视角，它包含两个方面的内容。一方面，风险社会中的风险是在自然与传统终结之后的现代性风险，它是人类理性支配下制度化、组织化的人为决策产物。从风险与法律之间的内在关联来看，国际法是通过宏观的法律理念和法律原则来对风险进行管控的。另一方面，风险社会具有现实与建构的两种维度，它在内容上主要是指贝克与吉登斯所代表的制度主义风险社会理论。从法学视野来看，法学界对于风险社会的理解是把风险社会当作一种工业社会的社会转型理论，该理论对法律价值和制度都具有重塑作用。基于此，风险社会也将对国际法的价值体系产生变革性的影响。全球风险社会与国际法社会基础变迁之间存在着深刻的内在关联。一方面，经济全球化与风险全球化的紧密联系在一定程度上促成了全球风险社会的形成。另一方面，国际法的社会基础是由国家间交往作用形成的国际关系和整个国际社会共同构成的。由此可见，国际法社会基础变迁的新趋势应是朝向全球风险社会的阶段迈进。

全球风险社会治理与国际法价值体系之间具有密切的关联。全球治理在本质上是一种综合治理要素与权力要素的权威运作过程，它旨在解决全球性问题，而全球性问题实际上渗透着全球性风险。全球治理正逐步转变为全球风险社会治理。与此同时，有效的全球风险社会治理以达成全球风险社会治理的价值共识为前提。国际法价值体系则为全球风险社会治理的价值观提供了基本框架，构成了全球风险社会治理的价值之维。国际法价值体系重塑面临着一定的理论困难，即自由、平等与安全之间的价值博弈形成了一种国际法价值体系的“三元悖论”：国际法最多只能同时满足其中任意两项价值，而放弃另外一项价值。美国等西方发达国家所主张的自由主导的国际法价值体系，在实现自由价值的同时损害了平等与安全的价值。由发展中国家所主张的平等主导的国际法价值体系，在实现平等价值的同时对自由构成了限制。风险社会视角下国际法价值体系的重塑，则是以应对全球性风险为目标，朝向以安全为主导的国际法价值体系进行转变的过程。而在以安全为主导价值的国际法价值体系重塑过程中，风险分配的逻辑取代了财富分配的逻辑。由此，秩序价值的内涵由安全保障演变为风险预防，平等价值的内涵由形式平等演变为实质平等，而人权价值也由霸权政治的滥用演变为协商民主之下带有程序性限制的人权保障。

国际法价值体系的重塑在其实践路径上有主体条件、主观条件和客观条件三个层面的内容。其一，在主体条件层面，遵循行为规范原则的大国是国际法价值体系重塑的核心主体，通过遵循行为规范原则的大国政治的运作才能有效遏制霸权政治价值观的输出。其二，在主观条件层面，应当重塑从实践理性到交往理性过渡的国际社会公共性，并且在国家间交往模式的观念上也应当从主体性向主体间性转变，以避免主体性原则的绝对化。其三，在客观条件层面，既有的国际法实践只有在立法、执法和司法层面始终保持能动与克制的平衡，才能使国际法价值体系的重塑得以实行。

新时代背景下，中国为国际法价值体系的重塑提供了方案，它包含四个方面的内容。其一，中国的和平崛起将使中国基于身份自觉而逐步完成世界权力的转移，而和谐价值观必将为国际法的价值体系奠定中国底蕴。其二，和平共处五项原则不仅确立了国际法价值观的中国立场，同时也有助于构建和谐共生的国际关系。其三，人类命运共同体作为推动国际法价值体系重塑的中国理念，从实质上体现了国际法价值的主体间性，其新安全观也使得构建以安全为主导的国际法价值体系成为可能。其四，“一带一路”倡议作为构建人类命运共同体的初步实践，不仅促成了经济融合，也增进了政治互信，在该倡议实施过程中所形成的国际合作也必将创制新的国际法规范，进一步夯实国际法价值体系重塑的现实基础。

目　录

Contents

导　论

一、选题背景与研究意义

（一）选题背景

近年来，国际社会的发展趋势呈现出一种两面性。一方面，随着全球化趋势的不断加深，世界各国彼此间的经贸往来日益频繁，各国人民的财富收入及物质生活水平显著提高。由现代科技所创造的全球互联网、高速铁路、生物基因工程、人工智能等诸多新兴事物都极大地提升了人们的生活品质，并拉近了各国之间、各国民众之间的联系。人类社会处在一个大发展的时代，世界多极化和经济全球化更使得和平与发展、合作与共赢成为时代性的价值标签。另一方面，伴随着经济全球化的是无时无处不在的危机与隐患。全球经济高速发展的同时也加剧了世界各国在经济发展上的不均衡，导致了国家间的贫富两极分化。而高新科技在给人们提供生活便利的同时，也引发了一系列诸如核泄漏、信息安全威胁、基因编辑事故、未知病毒传播、人工智能隐患等危及人类生存的事件。与此同时，全球气候变暖所引发的生态危机、全球金融危机、全球恐怖主义等更是构成了一种长期性的挑战。近年来，由民粹主义浪潮所主导的逆全球化趋势更使得国际秩序处于一种未知和不确定的状态之中。

国际法对于维持一个安全稳定的国际秩序具有不可或缺的规范作用。国际法的价值是评价国际法规范并指引国家行为的理念，它所具有的规范评价与行为指引功能对于国际法秩序的构建至关重要。一个真实反映国际社会价值共识并合理回应国际社会变化趋势的国际法价值体系，必将塑造出一个有利于世界各国发展的国际秩序，并有效化解国际社会潜在的危机。既有的国际法价值体系在为人类社会有序发展提供价值基础和制度保障的同时，也存在着诸多缺陷。国际社会发展趋势的两面性与既有的国际法价值体系存在着紧密关联。诸多对国际社会造成严重威胁的国家实践都与既有的国际法价值体系的行为引导有着直接或间接的关系。因此，检视既有的国际法价值体系所存在的危机，并将其置于国际社会的发展趋势之中进行考察，以促使其自身得以重塑，就成了国际法基础理论研究中越发重要的理论问题。

（二）研究意义

1. 理论意义

就本研究的理论意义而言，从国际法价值体系重塑与国际法社会基础变迁的关系视角出发，将国际法的价值体系置于风险社会语境之中进行探究，必将对国际法价值论领域的诸多问题形成一种理论反思。这种理论反思既有助于进一步拓展既有的国际法价值论的理论框架，也有助于厘清国际法价值体系的理论内涵与外延。同时，该反思更能够界分国际关系与国际法在价值问题上的疆域，使得国际法的价值论研究更具有本学科的特征。并且，对于既有的国际法价值体系的检视，也将在一定程度上深化国际法价值研究的精细程度，使得国际法在价值问题上形成与国内法价值研究所不同的独立属性。

2. 实践意义

就本研究的实践意义而言，价值具有规范评价和行为指引的功能，国际法价值必然指向国际法实践。因此，阐明风险社会视角下国际法价值体系的重塑问题，必将有助于对国际法规范的合理价值评价，也有助于对国家行为的正确价值引导。并且，通过探究国际法价值体系的危机与重塑，能够在一定程度上厘清国际社会所存危机的根源。进一步而言，该研究能够为回应和化解这些危机提供价值上的重塑方案，从而使国际社会朝稳定有序的方向发展。

二、国内外研究现状述评

风险社会理论视角下国际法价值体系的重塑问题，是全球逐渐步入风险社会过程中国际法价值论领域日趋重要的理论问题。与此同时，该问题也是近年来逆全球化浪潮冲击下国际法回应其自身价值危机亟须克服的现实问题。尤其是当前在中国实施“一带一路”倡议、推动构建人类命运共同体的背景下，这一问题成为国际法律体系亟待解决的基础性和前提性问题。长期以来，国内外学术界就该问题的不同方面和各个层次都展开了较为深入的研究，并积累了较为丰富的研究成果。

（一）国内研究现状述评

以时间轴为线索，纵观国内学术界有关国际法价值领域的研究，大致上经历了从无到有、从确立到反思、从建构到变革如此层层递进、不断深入的三个基本阶段。学界研究的重心紧密围绕着国际法价值的本体论、主体论、运行论和关联论等基本范畴展开。并且，学界对国际法价值问题的认知和探索的过程也深受中国国际法实践和国际社会的影响。研究成果也随着中国综合国力的增强、国际地位的提升及国内社会价值需求的变化而不断更新和发展。

1. 从无到有的初探阶段

以2005年国务院发布《中国的和平发展道路》白皮书为标志，国内学术界对国际法价值论领域的研究开启了拓荒式的起步阶段。中国政府在《中国的和平发展道路》白皮书中，向全世界系统地阐述了“走和平发展道路”的坚定立场。与此同时，以中国的和平崛起为背景，国内学术界也在提高中国在国际法及外交领域的影响力方面展开了深入研究。其中，国际法学界围绕国际法价值的本体论及中国的国际法价值观等核心范畴，对国际法的价值论这一领域进行了初步探索。

（1）在国际法价值的本体论层面，主要厘清了国际法价值的概念与特征及国际法价值体系的基本构成。其代表性研究成果有：

其一，国际法价值的概念与特征方面。古祖雪较早对国际法价值的概念进行了探究。古祖雪认为，国际法的价值实质上是国际法基本理念的表征。国际法的价值不仅是国际社会的结构及其规律的反映，也对国际法具有构成、评价与调整的功能。[①] 高岚君较为全面地对国际法的概念与特征进行了阐述，并将国际法的价值界定为国际法的追求目标。高岚君认为，国际法的价值既是国际法的合理性与道德性的体现，也是国际社会制定和评价国际法的标准，并有别于国际法的功能和效力等概念。在国际法价值的特征方面，高岚君提出了国际法的价值具有与国内法同样为“法”的一般性、与国内法不同而称“国际法”的特殊性、体现国际社会最低限度之

① 古祖雪：《论国际法的理念》，载《法学评论》2005年第1期。

共识的普遍性、反映时代发展之变化的时代性等性质。[①] 罗国强以实在国际法与自然国际法的界分为基础指出，国际法的价值就是实在国际法的价值，是指社会主体加诸于实在国际法的某种具有抽象性的主观信念或倾向。并且，国际法的价值具有主观性的基本特征，但这种主观性不等于任意性和非理智性，应当努力使其符合客观的社会规律。[②]

值得肯定的是，国际法学界早期对国际法价值概念与特征的研究不仅奠定了国际法价值的本体论基础，同时也为后续国际法价值的主体论、运行论及关联论研究提供了基本的理论框架。然而，既有的研究也存在着进一步探讨的空间。一方面，就国际法价值的概念界定而言，从法的价值概念出发向国际法的价值概念进行拓展的研究路径并无不妥。但是，对国际法价值本质属性的揭示却仅局限于国际法内部的横向比较，如国际法价值与国际法功能、效力等概念的比较。同时也缺乏对价值概念本身的检视，尤其是欠缺与其相类似的上下位概念的纵向比较，如价值与理念、原则、规则、规范等概念的比较。这在很大程度上也导致了国际法价值概念在国际法体系中的定位混乱，从而造成了国际法价值与国际法基本原则相混淆的情形。另一方面，就国际法价值的基本特征而言，既有研究成果已经对其作出了较为全面的阐述。但从价值研究本身看来，既有研究仅从观念、理念、道德等主观范畴来进行归纳，并未充分揭示出其应有的独特属性，尤其是缺乏从价值主体与客体的关系视角去把握国际法价值的根本特征。这种偏向于主观范畴的特征定性，在一定程度上使得对国际法价值内容的研究呈现出了多样化的情形。国际法的价值体系成为和平、人权、正义、秩序、安全、发展、公平、平等、善意、和谐等诸多价值进行不同排列组合的杂糅。这种内容多样的价值体系具有一定的随意性和主观性，很容易陷入价值相对主义，从而引发国际法价值体系的混乱与冲突。

其二，国际法价值体系的基本构成方面。除了对国际法价值的概念与特征展开初步探索外，国内学术界在国际法价值体系的基本构成方面也进行了较为系统的分析。古祖雪从国际法价值作为国际法基本理念的视角出发，认为国际法的价值体系是由和平、人权、正义三项基本价值构成的。

---

① 高岚君：《国际法的价值论》，武汉大学出版社 2006 年版。

② 罗国强：《论自然国际法的基本原则》，武汉大学出版社 2011 年版；另参见罗国强：《论当代国际法基本价值之构建》，载《南通大学学报（社会科学版）》2015 年第 1 期。

其中，和平作为国际法立法的根本目的，是国际法的基本价值；人权作为国际法的最终追求，是国际法的终极价值；正义作为国际法的内在要求，是国际法的工具价值。[①] 高岚君以中国和平发展的要求为出发点，认为国际法的价值体系应由和平秩序、人本秩序、全人类共同利益三部分构成。该体系反映了“国家—个人—全人类”在国际社会中“三位一体”的存在。[②] 王秀梅从中国的和平发展与国际法价值多元化关系的视角出发，主张国际法的价值体系应包含作为首要和基本价值的国际和平与安全、体现国家价值的国家主权原则、体现人的价值及国际法人本化趋势的人权价值。[③] 杨泽伟以人类面临新挑战、国际社会出现新变化，以及当代国际法的新发展为背景，指出了国际法的应有价值体系主要由发展、安全、人权三项价值目标所构成。[④] 罗国强从实在国际法与自然国际法的界分出发，认为国际法基本价值的构建应当围绕自然国际法的基本原则来进行。国际法的价值体系应由正义、公平、平等、善意及和谐这五项独立价值构成。并且这五项基本价值按照“价值判断理性”和“实践理性”分为两个层级。第一层级由第一位的正义价值、第二位的公平价值及第三位的平等价值组成。第二层级则是依据第一层级而产生，且均符合第一层级的全部价值，它包括由正义价值推衍而出的善意价值和由公平价值推衍而出的和谐价值。[⑤]

从这些研究成果可以看出，国际法学界早期对于国际法价值体系基本构成的研究在内容上极为丰富，比如涉及了国际法大部分应有的价值目标。并且，既有研究成果也呈现出一定的层次性、体系性和逻辑性，比如严格区分了终极价值、基本价值和主要价值等。然而，既有研究也存在值得补充和拓展的余地。一方面，不同学者从不同的角度对其所理解的国际法价值体系进行了梳理。但大部分研究要么是从国际法内部的既有原则与规范出发进行归纳，要么是从实在国际法外部即自然国际法的抽象原则来展开建构。既有研究并未从国际法价值的社会基础及国际社会的实际价值

① 古祖雪：《论国际法的理念》，载《法学评论》2005 年第 1 期。

② 高岚君：《中国的和平发展与国际法的价值体系》，载《法学评论》2006 年第 3 期。

③ 王秀梅：《中国的和平发展与国际法价值多元化》，载《南京航空航天大学学报（社会科学版）》2007 年第 2 期。

④ 杨泽伟：《当代国际法的新发展与价值追求》，载《法学研究》2010 年第 3 期。

⑤ 罗国强：《论自然国际法的基本原则》，武汉大学出版社 2011 年版；另参见罗国强：《论当代国际法基本价值之构建》，载《南通大学学报（社会科学版）》2015 年第 1 期。

需求方面来探讨国际法应有的价值体系构成。而这恰恰是探讨国际法价值体系基本构成最值得挖掘的重要内容。因为价值问题研究所指向的原本就是社会生活实践，而国际社会的价值需求正是国际法价值体系基本构成的出发点和落脚点。因此，从国际社会及其价值需求方面来反观国际法的价值体系构建就变得极为必要。另一方面，从既有研究所展现的国际法价值体系基本构成看来，既有成果受制于从国际法体系内部展开研究的内在视角，而缺乏从国际社会及其价值需求的角度进行探究。因此，既有研究未能有效区分国际法价值所适用的区域及范围。最为突出的表现有两个方面。一是忽视了各项具体国际法部门所独有的特殊性价值与作为整体的国际法所享有的一般性价值之间的比例差异。比如，在一定程度上并未重视海洋法体系中海洋自由原则所体现的自由价值，而该价值在国际法实践中所发挥的影响力与日俱增。二是忽视了国家主权管辖范围与全球公域范围之间的价值适用界限。比如，将主权国家间在国家主权管辖范围内的国际法价值视为国际法价值体系的一般性内容，而忽视了主权国家间在国家主权管辖范围外所应适用之价值的特殊性。因此，在国际法价值体系基本构成的研究中，既应当注意具体国际法部门的特殊性价值转向整体国际法一般性价值的可能性，还应当关注国家主权管辖范围外所适用之价值的特殊性与整体国际法价值的一般性之间的重叠与区隔。

（2）在中国的国际法价值观方面，集中阐释了中国对于国际法应有价值所持的立场与观念。其代表性研究成果有：

高岚君较为全面地梳理了中国国际法价值观的历史演进、主要内容及影响因素，指出了中国承认国际法的效力并遵守国际法中各项原则与规则的基本立场。同时，高岚君也阐述了中国对利用国际仲裁和司法程序解决国际争端所持的谨慎态度，以及中国特别重视国家主权原则以维护国家主权完整和统一的坚定决心。[①] 罗国强通过比较中西法律文化的差异，指出了西方法律文化中和谐观的缺失，从而将和谐价值确立为中国国际法的核心价值观。而和谐本身渊源于中国传统文化的实践理性。它包含了“和而不同”与“天人合一”的基本内容，它所指向的是人与人和谐及人与自然和谐两个方面。[②] 何志鹏通过对国际法价值观历史演进的梳理，指出以现

① 高岚君：《国际法的价值论》，武汉大学出版社 2006 年版。

② 罗国强：《论自然国际法的基本原则》，武汉大学出版社 2011 年版。

实主义为基础的"战争与和平"作为传统国际法的价值观，已逐步转向建立在自由主义国际关系理论为基础的"和平与发展"国际法价值观。但这种"和平与发展"的国际法价值观存在着阻碍合作发展、引发霸权思维及导致环境恶化的不足。因此，应当以中国"和谐发展"的国际法价值观补正西方国际秩序主流范式的缺陷。而中国"和谐发展"的国际法价值观，具体包含了世界和平、保护人权、国际合作以求发展及人与自然环境的共生四个方面的内容。[①]

有关中国国际法价值观的既有研究，不仅全面梳理了中国对于国际法所持的基本立场，还充分挖掘了中国传统文化中有关和谐价值的丰富资源。这为后续进一步探究中国国际法价值观的发展趋势奠定了理论基石，极大地丰富了国际法价值观的中国内涵。

2. 从确立到反思的深研阶段

以 2011 年国务院发布《中国的和平发展》白皮书，以及 2011 年北非中东的政治变局为标志，国内学术界对国际法价值问题的研究进入了一个更为深层的反思阶段。一方面，中国政府在《中国的和平发展》白皮书中再次向全世界重申了"走和平发展道路"的决心。与此同时，在中国成为世界第二大经济体且综合国力再度大幅提升的背景下，为适应新的国际形势并进一步提升中国在国际法和外交层面的话语权，国际法学界对国际法价值的本体论和关联论展开了深入研究。另一方面，通过审视和观察北非中东地区的政治变局，国际法学界对既有的国际法价值体系的基本构成及具体内容展开了深刻反思，尤其是针对西方国家的相关国际法价值观念进行了全面和深入的检视。

（1）国际法价值的本体论层面。既有成果补充和完善了国际法价值体系的基本构成，并进一步反思了其具体内容。其代表性研究成果有：

其一，补充和完善国际法价值体系的基本构成方面。刘志云以布尔的正义理论为框架反思了全球化背景下国际法的价值定位与发展路径。借助布尔的"个人正义"、"全球正义"与"国际正义"的正义类型理论，刘志云认为，当代国际法体系的主流价值即"国际正义"受到了"个人正

---

① 何志鹏：《从"和平与发展"到"和谐发展"——国际法价值观的演进与中国立场调适》，载于《吉林大学社会科学学报》2011 年第 4 期；另参见何志鹏：《国际法哲学导论》，社会科学文献出版社 2013 年版。

义”与“全球正义”的冲击。因此，国际法的价值体系在维持“国际正义”的同时，也必须兼顾“个人正义”与“全球正义”。此外，在协调正义与秩序两项最基本国际法价值的冲突时，罗尔斯的复数正义原则提供了一种有效的方法。即，先以“自由原则”建立自由与竞争的规则体系，再以“公平的机会平等原则”与“差别原则”构建出有效弥补发展中国家竞争起点劣势的机制。[①] 何志鹏通过审思国际法治的标准，提出了国际法二元价值体系的构想。何志鹏认为，国际法价值体系建构最困难的问题是价值基点的确定，亦即主权与人权的优越性问题。如果国际法的价值体系立足于国家，则在价值取向上强调国家的自由，亦即内政不容干涉。而如果国际法的价值体系立足于个人，则在价值取向上侧重于维护基本人权，以此为目的的干涉就是可接受的。由此，形成了国际社会中主权与人权的二元价值紧张。[②] 江河从法的价值的双重属性出发，认为国际法的价值体系主要应包含正义、秩序、平等和效率四项价值。其中，秩序价值是国际法的首要价值，体现为维护国际社会的和平与安全。正义是终极价值，但国际社会的文化多元和无政府状态都使国际法的正义只能零散地萌芽于其他非终极意义的法律价值之中。此外，从国际组织作为主权国家追求国际法基本价值的重要手段出发，联合国的存在体现着国际法在政治领域的平等价值，这具体化为国家主权平等原则的实践。世界贸易组织（简称 WTO）的运转则体现着国际法在经济领域的效率价值，这具体化为 WTO 基本法律原则（非歧视原则）和贸易争端解决机制的实践。[③]

相较于早期对国际法价值体系的初步构建，国际法学界在补充和完善阶段的研究取得了相当丰硕的成果。既有成果不仅对国际法价值体系进行了内容上的扩充，对基本构成也作出了逻辑上的完善，特别是对构成国际法价值体系的各项价值的关系进行了较为全面的阐述。它不仅从价值主体的层次上思索了“个人”“全球”“国家”间的价值定位，还从价值体系构建的逻辑起点上探究了“人权”与“主权”的紧张关系，更从国际法价值的历史演进及其国际组织实践的角度分析了各项价值之间的转化与演

---

① 刘志云：《直面正义纷争：全球化背景下国际法的价值定位与发展路径——以赫德利·布尔的正义理论为分析起点》，载《国际关系与国际法学刊》2012 年第 1 期。

② 何志鹏：《“良法”与“善治”何以同样重要——国际法治标准的审思》，载《浙江大学学报（人文社会科学版）》2014 年第 3 期。

③ 江河：《国际法的基本范畴与中国的实践传统》，中国政法大学出版社 2014 年版。

变。总之，既有成果在一定程度上深化了国际法价值体系的基本构成及其逻辑构造。

其二，在反思国际法价值体系具体内容方面。朱文奇围绕北非中东的政治变局，集中地对“人权”与“人道”的国际法价值理念进行了反思。朱文奇指出，一些西方国家试图将西方社会价值理念普遍化的做法，违背了体现国家主权价值的禁止武力干涉原则、国家主权原则等国际法基本原则，损害了国际和平与安全的最高价值。尽管国家主权不再是绝对的，但它与保护人权一样都是国际法的最基本原则。① 与此同时，何志鹏也围绕阿拉伯变局对国际法价值进行了反思，主要针对西方国家主导下的国际正义观展开了检视。何志鹏指出，以民主和人权为主导价值的西方国际正义观忽视了人权的多样性、民主自身的缺陷及其他与之并行的价值。而权衡国际正义则应以全面的信息为前提、以协商民主的方式为基础、以均衡平等的相互对待为核心、以法治的正当程序为保障。②

不同于确立阶段对于国际法价值体系的理论构建，国际法学界在反思阶段的研究侧重于从国际社会的发展动态方面来反思国际法价值体系的具体内容。这种理论反思，不仅在研究视角上从国际法内部拓展到了国际法与国际社会的关系层面，并且在研究意义上也从单纯的价值构建走向了更为深入的价值反思层面。尤其是围绕北非中东的政治变局，既有成果展开了对西方国家主导的国际法价值体系的根本性检视，集中考察了西方大国基于所谓民主人权的国际正义观所存在的缺陷及所带来的困境。这既有助于对既有国际法价值体系的基本构成之完善，又为塑造中国国际法价值观提供了经验材料。

（2）国际法价值的关联论层面。既有成果着重考察了国际法社会基础的变化对具体国际法部门的价值取向所带来的影响。其代表性成果有：

刘长秋结合风险社会理论对生物经济国际法的基本价值进行了分析。刘长秋认为，国际法的社会基础发生了变化，即国际社会已经进入了“世界风险社会”阶段，客观上无节制的经济发展所带来的负面效应正逐步凸显。因此，对于以效益和安全为最基本价值的生物经济国际法而言，若以

---

① 朱文奇：《中国与北非中东变局中的国际法》，载《中国法学》2012 年第 4 期。

② 何志鹏：《大国政治中的正义谜题——阿拉伯变局与国际法价值反思》，载《法商研究》2012 年第 5 期；另参见何志鹏：《国际法哲学导论》，社会科学文献出版社 2013 年版。

人权保障为价值选择的出发点，就应当适度调整其价值序列，将安全作为首要的价值追求，以风险预防为理念并遵循风险预防原则，据此回应其价值主体在“世界风险社会”背景下的安全价值需求。①

刘长秋关于国际法价值关联论层面的研究，是在生物经济国际法这一具体国际法部门中展开的。然而，这种从国际法社会基础变迁与国际法价值取向的关联论视角进行探究的方式，在某种意义上极大地拓宽了国际法价值论领域的研究视野。特别是它从风险社会理论的视角出发来探索效益与安全的价值关系，为国际法价值体系的理论研究提供一种较为新颖的研究路径。当然，这一研究也存在值得商榷的地方。它从国际法社会基础与国际法价值之间的关系视角出发，较为有力地论证了具体国际法部门的价值选择。但是，一方面，该研究对国际法社会基础的根本变迁缺乏较为充足的论证，特别是在涉及国际社会何以进入“世界风险社会”这一根本性问题上缺乏充足的理由。另一方面，它在国际社会转向“世界风险社会”何以影响具体国际法部门的价值取向上欠缺较为严密的论证逻辑。因此，对于风险社会与国际法价值问题之间的关联论研究，应当更注重国际社会本身朝向风险社会转变的具体内容与根本动因。并且，主体论是价值论的基本前提，故而应以国际法价值主体为逻辑连接点，着重厘清国际法社会基础的变化对国际法主体的价值需求方面的影响。基于此，再进一步探究国际法主体价值需求的变化对具体国际法部门价值取向的决定性作用。

3. 从建构到变革的开创阶段

以 2017 年习近平主席在联合国日内瓦总部发表《共同构建人类命运共同体》主旨演讲为标志，国内学术界从不同的学科和不同的领域对人类命运共同体的基本内涵和深层意蕴作出了初步探索。与此同时，面对这一划时代的新思想，国际法学界就其对国际法价值论层面所带来的根本性影响展开了系统性的研究。这集中体现为人类命运共同体对国际法价值观所带来的新变革上。

在国际法的价值观变革方面，着重阐述了人类命运共同体对国际法价值观所带来的新变革。其代表性成果有：

江河以南海安全合作为例，指出在人类命运共同体新安全观的基本构

① 刘长秋：《生物经济国际法的基本价值研究》，载《东方法学》2011 年第 4 期。

成要素及其互动的框架下，国际法的价值观发生了根本性的变革，即国际法的基本价值逐渐由消极和平迈向以普遍安全为前提的积极和平。一方面，在作为国际法首要价值的“维持国际和平与安全”中，秩序、安全、和平三种价值在其概念位阶上呈现出自上而下的逻辑关系。秩序的核心是安全，而安全是和平的基本保障和重要标志。另一方面，人类命运共同体之共同、综合、合作、可持续的新安全观，分别以安全的主体论、本体论、运行论等基本范畴为框架，构建了其四大要素相互区别又相互联系的内在统一体。新安全观沿着安全的主体性和客观性揭示了积极和平与普遍安全得以实现的基本方向。①

（二）国外研究现状述评

相较于国内学界对于国际法价值体系问题的研究，由于研究视域和研究背景的差异，国外学界对该问题的研究呈现出多元化和零散化的特征。总体而言，依据其对国际法本身的理解与定位，大致上可以梳理为三大类主张。第一类主张认为国际法本身毫无价值可言。或者说，国际法仅具有一定的工具性价值，充其量只是实现国际政治与经济价值的工具。可将其概括为国际法工具价值论。第二类主张认为国际法自身具有独立的价值，并不是国际政治与经济的附庸。可将其概括为国际法独立价值论。第三类主张的立场徘徊于前两者之间，既承认国际法依附于国际政治，又主张国际法在一定程度上具有独立的价值和重要的作用。可将其归纳为国际法有限价值论。这三大类观点的交织与融合构成了国外学界对于国际法价值问题的最基本的看法和态度。

1. 国际法工具价值论

主张国际法工具价值论的观点大多存在于国际政治学界，其中主要的代表性成果集中体现在国际政治学界的权力政治学派中。在国际法学界内部有与之遥相呼应者，其主要观点见于以政策定向法理学为代表的纽黑文学派中。权力政治学派以摩根索为代表，纽黑文学派以麦克杜格尔为代表，其研究成果如下：

（1）权力政治学派。作为国际政治现实主义流派的奠基人，摩根索在

① 江河：《人类命运共同体与南海安全合作——以国际法价值观的变革为视角》，载《法商研究》2018 年第 3 期。

论及国际法价值问题时的首要前提便是：世界本质上是一个利益对抗和利益冲突的世界，政治的本质就是权力斗争。以此为据，国际法的存在与运作取决于各国利益的博弈和国家间的权力分配。没有利益的协调与权力的平等就没有国际法。国际法主要是各种客观社会力量相互作用的结果。因此，国际法本身并无独立的价值可言，而只是国际政治的一部分。国际法成为实现国家间的利益调和与权力平衡的工具。①

（2）纽黑文学派。受到美国现实主义法学思潮的影响，以麦克杜格尔为代表的政策定向法理学是在反思将法律视为规则体系的传统学说中产生的。它认为法律不仅仅是由一系列法律概念和法律规则所组成的行为规范的总和，还应当包含关于这些规则的权威决策和行为控制之全过程，即法律就是一个社会有权者通过不断的选择进而形成权威的过程，而国际法也是一个围绕着权威和控制而连续不断变化的"决策过程"。国际法的作用在于实现重大政策，最终目标在于建立以"人类尊严"为主要内容的"世界公共秩序"。并且，决策是解决各种关于价值分配诉求之冲突的途径，而国际法是对其中具有权威性和有效性决策的记录。② 因此，国际法的价值就是国家对外政策的价值。换言之，国际法只具有实现国家对外决策目的的工具性价值，而毫无独立价值可言。③

从国际法工具价值论的代表性成果可以看出，由于它对国际法定位的偏颇，导致了它对国际法价值持有较为狭隘的立场。无论是国际政治学界的权力政治学派，还是国际法学界内部的纽黑文学派，都在一定程度上揭示出国际法与国际政治及相关外交政策之间的紧密关联。但与此同时，它们却都忽视了国际法本身作为一种特殊的法律体系所具有独立性地位，导致了国际法无用论甚至否定国际法存在的极端看法。事实上，国际法实践的历史及其发展趋势已对这两类主张进行了扬弃。在国际政治学界内部，重视国际法对国家行为之规范作用的新自由制度主义，以及强调观念文化对国家行为之塑造作用的建构主义，都对权力政治学派所持的国际法工具价值论提出了有力的批判。在国际法学界内部，新纽黑文学派在继承了既

---

① ［美］汉斯·摩根索：《国家间政治：权利斗争与和平》（第七版），徐昕、郝望、李保平译，北京大学出版社 2006 年版。

② Young，*International Law and Social Science*：*The Contributions of Myres S. McDougal*，American Journal of International Law，1972（1）：60-76.

③ Bianchi. *International Law Theory*，Oxford University Press，2016：91-109.

有纽黑文学派基本框架的基础上，也对传统的政策定向国际法理论作出了进一步的修正和发展。该学派从只关心国际法行为的客观表现方面转向了探究国家遵守或违反国际法的内在动因方面。国际法工具价值论作为特定历史阶段和理论思潮的产物，在一定程度上从另一个层面拓展了国际法价值论的理论空间，为深刻反思国际法价值问题提供了逻辑起点。

2. 国际法独立价值论

主张国际法有独立价值的观点主要集中于国际法学界。在认定国际法具有独立价值的基本前提下，国际法学界内部又对国际法的本体论展开了深入探究，并就国际法所具有的价值及体系构成形成了不同的看法。并且在国际法价值的关联论方面，也有学者对国际社会发展变化对于国际法价值体系所产生的影响展开了探索。其代表性研究成果有：

（1）国际法价值体系的基本构成方面。德国哲学家康德很早就在其《永久和平论》中阐述了和平作为国际法基本价值的观点。① 菲德罗斯指出，一切法律秩序所共同的价值是秩序或者和平的价值，对于国际法来说，善意价值具有突出的重要性。并且，随着国际社会组织化的发展，《联合国宪章》所彰显的善邻和宽恕的价值也纳入国际法的价值体系中，而人类共同的幸福成了国际法的最终价值目标。② 博德曼在《论国际法的精神》中认为，国际法的价值体系由三类价值构成：一是以主权、秩序、和平为内容的核心价值，二是以人权、公平、民主为内容的竞争性价值，三是以必要性、合作、理性为内容的背景性价值。其中，主权、秩序、和平是以国家为中心的国际法传统价值。人权、公平、民主则是以个人为中心的国际法价值新发展。必要性、合作、理性作为背景性价值是国际法主体在实现其他国际法价值时所应当遵循的基本原则。③ 除国际法学界内部的讨论以外，国际政治学界中以布尔为代表的英国学派也对国际法的价值体系问题进行了探究。布尔所持的观点可以概括为一种二元主义的国际法价值论。布尔认为国际法最核心的基本价值是国际秩序与国际正义，而另外一对基本价值是国家主权与人权。就国际秩序与国际正义的关系而言，

---

① ［德］伊曼努尔·康德：《永久和平论》，何兆武译，上海人民出版社 2005 年版。

② ［奥］阿·菲德罗斯等：《国际法》，李浩培译，商务印书馆 1981 年版。

③ Bederman, *The Spirit of International Law*, Athens Georgia: The University of Georgia Press, 2002.

英国学派采取的是一种二元论的立场，即只重视其中一种价值而忽视另外一种价值，导致无法充分理解国际政治的本质。就主权与人权的关系而言，它所关涉的是国家责任、国际责任与人类责任的分配问题，一个国家对这三种责任都应给予考虑，而不能顾此失彼。①

（2）国际法价值的关联论方面。联合国国际法院日本籍法官小和田恒以全球化为背景阐述了国际法价值体系内部的冲突与协调问题。小和田恒指出，在全球化趋势不断加深的情况下，当前国际社会面临着共同的社会挑战（气候变化）和共同的政治威胁（恐怖主义）。高速发展的国际社会与经济的现实，迫切需要一种系统性的全球治理模式。这种模式需要一种蕴含了在最低限度内规范各国行为的共同核心价值的公共秩序。而现有的国际法价值体系，一方面，存在着东方价值与西方价值的深层次冲突（以文化因素为主导的文明之冲突）；另一方面，以欧美为中心的西方价值体系由于它的狭隘性已不再适于当前的全球化世界。因此，有必要在全球范围内构建一种普适性的国际法价值体系。②

相较于国际法工具价值论的否定视角，国际法独立价值论从肯定的立场较为全面地分析了国际法价值本体论及关联论的相关问题，并对国际法价值体系的基本构成进行了较为全面的分析。国际法独立价值论从《联合国宪章》及相关规范与国际法的发展趋势上，阐述了国际法所应固守的基本价值及价值追求的未来趋势，并创造性地探讨了在具体实现国际法相关实体价值时所应遵循的基本原则。与此同时，它还将目光聚焦于国际法的社会基础与国际法价值体系构建的关联上。独立价值论从世界全球化程度不断加深的大背景出发，分析了既有国际法价值体系可能存在的不足与缺陷，并提出了构建全新的普适性国际法价值体系的想法。总之，它为进一步完善现有国际法价值体系提供了较为新颖的视域和较为坚实的基础。

3. 国际法有限价值论

相较于国际法工具价值论和国际法独立价值论的观点而言，主张国际法有限价值论的观点主要存在于以科斯肯涅米为代表的国际法批判法学派

---

① ［英］赫德利·布尔：《无政府社会：世界政治中的秩序研究》（第四版），张小明译，上海人民出版社 2015 年版。

② Hisashi Owada, *Conflict of Values in international Law: University of International Law in a Globalizing World*, Austrian Review of international and European Law, 2009 (14): 7-18.

（赫尔辛基学派），以及国际法学家亨金的相关论述中。其主要研究成果如下：

（1）国际法批判法学派。科斯肯涅米在《国际法的目的是什么?》一文中集中地对国际法的价值问题作出了详尽的阐述。该文认为，国际法在谋求实现各种国际行为者的政治价值观、利益和偏好的同时，也表现为批判的标准和制约有权者的手段。国际法作为并且应当作为实现特定主张或目的的工具。国际法同时也作为相对自治的行使技术而存在。据此，在探讨国际法的价值体系时，真正的问题不在于国际法是否应当实现"和平""安全""人权"等价值，而是在辩护或抨击特定政策时，这些价值概念之间出现的解释性争议或矛盾该如何解决。①

（2）国际法学家亨金。亨金在《国际法：政治与价值》一书中有关国际法价值问题的论述，显示了在国际法工具价值论与国际法独立价值论之间摇摆不定的理论立场。一方面，法律就其本质而言就是政治，法律是依附于政治而存在的。国际法是国际政治的规范表述。并且，任何法律体系无不反映政治体系中的政治主张，而国际法则反映了国家间体系的政治主张。另一方面，国际法又在国际社会中有着至关重要的作用，而国家是国际法最基本的构成实体。因此，国际法的价值体系就主要围绕着国家主权而展开。以国家为主的国家价值包含国家独立、国家平等、国家自治、国家领土完整和权威性、国家的不可干涉性以及国家所认同的国家权益等。②

对于国际法有限价值论而言，既有的研究成果立足于对国际法本身所持的折中态度。相较于国际法工具价值论和国际法独立价值论的观点而言，有限价值论虽然在理论立场上始终处于一种摇摆不定的状态，但实际上更具有合理性和现实意义。国际法工具价值论因其完全否定国际法价值的主张而陷于偏颇。国际法独立价值论因其忽视国际政治对于国际法现实影响的主张而流于理想化。国际法有限价值论的基本观点则同时克服了前两者所存在的弊端。它不仅注意到了国际法对于国际政治无法割裂的紧密

---

① Koskenniemi, *What is International Law For*, *EVANS*, International Law. 3rd ed. Oxford: Oxford University Press, 2010: 32-37.

② ［美］路易斯·亨金：《国际法：政治与价值》，张乃根等译，中国政法大学出版社2005年版，第1—44页。

关联性，同时也充分肯定了国际法本身作为一种独立性规则体系对国家行为的约束和规范作用。这对于国际法价值体系的构建具有深刻的方法论意义。并且，国际法有限价值论也提供了一种较为客观的视角，避免了过度理想化的情况。

三、研究思路与研究方法

（一）研究思路

本研究遵循“提出问题——分析问题——解决问题”的基本思路。首先，揭示既有的国际法价值体系在现实层面上所存在的危机，同时分析国际法价值体系危机产生的根本原因。其次，阐明国际法价值体系的理论根基及逻辑结构，并从国际法与国际法社会基础之间的交互关系出发，将国际法的价值体系置于风险社会的理论视角中进行检视，深入分析国际法价值体系的变化与国际社会变迁之间的关联。再次，从国际法与全球治理的关系切入，分析国际法价值体系重塑可能面临的理论困难，并探究突破该困难的可能途径，阐述有效解决既有危机的国际法价值体系重塑之思路。进而在这种思路的引导下，逐一对国际法的价值危机进行回应。然后，通过主体、主观及客观三个维度的分析，提出国际法价值体系重塑得以实现的路径。最后，落脚于中国对国际法价值体系重塑的贡献，通过对和谐价值观、和平共处五项原则、人类命运共同体理念和“一带一路”倡议的分析，阐述中国对于国际法价值体系重塑所能提供的智识方案。

（二）研究方法

1. 价值分析方法

法学中的价值分析方法，指的是通过认知和评价社会现象的价值属性，从而揭示、批判和确证一定社会价值或理想的方法。① 由于研究对象定位于国际法的价值体系，因此势必涉及法的价值论领域中的诸多关键问题。无论是对国际法价值的概念与特征进行阐述，还是对国际法各项具体价值目标的评价，抑或是探寻不同国际法价值目标间的内在逻辑关系，都离不开价值分析方法的运用。

---

① 张文显主编：《法理学》（第三版），高等教育出版社2007年版。

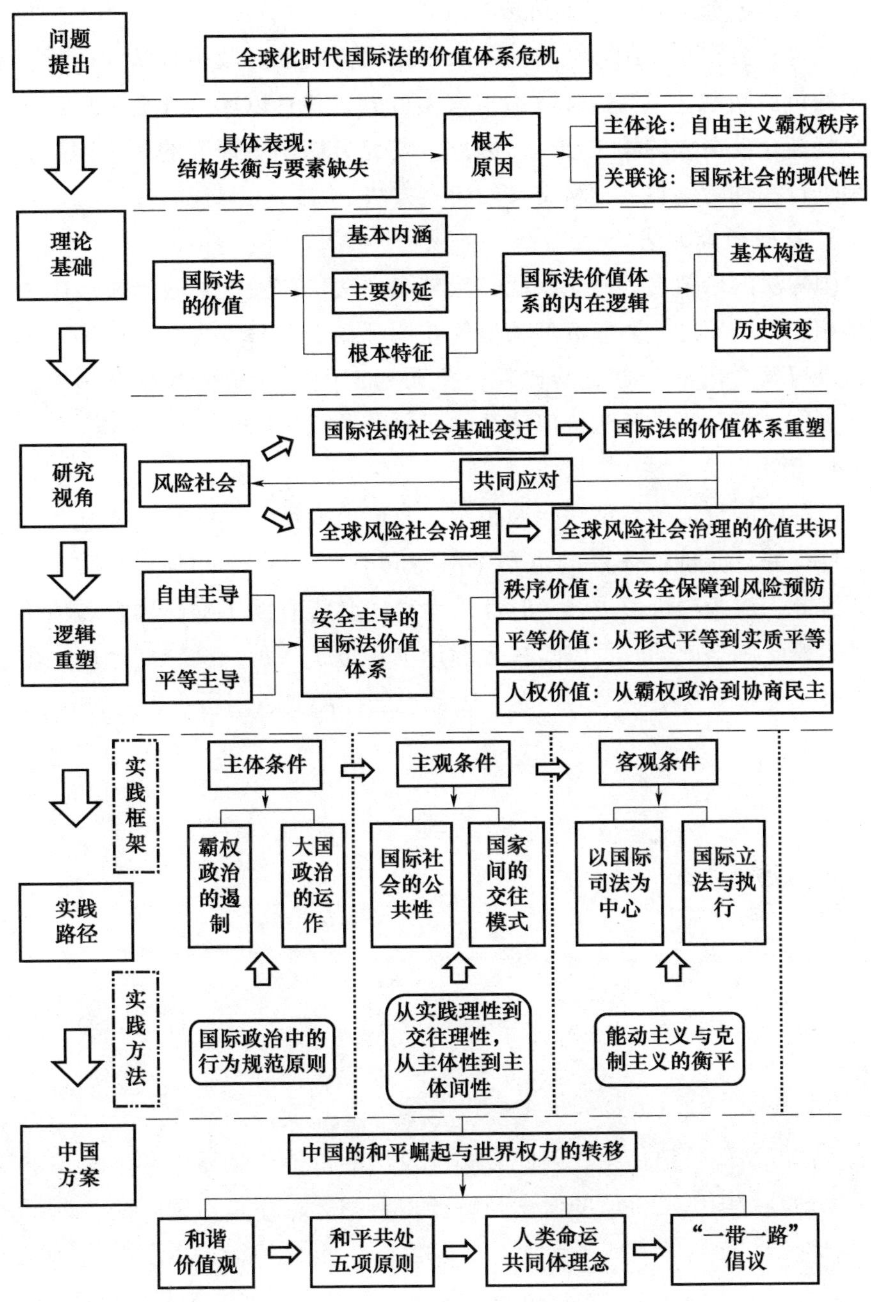
问题提出
全球化时代国际法的价值体系危机
具体表现：结构失衡与要素缺失
根本原因
主体论：自由主义霸权秩序
关联论：国际社会的现代性
理论基础
国际法的价值
基本内涵
主要外延
根本特征
国际法价值体系的内在逻辑
基本构造
历史演变
研究视角
风险社会
国际法的社会基础变迁
国际法的价值体系重塑
共同应对
全球风险社会治理
全球风险社会治理的价值共识
逻辑重塑
自由主导
平等主导
安全主导的国际法价值体系
秩序价值：从安全保障到风险预防
平等价值：从形式平等到实质平等
人权价值：从霸权政治到协商民主
实践框架
实践路径
实践方法
主体条件
霸权政治的遏制
大国政治的运作
国际政治中的行为规范原则
主观条件
国际社会的公共性
国家间的交往模式
从实践理性到交往理性，从主体性到主体间性
客观条件
以国际司法为中心
国际立法与执行
能动主义与克制主义的衡平
中国方案
中国的和平崛起与世界权力的转移
和谐价值观
和平共处五项原则
人类命运共同体理念
“一带一路”倡议

2. 跨学科或学科交叉研究方法

风险社会视角下国际法价值体系重塑研究既涉及政治哲学和法哲学领域中的价值问题，又与国际政治学密不可分，并且以风险社会为理论视角也必将涉及社会学的相关知识。因此，要充分探明本研究的理论问题，就必须进行一种跨学科或学科交叉的研究方法。

3. 比较研究方法

国际法的价值在其概念层面必然与国内法价值及国际政治领域中相关概念相联系。因此，要厘清各项价值在国际法上的根本含义，必须对每项价值进行概念内涵与外延的比较，从而划定国际法价值的概念边界。由此，为进一步分析国际法价值体系的问题提供概念基础。

4. 历史研究方法

国际法的价值体系重塑问题必然涉及价值变革与国际社会变迁之间的关联性。并且，价值体系的重塑本身也包含了一种时间维度上的变化本质。因此，对各项价值进行历时性的考察，必将有助于准确界定各项价值的基本概念。与此同时，风险社会理论本身也是一种社会转型理论，由于它涉及工业社会历史转型的问题，因此也同样需要运用历史研究的方法。

第一章

国际法价值体系的危机

价值是人对于意义的追问，法律价值是法律对于人的意义，国际法的价值问题就是探索国际法对于实现人的主体性所具有的意义。国际法的价值体系不仅关涉国际法自身的兴衰与流变，更影响着国际社会的发展与走向。由于国际法主体自身的多元化及其价值需求的多样化，国际法的价值自诞生之日起就呈现出包含了各种价值目标在内的复数形态。并且，国际法的诸多价值目标之间也并非单一孤立，而是按照一定的内在逻辑相互关联。无论是正义与秩序，还是自由、平等与安全，都在不同的时空维度内以各种各样的形式共同构成了国际法的价值体系。如果说既有的国际法价值体系在某种程度上反映了当前国际社会对于国际法的价值追求，那么随着时间的推移、国际社会的变迁及国际社会价值需求的变化，也同样会导致国际法价值体系发生根本性的改变。然而实际上，一方面，既有的国际法价值体系并未充分反映国际社会真实的价值需求。它不仅在整体架构上存在着结构的失衡，还在各项具体价值目标上存在着要素的缺失。另一方面，作为国际法的社会基础，经济全球化虽然在一定程度上促进了国际法价值体系的发展，但由经济全球化负外部性所带来的诸多全球性风险却进一步加剧了既有的国际法价值体系的危机。因此，阐明全球化时代国际法价值体系危机的具体表现，并深入探讨导致该危机产生的根本原因，构成了对国际法的价值体系进行逻辑重塑的原初动力和基本前提。

第一节　全球化时代国际法价值体系危机的具体表现

尽管学理上对于国际法价值体系的诠释不一而足，但从现实角度进行审视，它潜在的危机却已经越发集中且突出。尤其在全球化的时代背景下，国际法价值体系的潜在危机已经在诸多国际法实践中显现出来。这不仅对于国际社会的良序发展造成了一定的阻碍，还进一步对国际法自身的权威造成了负面的影响。一方面，就国际法价值体系的整体架构而言，既存在着一直无法缓解的正义与秩序之间的价值紧张，也存在着难以调和的自由、平等与安全之间的价值冲突。另一方面，在具体的价值目标上，国际法的秩序价值在内涵上缺失了国际社会历时性不断扩展的非传统安全要素。国际法的平等价值也因国家主权平等原则的实践困境而陷入了形式化的局限之中。人权价值更被霸权政治所主导，从而呈现出对于人权保障的功能性扭曲。如此种种都是全球化时代背景下国际法价值体系危机的具体表现。美国所主导的经济全球化实际上表现为一种霸权的全球化扩张。这使得原本已然形成的价值紧张与冲突进一步加剧。并且，经济全球化在推动国家间密切交往、加速生产要素跨国流动的同时，也带来了诸多的经济负外部性。全球生态环境恶化、全球金融危机及全球恐怖主义等全球性问题的出现都无不表明，既有的国际法价值体系已经无法充分反映当前国际社会对于国际法价值的真实需求，亟须进行合理的调整乃至重塑。

一、国际法价值体系的结构失衡

国际法价值体系所存在的危机首先表现为一种结构性的失衡。这意味着在价值体系的整体架构上，各项具体的价值目标之间存在着一定范围内的价值紧张与价值冲突。这种紧张与冲突就具体化为正义与秩序之间、自由平等与安全之间在价值实践中所凸显的种种难题。尽管这种结构性的价值失衡在国际法的实践中由来已久，但在全球化时代的背景下，以美国霸权政治为代表的国家实践进一步加剧了这种结构性失衡，使得国际法各项价值目标之间的紧张与冲突愈演愈烈。

（一）正义与秩序间的价值紧张

国际法的各项价值之间存在的矛盾，首先体现在正义与秩序的关系之中。作为国际法最基本的两项价值，正义与秩序之间的矛盾自国际法诞生之日起就早已存在。该矛盾在现代国际法的发展过程中也一直不断呈现。正义与秩序间的价值紧张，一方面表现为以正义之名行侵害秩序之实的霸权主义国际干涉上，另一方面则表现为霸权政治所主导的自由国际秩序对正义价值的曲解上。

以正义之名行侵害秩序之实的情况在传统国际法的实践中早已存在。

发端于古希腊罗马时期而后对早期近代社会产生深刻影响的“正义战争”（justum bellum）理论，其原初含义就在于为基督教文明的对外扩张提供法理基础。这种以报复和惩罚为内容的狭隘正义观几乎贯穿于整个中世纪欧洲的国际法规则史，[①] 由此带来的后果则是基督教文明对于非基督教文明社会秩序的严重破坏。无论是神圣罗马帝国时期对于异教徒的残酷迫害，还是近代早期欧洲基督教文明对于美洲的征服与吞并，无不显示出欧洲基督教狭隘正义观对秩序价值的侵犯与损害。在现代国际法的实践中，西方发达国家继承了这一传统，并在此基础上发展出了一种新正义战争理论。该理论在传统正义战争的基础上作出改进与完善，在一定程度上体现了一种人本主义的伦理关怀。[②] 罗尔斯的《万民法》也将正义战争观纳入其所主张的国际正义理论之中。[③] 但从晚近的国际法实践看来，正义战争理论仍然摆脱不了被霸权政治滥用的风险。在“冷战”结束后，这一理论便为美国等西方国家所利用，成为人道主义干预和国家间军事干涉的伦理基础。[④] 以人权高于主权为基调，人道主义干预强调国际社会对于人权侵害严重的地区或国家进行外部军事干涉的正当性。这一基本立场恰好与正义战争理论所强调的战争的正当性形成某种意义上的理论暗合。然而，由此所带来的灾难性后果也为世人所警醒。在正义战争理论与人道主义干预的共同作用下，以美国为首的西方国家所展开的国际干涉，给阿拉伯世界所带来的局势动荡与秩序混乱不断加剧。战后遗留的社会秩序问题更成为难以解决的国际难题。正如英国学派的代表人物赫德利·布尔所指出的，“干涉意味着要秩序服从于正义，因此可能破坏共处规则和国际秩序”。[⑤]

---

① 林国华：《西洋正义战争学说简述——从奥古斯丁到维多利亚》，载《学术月刊》2015 年第 2 期。

② 根据新正义战争理论的基本观点，一个道德上正当的战争（开战正义）应具备六个基本条件：合法权威、正当理由、正当目的、最后手段、相称性和合理的成功可能性，而战争爆发时（交战正义）也必须遵守三个规范性原则：必要性原则、相称性原则及区别和不伤害平民原则。参见［美］威廉姆·H. 肖：《正义战争理论》，庄忠正译，载《国外理论动态》2013 年第 6 期。

③ 约翰·罗尔斯在《万民法》中提出了关于“万民法”的八项原则，其中四项就是关于其正义战争观的阐述：各人民要遵守互不干涉的义务；各人民有自卫权，但无基于自卫之外的理由发动战争的权利；各人民都要尊重人权；各人民在战争中要遵守对战争行为设立的特定限制。参见［美］约翰·罗尔斯：《万民法》，陈肖生译，吉林出版集团有限责任公司 2013 年版。

④ 韦宗友：《西方正义战争理论与人道主义干预》，载《世界经济与政治》2012 年第 10 期。

⑤ 石斌：《权力·秩序·正义——“英国学派”国际关系理论的伦理取向》，载《欧洲研究》2004 年第 5 期。

霸权主义的国际干涉所蕴含的狭隘正义观对秩序价值的严重侵犯，深刻地体现出作为国际法基本价值正义与秩序之间的现实性矛盾关系。

如果说霸权政治所主导的狭隘正义观对国际秩序带来了损害，那么以美国为代表的西方发达国家所倡导的自由霸权秩序（Liberal Hegemonic Order）[①] 则从这一层面曲解了国际法正义价值的应有内涵。由美国所主导的自由霸权秩序不仅有着深厚的历史渊源，也在当下占据了国际秩序的主流位置。20 世纪初，作为美国参与国际秩序的初步实践，在威尔逊主义影响下成立的国际联盟经过短暂的运作便宣告解体。“二战”后由战胜国所组建的联合国汲取了国际联盟的教训，将最低限度内大国协调一致的集体安全确立为国际秩序的核心要素。[②] 与此同时，在英美等西方发达国家的推动、美国主导下自由霸权秩序的基本内容包括：布雷顿森林体系、以美元为基础的世界货币秩序、以《关税及贸易总协定》（简称 GATT）和世界贸易组织（简称 WTO）为中心的世界贸易秩序、以国际货币基金组织（简称 IMF）和世界银行（简称 WB）为核心的世界金融秩序。而在“冷战”结束后，苏联的解体更进一步造成美国占据国际秩序唯一主导地位的事实。由此，自由霸权秩序在某种意义上被认为是当前国际秩序的现实写照。但是，这种美国主导式的国际秩序却存在着严重的不正义性，这种不正义性表现在国际法实践的方方面面。

以国际组织的决策和运作为例。虽然主权平等原则赋予了发展中国家平等的法律地位，但在国际秩序最核心的安全问题上，大国政治依然发挥着主导作用。联合国安理会常任理事国所具有的“双重否决权”、世界贸易组织中美国所占据的主流话语权、以美元为核心的国际货币秩序，这些都显示出既有的自由霸权秩序对于国际法制度安排所具有的政治支配力，但广大发展中国家仍然徘徊在国际秩序核心决策层之外。由此导致的后果便是非西方国家对于全球资源与责任分配的话语权缺失。这一后果最突出的表现集中于国际分配正义的问题上。既有的国家间组织和非政府组织的

---

① 自由霸权秩序（Liberal Hegemonic Order）概念由美国政治学家伊肯伯里提出，其包含了七项基本要素：开放市场、经济安全与社会福利、多边制度合作、安全绑定、西方的民主团结、人权与进步及美国的霸权领导。参见［美］约翰·伊肯伯里：《自由主义利维坦——美利坚世界秩序的起源、危机和转型》，赵明昊译，上海人民出版社 2013 年版。

② 赵可金：《从国际秩序到全球秩序：一种思想史的视角》，载《国际政治研究》2016 年第 1 期。

援助，在一定程度上对南北经济的不平等起到了缓解作用。但随着经济全球化不断深入，经济全球化的负外部性造成了全球发展的不均衡，也引发了恐怖主义、移民和难民潮、跨国犯罪等全球性问题。这些问题困扰着与西方发达国家贫富悬殊的第三世界国家。由美国所主导的自由霸权秩序对于现有国际秩序的制度安排无法满足发展中国家平等权利的实现，而更多的却是在不断维系和巩固自身既有的霸权地位。以“美国优先”和“美国再次伟大”所构成的全新阶段的美国对外政策更是直白地表达了自由霸权秩序的根本内涵。该政策将美国利益的实现当作对国际社会利益的满足，构成了对于国际正义的严重曲解。这也再次体现了现有国际法正义与秩序价值之间的紧张关系。

（二）自由、平等与安全间的价值冲突

如果说国际法价值体系的结构失衡在宏观层面上呈现出了一种正义与秩序之间的价值紧张，那么在微观层面上则具体表现为自由、平等与安全之间的价值冲突。在美国所主导的自由霸权秩序支配下，国际法的自由价值不断扩张。自由价值既与发展中国家所追求的平等价值形成了某种程度上的冲突，也在国际法的特定领域对各主权国家所追求的安全价值造成了严重威胁。

美国所主导的自由霸权秩序，就其实质而言，就是自由价值所主导的国际秩序。国际法上的自由在积极意义上，是一种自主决定和自由选择的权利。因此，美国所维系的自由价值的核心就在于对关涉自身国家利益的特定国际法领域拥有一种高度的主导权。而从美国建国至今的国际实践可以看到，在汉密尔顿重商主义的影响下，对全球范围内商业和贸易所代表的经济利益的掌控正是美国式自由价值的具体表征。美国对这种特定领域的主导权集中体现为美国对国际贸易法律秩序的操纵和支配。WTO 最基本的法律原则是体现了国际法平等价值的非歧视原则。但从最惠国待遇原则和国民待遇原则的具体内容中可以看出，这种表面上强调一视同仁、一律平等的原则性规定，实质上体现的是一种物的平等。享有平等待遇的是商品，而并非缔约方或当事人。商品之间无国别无差异的平等，最终指向的仍是涵摄了国际贸易效率最大化的自由价值。

进而言之，从世界贸易法律体系的历史演进中也可以发现，美国等西方发达国家为了实现其在世界贸易法律领域中的绝对自由和自主，多次尝

试退出并重构相关国际经贸条约和组织。早期欧美等西方发达国家通过建立世界贸易组织逐步取代 GATT 的过程，就是美国和欧盟试图主导国际贸易法律规则的实例。如此为之的根本目的在于，退出旨在给予发展中国家特殊照顾的 GATT，并以此为基础迫使发展中国家接受有利于美欧利益的义务性规定。[①] 近年来美国所推行的跨太平洋合伙协议（简称 TPP）和跨大西洋贸易与投资伙伴协议（简称 TTIP）在某种程度上就表达了对既有 WTO 现状的不满。美国甚至认为 WTO 几乎成了中国主导的国际机构。因此，为了维护制定全球贸易规则的主导权，美国试图以 TPP 摆脱 WTO 的制度安排。而时至今日，延续这一逻辑的中美贸易摩擦愈演愈烈。自特朗普政府执政时起，在其“美国优先”的对外政策影响下，美国已经多次利用 201 条款、301 条款和 232 条款等调查工具[②]针对中国展开了某种程度上的贸易报复。近年来，美国借保护国家安全为由对他国进口产品征收高额关税或实施经济制裁更将两国间的贸易摩擦升级为了一定限度内的“贸易战”。[③] 从国际法的价值角度审视，美国发动“贸易战”的策略则更多地体现了自由霸权秩序所倡导的自由价值。这对于广大发展中国家所诉求的平等价值来说无疑是一种严重的损害。更具讽刺意味的是，美国展开所谓贸易调查的对象竟然是其所认为“贸易做法不公平”的国家，这无疑再次印证了美国式国际法自由价值的偏颇立场。

在美国主导的自由霸权秩序支配下，美国所倡导的自由价值对国际法上的平等价值造成了实质性的损害。在国际法实践的其他方面，它还对包含国家安全和国际安全在内的安全价值构成了严重的威胁。在传统国际法中，绝对意义上的自由观念导致国家主权原则的绝对性，由此带来的是国家享有天赋的战争权利。主权概念自产生时起就蕴含着自由价值中自主决定和自由选择的基本内涵，并形成了“平等者之间无管辖权”的国际法规则。但国家所享有的绝对自由却成为国家任意发动战争的法理基础，随之

---

① Steinberg. *In the Shadow of Law or Power? Consensus-Based Bargaining and Outcomes in the GATT/WTO*, International Organization, 2002 (56): 339-374.

② 201 条款和 301 条款分别存在于美国《1974 年贸易法》中，232 条款则存在于美国《1962 年贸易扩展法》中，美国时任特朗普政府以此为调查工具，旨在维护美国在国际贸易中的权利，对其认为贸易做法不合理、不公平的国家进行贸易调查，但此举实际上成了针对中国的贸易报复。

③ 彭岳：《中美贸易战中的安全例外问题》，载《武汉大学学报（哲学社会科学版）》2019 年第 1 期。

而来的则是国际关系在某种程度上的“战争状态”。国家安全和国际安全成了倡导积极自由和绝对主权的牺牲品。因此，现代国际法在将“维持国际和平与安全”确立为联合国基本宗旨的同时，也把法律之下的自由确定为主权原则的基本内容。和平解决国际争端和禁止使用武力原则更是对主权国家行动自由的原则性限制。然而，从既有的国际法实践看来，即便是在国际法的框架内，自由霸权秩序所倡导的自由价值仍然对国家安全和国际安全造成了直接或间接的威胁。英美等西方发达国家基于人道主义干预理论所进行的军事手段国际干涉，毫无疑问是对国家安全和国际安全的严重侵犯。而在海洋法领域，美国的“航行自由行动”，则更是美国式国际法自由价值对于沿海国国家安全乃至地区安全的严重挑衅。[①] 海洋自由原则的初衷在于维系和实现全球范围内的自由海洋秩序，确保全球海洋航道的畅通，保障海洋的和平与安全，而绝非巩固和维持美国的海洋霸权地位。美国“航行自由行动”的实施却违背了这一初衷。在美国看来，“‘自由海洋’构成了自由领导者国家维护国际自由贸易秩序的基础”,[②] 对绝对意义上海洋自由的维护就是对其世界贸易秩序主导权的维护。“全球公域”[③] 以及由此所衍生的“国际水域”[④] 等概念都旨在扩张美国国家自由行动的范围，实现美国在全球海洋秩序中的机动能力和霸权地位。这种绝对自由满足的同时，对广大沿海国的主权及国家安全构成了威胁。美国自由霸权秩序所倡导的自由价值，不仅对平等价值的现实造成了阻碍，也对各国的国家安全造成了严重的侵犯。

---

① 江河、洪宽：《专属经济区安全与航行自由的衡平——以美国“航行自由行动”为例》，载《太平洋学报》2018 年第 2 期。

② 朱剑：《航行自由问题与中美南海矛盾——从海洋的自由属性出发》，载《外交评论（外交学院学报）》2018 年第 4 期。

③ 根据美国国防部 2010 年发布的《四年防务评估报告》，所谓“全球公域”（Global Commons）指的是不被任何国家所控制但所有国家都对其依赖的领域或区域，这毋宁反映了美国所倡导的绝对自由价值，See Quadrennial Defense Review Report［EB/OL］. U. S. Department of Defense,（2010-02-10）［2018-12-15］. http：//www. defense. gov/QDR/images/QDR_ as_ of_ 12Feb10_ 1000. pdf.

④ 根据《美国海上行动法指挥官手册（2007 版）》的规定，“国际水域包括所有不受国家领土主权限制的海洋区域，领海以外的所有水域都属于国际水域”。可见，美国所界定的国际水域实际上意在模糊《联合国海洋法公约》中对于毗连区、专属经济区和公海之间的法律界限，突破公约对于毗连区和专属经济区的自由限制，以扩展其国家的行动自由。参见美国海军部：海军作战部、海军陆战队总部、海岸警卫队交通运输部：《美国海上行动法指挥官手册（2007 版）》，宋云霞等译，海洋出版社 2012 年版。

二、国际法价值体系的要素缺失

国际法的价值体系危机在整体架构上体现为一种结构性的失衡，即宏观上正义与秩序的价值紧张，以及微观上自由、平等与安全的价值冲突。国际法价值体系的各项具体价值目标存在着诸多价值要素上的缺失。首当其冲的就是国际法秩序价值在内涵发展上的滞后与不足。虽然从历史维度观之，秩序价值经历了一系列的演变，但对于当前国际社会的现状而言，定位于“维持国际和平与安全”的国际法秩序已然出现了时代内涵上的缺失。

（一）秩序价值的内涵缺失

1. 秩序价值的历时性演变

由于价值自身的历时性特征，国际法秩序价值在其发展过程中也随着国际社会的变迁而产生了历时性的演变。这种国际法秩序价值内涵的演变，实际上就是国际政治意义上作为一种状态的国际秩序主导价值观的不断更新。

从某种意义上讲，秩序价值由古至今的演变集中体现为国际社会主导价值观内涵不断凝聚而外延不断扩充的过程。这一概念演化的全过程在事实上具体化为国际秩序在时间维度上的历史演进。国际秩序的整体脉络与国际社会的发展紧密相连。正如布尔所归纳的，国际社会的发展在时间上是一个连续的统一体。它经历了从基督教国际社会过渡到欧洲国际社会再发展到世界性国际社会的演变。① 因此，国际秩序的历史演进在某种程度上反映了国际社会的结构性变化。

在基督教国际社会时期，民族国家尚未成型，国际法的秩序价值受到自然国际法的影响。它以约束基督教文明中的君主及民众的行为为内容，并具体规定在“万民法”之中。在此意义上的秩序意味着无论个体或政治共同体均应服从于神法的安排。随着主权概念的诞生，以《威斯特伐利亚和约》为标志，以民族国家为基本形态的主权国家取代了传统意义上政教合一的专制帝国。由此，欧洲主权国家体系得以建立。“万国法”代替了“万民法”的称谓，国际社会也从基督教文明中解放出来，演化成某种意义上的欧洲国际社会。此时国际法的秩序表现为一种以国家主权原则为基

---

① ［英］赫得利·布尔：《无政府社会：世界政治中的秩序研究》（第四版），张小明译，上海人民出版社 2015 年版。

础的国家间权力分配的均势原则。此后的“欧洲协调”进一步突出了这种国家间权力均势结构的根本内涵——大国间的相互协调。20 世纪初，欧洲国际社会所推崇的均势原则和大国协调在第一次世界大战的战火与硝烟中陷入僵局。现代意义上的“国际法”最终取代了欧洲中心主义的“万国法”，世界性的国际社会开始逐步成型。以威尔逊“十四点计划”为基础的《国际联盟盟约》应运而生，它以“促进国际合作，保证国际的和平与安全”为根本宗旨。但这种带有理想主义色彩的民族自决秩序很快也随着第二次世界大战的爆发而破产。“二战”后，在汲取国际联盟经验教训的同时，由战胜国所主导的《联合国宪章》承继了“维持国际和平与安全”的基本原则，并规定了代表最低限度内大国协调一致的集体安全制度。由此至今，以国际安全为基本内涵的国际法秩序成为调整国家间关系、维系国际社会有序性的基本价值之一。

2. 维持国际和平与安全的时代内涵缺失

从国际法秩序价值的历时性演变中可知，基督教国际社会时期侧重于对自然国际法的遵循与服从，欧洲国际社会时期强调均势原则与大国协调，世界性国际社会时期则强调最低限度内的大国协调一致。三个时期都把保证和维持国际和平与安全视为国际法秩序价值的根本内容，安全构成了国际法秩序价值的核心。

然而晚近以来，随着经济全球化趋势的不断加剧，计算机和信息技术革命所导致的“时空压缩”使得“地球村”从理想成为可能。“世界正在被全球化抹平”，[①] 布尔所指称的“世界性国际社会”正朝着“全球性国际社会”转变，由此所带来的新的国际秩序正日渐成型。1945 年《联合国宪章》所规定的“维持国际和平与安全”的法律内涵在某种程度上已经无法涵盖当前国际社会所面临的新的安全挑战。传统意义上强调政治军事层面上主权国家“不受武力威胁的和平与安全”，[②] 正随着全球化进程的深入

① “世界是平的”这一论断由美国学者弗里德曼提出，其认为新技术和跨国资本创造了平等的全球自由市场，新的世界秩序正在全球化中逐步形成。参见［美］托马斯·弗里德曼：《世界是平的：“凌志汽车”和“橄榄树”的视角》，赵绍棣等译，东方出版社 2006 年版。

② 根据 1970 年联合国大会通过的《加强国际安全宣言》，各国应尊重国家主权和领土完整、互不干涉内政，其所强调的仍然是传统安全范畴内的主权独立和民族国家平等的安全问题。参见加强国际安全宣言［EB/OL］. 联合国大会决议 A/RES/2734（XXV），（1970-12-16）［2018-12-15］. http：//www. un. org/zh/documents/view_ doc. asp？symbol = A/RES/2734（XXV）。

而逐步转变为以非军事性复合安全为内容的非传统安全。1994 年的联合国《人类发展报告》及后续的《和平纲领》以“人类安全”概念为核心，在某种程度上将“人口失控增长、经济发展不平衡、国际移民、环境恶化、毒品生产和走私、国际恐怖主义”等“六大全球威胁”列入新安全概念之中。① 但这种侧重于个人中心主义的新安全观带有浓厚的西方国家安全观的色彩，并未充分反映发展中国家所面临的安全问题。同时，这种将全球性问题均予以安全化的做法，导致了几乎所有涉及全人类共同利益的问题都与“维持国际和平与安全”相挂钩，造成了安全概念的泛化。②

国际法的价值具有历时性的根本特征，国际法的秩序价值也应紧随国际社会的变化而在内涵上作出调整。《联合国宪章》关于秩序价值“维持国际和平与安全”的规定，更应当直面当前全球化不断深化的趋势，以及由全球化负外部性所导致的全球性问题不断涌现的现实，为以安全为核心的秩序概念注入全新的时代内涵。而这种时代内涵的丰富与拓展，必须集中反映更为突出的全球性安全问题，并在最广泛的意义上体现各平等主权国家的观念。此外，对安全价值的内涵拓展不应当在霸权政治的支配下单方面强调西方发达国家所面临的安全问题。以传统安全为基调的“维持国际和平与安全”在一定的历史阶段承担了维护国际法秩序价值的使命。但在全球化的背景下，未充分反映非传统安全真实内涵并偏向于西方国家安全观的“维持国际和平与安全”则在某种意义上存在着时代内涵的缺失。

（二）平等价值的形式局限

就国际法各项具体价值所潜藏的危机而言，除了秩序价值存在内涵上的概念缺失外，该危机更进一步地体现为国际法平等价值所蕴含的形式局限性。平等价值的这种形式局限集中地表现在国家主权平等原则的具体实践中。

1. 主权平等原则的实践困境

作为现代国际法的基石，国家主权平等原则是国际法平等价值在国际法制度架构层面的具体表征。在主权平等原则的要求之下，各主权国家具有国际法上平等的法律地位，并在享有权利、履行义务和承担责任方面均具有平等性与对等性。各国对于主权平等原则的具体实践，在一定程度上

---

① UNDP, *Human Development Report* 1994, New York: United Nations, 1994.

② 李东燕：《联合国的安全观与非传统安全》，载《世界经济与政治》2004 年第 8 期。

就是对国际法平等价值的实现过程。然而，从现有国际法的规则、制度及其运作过程看来，原本旨在彰显平等价值的主权平等原则却存在着难以克服的实践困境。这种困境体现在国际法的各个领域内和各个环节上，特别是在国际法规则的制定及核心国际法议题的决策方面表现得最为典型。

现有国际法基本规则的制定权仍然处在以美国为首的西方发达国家的主导之下。广大发展中国家虽然享有形式上的平等参与权，但在涉及国际和平与安全等重大事项上仍处于决策核心之外。从联合国的组织架构及《联合国宪章》的规则设置来看，在大国协调一致与主权平等原则的双重影响下，联合国内部形成了两种最基本的政治力量。一是以联合国安理会为代表的大国政治。它以国家的综合实力为衡量标准，并通过《联合国宪章》所赋予的“双重否决权”在涉及国际和平与安全等关键议题上拥有高度的主导权。二是以联合国大会为中心的某种程度上的民主政治。它以主权平等原则为依据，凭借着广泛的代表性和充分的合法性在诸多重要的决策事项上表达了平等参与的诉求。

从联合国的既有实践可以看到，联合国大会对于国际法平等价值的实现做出了不懈的努力。尤其是在扩大自身职权方面，联合国大会在某种意义上对安理会“非排他”的主导性安全职能起到了补充和完善的功能。1950 年的联合国大会决议《联合一致共策和平》在合理范围内对《联合国宪章》第十二条作出了扩大解释，① 使得联合国大会在特定情况下对安理会拥有一种“行动建议权”。② 国际法院在 2004 年“在被占领的巴勒斯坦领土建立隔离墙的法律后果”的咨询意见中进一步引用了该决议，并在某种程度上确认了该决议的权威性。③ 但是，相对于这种“建议权”来说，作为唯一的决策机关，代表了某种程度的大国政治的安理会，依然凭借着

---

① 司平平：《联合国大会维护和平职能的扩展——对〈联合国宪章〉第 12 条逐步扩大的解释》，载《法学评论》2007 年第 2 期。

② 根据《联合一致共策和平》的规定，依据《联合国宪章》的规定：为维持国际和平与安全起见，联合国大会建议安全理事会采取必要步骤，确实执行宪章所规定关于威胁和平、破坏和平、或侵略行为之行动，以及关于和平解决足以危及维持国际和平及安全之争端或情势之行动。参见联合一致共策和平［EB/OL］. 联合国大会决议 A/RES/377（V），（1950-11-03）［2018-12-15］. http：//www. un. org/zh/documents/view_ doc. asp？symbol = A/RES/377（V）。

③ 国际法院对在被占领的巴勒斯坦领土修建隔离墙的法律后果发表的咨询意见［EB/OL］. 联合国大会第十届紧急特别会议 A/ES-10/273,（2004-07-13）［2018-12-15］. http：//www. un. org/en/ga/search/view_ doc. asp？symbol = A/ES-10/273&Lang = C。

法定的“行动权”而在国际和平与安全等核心问题上占据着绝对的主导地位。联合国大会所希望达成的平等参与决策的诉求依然面临着难以超越的政治现实。

并且，即便是从权利与义务责任的对等性角度进行审视，当前西方发达国家所享有的权利也远远超出了其所承担的义务和责任。从联合国内部的成员结构可以看到，联合国中西方发达国家的数量只占成员国总数的三分之一，却拥有安理会常任理事国五分之三的席位。这不仅从侧面反映出安理会相对于联合国大会所缺失的民主性和代表性，同时也凸显了一个极为不平等的事实。西方发达国家拥有超过其实际能力的国际权力，而非西方国家的国际权力则低于其实力。在这种无奈的现实面前，平等价值所要求的权利与义务的对等性仍然只是一种理想的追求，而主权平等原则的实践困境也将继续长期存在。

2. 形式平等的价值局限

从平等价值的根本内涵进行审视，平等的概念具有一种双重的维度：一是以平等对待为内容的权利与资格的平等；二是以结果公平为内容的资源与利益的平等。[①] 虽然有学者指出，国际法的平等价值在严格意义上仅仅指消除了主体之间差异性事实的抽象且无条件的形式平等，而具体且有条件的实质平等应当属于公平与正义的范畴。[②] 但如果仔细考察平等与公平正义概念之间的逻辑关系可以发现，公平实际上指向的是如何实现平等的社会规则及制度，正义则指向的是这种公平的社会规则及制度最终达成的理想状态。[③] 亦即，公平就是实现平等的过程或程序，而正义则是评判平等最终是否达成的尺度或标准。两者所欲追求的平等价值既包含强调法律地位无差别性的形式平等，也包含侧重于结果公平的实质平等。仅将国际法平等价值定位于形式上的平等，某种程度上反映了当前国家主权平等原则的具体现实。但对于实现平等价值的充分性和完整性而言，这无疑存在着概念界定上的偏狭。因为，法律价值的本质意味着对人的主体性的充分实现。虽然法律价值以规则、原则及制度为载体，并不以此为边界。平等价值既是主权平等原则的直接理论依据，同时也是超越主权平等原则限

① 王立：《平等的双重维度：形式平等和实质平等》，载《理论探讨》2011 年第 2 期。

② 罗国强：《重读平等：正义与公平的形式要求》，载《求索》2014 年第 8 期。

③ 俞可平：《重新思考平等、公平和正义》，载《学术月刊》2017 年第 4 期。

制的一种理想追求。现有国际法的制度安排及其具体实践仍然停留在对于法律地位无差别的资格平等上，具有严重的形式局限性。

一方面，《联合国宪章》将国际法的平等价值限定为一种主体法律资格的身份平等和享有及行使法律权利的比例平等。[①] 这既体现为宏观理念层面上对于主权平等的原则性规定，也体现为微观规则层面上对于安理会“双重否决权”的制度设计。《联合国宪章》所强调的仍然只是一种国家间无差别对待的起点平等。这种形式化的平等在尊重各国法律地位平等的基础上，通过赋予各国“权能相称”的权利与义务，避免了绝对意义上的平均主义。但与此同时，它却忽视了综合国力尚处于弱势的发展中国家对于平等参与国际事务、缩小国家间贫富差距的现实诉求。并且形式平等仅侧重于追求参与社会发展的机会平等，而不注重国家之间实际能力差异的规则矫正。因此，它在涉及人类共同利益的特定国际法领域，进一步加剧了西方发达国家与发展中国家在全球资源与利益分配问题上的不公平，阻碍了国际社会中小国甚至微型国家的自由发展。

另一方面，从国内法对于平等价值的实践来看，面对一国之内社会群体及个人之间所存在的事实性差异，国内法通过基本法及一般性规定赋予了全体社会成员平等的法律地位。[②] 同时，国内法还设置了各种特别法及特殊性规定来进一步促进各法律主体之间实质平等的实现。[③] 相比之下，国际法也同样存在着诸多旨在促进平等权利事实上实现的“积极措施”和“特别措施”等特别性国际法规则的设置。[④] 但这些蕴含了实质平等价值观

① 国际组织中的比例平等意味着按照成员国对国际组织的贡献和责任来分配权利与义务。参见曾皓：《论国际组织中的比例平等原则》，载《湖南社会科学》2011 年第 5 期。

② 例如，《中华人民共和国宪法》第三十三条第二款规定：“中华人民共和国公民在法律面前一律平等。”《中华人民共和国民法典》第四条规定：“民事主体在民事活动中的法律地位一律平等。”

③ 例如，《中华人民共和国宪法》第四十五条对于年老、疾病或者丧失劳动能力公民的特别辅助，以及对于军人权益的优待，第四十八条对于保护妇女权利和利益的强调。《中华人民共和国劳动法》对于处于弱势的劳动者权利的特别保护，《中华人民共和国消费者权益保护法》对于消费者权益的保护。

④ 例如，《消除对妇女一切形式的歧视公约》第四条第一款规定：“缔约各国为加速实现男女事实上的平等而采取的暂行特别措施，不得视为本公约所指的歧视……”，《消除一切形式种族歧视国际公约》第二条第二款规定：“缔约国应于情况需要时在社会、经济、文化及其他方面，采取特别措施确保属于各该国的若干种族团体或个人获得充分发展与保护，以期保证此等团体与个人完全并同等享受人权及其基本自由……”。

的规定所指向的对象仅限定于特定的群体或个人。它反映的只是国际法人权价值在实质平等上的追求，而并非对主权国家间实质平等的实现。毋庸置疑，这类偏向于人权保护的平等性规则的确对国家间特定群体或个人的实质平等具有极大的促进作用。但对于作为国际法基本主体的主权国家而言，现有国际法的规则设计却严重缺失了对其在实质意义上平等价值的保护。仅以形式平等为内涵的国际法平等价值，忽视了国家间实质平等的追求，存在着无法回避的价值局限。

（三）人权价值的功能扭曲

在国际法的各项具体价值中，相比于秩序价值的内涵缺失和平等价值的形式局限，国际法的人权价值也存在着价值实现上的危机。这具体表现为由人权与主权之间主体优先性争议所引发的人权保障功能的扭曲。原本旨在保障人的权利的人权价值，不仅成了破坏国家主权秩序、干涉别国内政的工具，也造成了特定地区的局势动荡和秩序混乱。在特定的国际法领域，更出现了人权保障功能的功能性偏差。

1. 人权与主权的主体优先性争议

从严格意义上而言，人权与主权之间的矛盾并不是真正意义上的价值冲突。它的实质在于作为价值主体的人与国家之间所存在的主体优先性争议。人权价值的主体指向于人，而具体的人总存在于主权国家之中。因此，在实现人权价值的过程中，不可避免地会出现人与国家主体性满足的先后问题。这也是由国际法价值所具有的人权与主权二元价值结构所决定的。

如果说价值之间的冲突追问的是“哪种价值”的问题，那么价值主体之间的优先性争议则要回答的是“谁的价值”的问题。而从国际法基本范畴的主体论与价值论之间的关系来看，有关国际法价值领域的各种冲突，都在一定意义上归结于国际法主体论所存在的各类冲突。人类法律价值的发展与变革史，就是人类法律价值主体的进化与演变的历史。古希腊罗马时期，法律价值以自然法的形态存在，人们所欲实现的法律价值就是对自然法则的服从与遵循。到了中世纪，法律价值则成为上帝的意志和理性。世俗意义上的人法所追求的法律价值就是对于宗教意义上神法所规定的上帝的主体性的满足与实现。直到经过理性启蒙之后的近代社会，人们才从诸多人格化的对象中解放出来。人的主体性从上帝的主体性中获得了还原，被异化的法律价值也最终回到了真正的法律主体中。国际法的价值同样经历了从国家的主体性到国家与人的主体性并存的过程，这一过程实际上就是国际法人本化趋势不断发展的历程。晚近以来国际人道法和国际人权法等国际法部门的萌芽与兴起，都在一定程度上表征了人权价值的重要性和时代性。并且，随着经济全球化的趋势不断加深及信息技术的日益发达，人权价值的实现在经济和技术层面早已跨越了主权国家的边界。在以人为本的理念影响下，国际社会越来越强调对于人的权利的保证和满足。然而，世界经济与政治的发展具有严重的不均衡性。西方发达国家在追求人权价值丰富与实现的同时，广大发展中国家却仍在为生存与发展的问题付出艰辛努力。在这种复杂的背景下，强调人的主体性优先于国家的主体性，并将人权置于主权之上，无疑是也仅仅只是一种地方性的价值偏好。以美国为代表的西方发达国家以这种“地方性价值观”为依据，在一定程度上扭曲了国际法人权价值原本的价值功能定位。这不仅对既有的主权国家秩序造成了冲击，也使得诸多地区与国家的人权状况进一步恶化。

2. 人权高于主权的价值功能扭曲

在人权高于主权的支配下，人权价值应有的保障人的权利和实现人的主体性的基本功能被严重扭曲。保障人权成了英美等西方发达国家进行人道主义干预实施国家间军事干涉的最高理由。在国际法的规则层面，国家主权原则、不干涉内政原则及禁止使用武力原则等国际法基本原则都对人道主义干预形成了一定的约束和限制。但《联合国宪章》中却并无关于禁止人道主义干预的具体性规定，而其第二条及第四十二条的规定却赋予了安理会为维持或恢复国际和平与安全而采取必要军事行动的权利。这在某种程度上造成了西方发达国家进行人道干预的国际法“空隙结构”。与此同时，国际社会中出现的“干涉的权利”和“保护的责任”都在某种意义上试图调和人权与主权之间的紧张关系。① 然而，这些由西方发达国家所构建的理论概念仍然不过是一种掩盖其真实目的的政治话语。由英美所主导的人道主义干预，就其本质而言，乃是一种基于国家利益视角的政治霸

① “干涉的权利”旨在强调国家间在安全方面的相互依赖，一国之内的人道灾难势必对他国人民产生影响，因此其他国家自然拥有干涉的权利；而“保护的责任”则旨在强调主权是人民的主权，而非主权的主权，试图通过主权概念的扩张来凸显保护人权的责任。参见陈小鼎、王亚琪：《从“干涉的权利”到“保护的责任”——话语权视角下的西方人道主义干涉》，载《当代亚太》2014 年第 3 期，第 97—119 页。

权主义。它的行动目的偏离了人权价值的基本定位，它的行动后果更导致了严重的人权灾难和人道危机。

洛克和康德的社会契约理论旨在解决政府权力的来源问题，以此奠定公共权力的正当性基础。霍布斯的“利维坦”则指向了一个更为深刻的问题——国家主权秩序的建立问题。人们签订社会契约建立政治国家的根本目的不在于说明政府统治的合法性，也并非论证人的天赋权利，而在于建立一个避免“一切人对一切人的战争”状态的国家主权秩序。确立主权秩序是一个逻辑上先在于政府权力来源和个人权利保护的“建国问题”。人权高于主权的逻辑把人权价值的实现狭隘地理解为一种抽象的自由主义式的道德满足，罔顾了主权秩序对于个人权利保护的逻辑先在性。如此造成的后果不仅是人权保障的价值功能扭曲，更在于即时性的人权解救和人道干预所带来的持久性的社会动荡和秩序混乱。阿富汗、伊拉克、利比亚、叙利亚、埃及等国家和地区的战后重建问题至今仍然是困扰国际社会的巨大难题。

此外，在一些特定的国际法领域，存在人权保障的功能性偏差。承继了南斯拉夫国际刑事法庭和卢旺达国际刑事法庭保障人权的基本宗旨，2002年成立的国际刑事法院成为人类历史上第一个对犯有国际罪行的个人具有管辖权的常设国际机构。《国际刑事法院罗马规约》更将保障人权作为其基本原则，其所管辖的绝大多数罪行均属于严重侵犯人权的犯罪。国际刑事司法制度一度被视为“国际人权监督机制的牙齿”。[①] 然而，自国际刑事法院成立至今，它所启动调查的绝大多数案件来自非洲地区。与此同时，由美欧等西方发达国家实施人道主义干预所造成的地区性人权灾难问题却从未进入国际刑事法院的法眼之中。由此，为了对这种“选择性正义”进行反抗，以南非、冈比亚和布隆迪为代表的非洲国家集体宣布退出国际刑事法院。[②] 而此后，俄罗斯和菲律宾也分别因为“乌克兰问题”和“扫毒”问题相继作出了退约的决定。由此可见，作为国际人权监督机制核心的国际刑事法院对国际法人权价值进行了偏狭的适用。该机构不仅未

---

① 张爱宁：《国际人权法的晚近发展及未来趋势》，载《当代法学》2008年第6期。

② 以布隆迪、南非和冈比亚为代表的非洲国家纷纷宣告退出国际刑事法院，其中，布隆迪成为第一个正式退出ICC的非洲国家，See Burundi first to leave ICC［EB/OL］.(2017-10-27)［2018-12-15］http：//www. polity. org. za/article/burundi-first-to-leave-icc-2017-10-27。

能实现捍卫人权的一般性功能和普遍性意义，反而因为其针对性的司法和“选择性的正义”导致了自身的合法性危机和人权价值的功能性偏差。

第二节 国际法价值体系危机的根本原因

就全球化时代国际法价值体系的危机而言，无论是其整体上的结构性失衡，抑或是其在具体价值目标上的要素缺失，皆有复杂且深层次的原因。从表象上看，经济全球化作为国际法价值体系发展的时代背景，在一定程度上加剧了其危机的程度，美国的霸权政治亦可被视为危机不断深化的主要推手。但是国际法各价值间的紧张与冲突，以及各项价值目标自身所存在的缺陷，实际上均有更为根本的缘由。从国际法内部的价值论与主体论的关系出发，国际法价值体系危机的产生与加剧必然根源于国际法价值主体自身的发展与变化。与此同时，从国际法与其外部的关联论视角出发，以法律与社会的互动关系为参照，国际法价值体系所存在的诸多问题也必然与国际社会自身的转型与变迁息息相关。因此，从国际法的内外两个层面来探明导致国际法价值体系危机的根本原因，既是对其进行逻辑重塑的必要条件，也是进一步化解其危机的必由之路。

一、自由主义的困境与自由霸权秩序的衰落

从历时性的时间维度进行审视，国际法的价值体系并非固定不变。它总是紧随着历史的进程而表现出一种变动不居的动态特性。这种动态变化的实质内容往往取决于支配彼时国际秩序的国际主导价值观——虽被国际社会绝大多数成员所接受，但通常体现为世界主导国的价值观。[①] 回顾国际法的历史可知，早期基督教国际社会时期偏重于秩序（安全）价值，欧洲国际社会时期强调正义（自由），两次世界大战之后再次将秩序（安全）价值奉为圭臬，都体现了国际法价值随着国际主导价值观变迁而产生变化的历时性特征。各个历史时期国际法价值体系的衰落与更新，同样反映出国际主导价值观内部对于各项价值需求间的此消彼长。这在一定程度上也深刻反映了国际法主体论对于国际法价值论的逻辑先在性。正是由于国际

① 阎学通、何颖：《国际关系分析》（第三版），北京大学出版社 2017 年版。

法价值主体的主观追求发生了变化，国际法的价值体系才会产生相应的变动。但也正因如此，国际法价值体系也必然会随之呈现出某种程度的危机。比如，支配国际秩序的主导国价值观与其他国际社会成员的价值观发生冲突时；再如，国际主导价值观无法满足国际社会绝大多数成员的价值需求时；又如，由主导国价值观所建立的特定国际秩序开始衰落时。而这种价值危机的爆发必然要求对既有的国际法价值体系进行重新塑造。通过重塑以使体系内部的各项价值目标达到再次平衡，并对存在缺陷的具体价值进行补足和完善。

由于国际主导价值观通常体现为国际秩序主导国的价值观，既有的国际法价值体系在某种意义上可以被视为由美国国际法价值观所主导的。它的根本内容表现为以自由主义为核心的国际法价值体系。① 冷战结束之后，美国在国际格局中成为霸主。由美国所主导的“自由霸权秩序”随着全球化的步伐从西方社会逐步向全球范围扩展。构成“自由霸权秩序”最核心的要素是美国的自由主义价值观。自 20 世纪 90 年代开始，以自由主义为底色的国际法价值体系大行其道。②

然而，就在美国所主导的自由主义价值观向国际社会不断扩张的同时，自由主义价值观分别在外部和内部都遇到了自身难以克服的困境。就自由主义价值观的外部而言，“文明的冲突”③ 在一定程度上已经重新改写了所谓“历史的终结”之理论命题。非西方国家所代表的各类文明正从根本上对西方国家一直以来所奉行的自由主义价值观构成挑战。从自由主义作为一种价值观甚至意识形态的视角来看，自由主义自身的发展实际上是一种由内而外不断扩展的过程。亦即，自由主义价值观从西方社会内部朝向非西方国家流动扩散最终蔓延至整个国际社会。究其本质，这种价值观的传播可以被认为是一种“地方性知识”沿着西方国家的权力谱系发展成为所谓“普世价值”的全过程。而某一类型的价值观要想成为国际主导价

---

① 值得注意的是，既有的国际秩序尽管在经验层面上较大程度地表现为美国所主导的自由霸权秩序，但就其应有的真实含义而言，应当指的是“二战”结束以来崇尚和奉行多边主义的、以联合国为核心的、以国际法为基础的、体现国际公平正义的国际秩序，这也是中国政府多次向国际社会所表述的内容。

② ［美］弗朗西斯·福山：《历史的终结及最后之人》，黄胜强等译，中国社会科学出版社 2003 年版。

③ ［美］塞缪尔·亨廷顿：《文明的冲突与世界秩序的重建》（修订版），周琪等译，新华出版社 2010 年版。

值观进而在国际法价值体系中占据核心地位，必须经由国际社会绝大多数成员的接受。否则，无论其自身的影响力如何强势，也无法获得普遍性的示范乃至约束意义。因此，如同早期西方资本主义国家海外殖民对外扩张的血腥历史一样，自由主义作为一种政治意识形态在进行价值观输出时也伴随着暴力和强制。然而，客观上的接受并不意味着主观上的认同，依赖于暴力和强制所获得的价值观接受最终会随着国际社会的文明化进程被逐步唾弃。尤其是随着非西方国家国际地位的提升，非西方文明的力量日益强大。就国际社会的主导价值观而言，非西方文明所蕴含的价值观念与西方文明所倡导的自由主义形成了某种程度上的竞合关系。自由主义价值观长久以来在国际法价值体系中占据核心地位开始逐步松动。中华文明、印度文明、伊斯兰文明等不同于西方国家的文明形态在很大程度上重新塑造着国际法价值体系的体系结构乃至具体要素。虽然诸如正义、秩序、自由、平等、安全等由国际法规范所固定的价值目标未发生变动，但就其实质内容和基本意涵而言，各种文明对其的理解和诠释会使之产生新的意义，各价值目标间的关系也会随之发生根本性的变化。自由主义价值观不再是决定这些价值目标实体内容和形式结构的唯一正当性依据。世界上所存在的各种文明形态也将与西方文明一同成为形塑国际法价值体系的合法性标准。

此外，广大发展中国家经济迅猛增长的事实，尤其是中国在改革开放以来所创造的经济奇迹，也在客观上否定了西方发达国家所倡导的自由主义价值观在国际社会占据唯一主导地位的主张。国际法的价值体系在某种程度上取决于国际主导价值观，某种价值观之所以能够占据主导地位也依赖于国际社会的普遍接受。从国家实践层面看，一国之所以接受自由主义价值观作为国际主导价值观，其理由和动机是多种多样的。晚近以来，随着经济全球化的深入，人们在享受全球化福利的同时也受到全球化负外部性作用的影响。在气候变化、金融危机和恐怖主义等全球性问题的治理方面，以自由主义价值观为根基的西方发达国家，与其说是有效解决这些全球性问题的主要力量，不如说是这些问题的制造者。美国在气候变化治理、生物多样性保护、外层空间及虚拟网络空间管理等新兴国际公共产品的提供上基本上是失败的。[①] 在此情形下，自由主义价值观在国际社会上

---

① NYE. Recovering American Leadership [J]. Survival, 2008 (1): 55-68.

的吸引力开始逐渐减弱，人们开始寻求另一种能够提供新兴国际公共产品的价值观立场。更重要的是，在中国模式创造了举世瞩目的经济奇迹之后，国际社会对于自由主义价值观作为唯一国际主导价值观的态度发生了转变。广大发展中国家不仅开始借鉴和学习中国模式创造经济奇迹的成功经验，也在价值观层面上开始吸收和汲取中国优秀的传统文化。① 与此同时，西方国家也开始反思自身所存在的问题。尽管在基本立场上各有所向，但西方国家也无法否认中国在发展过程中所表现出的极强的竞争力、较高的效率和作为一支具有活力的现代化力量之存在。②

自由主义内部所面临的挑战与其外部不同。它在全球化发展趋势不断加深的背景下逐渐暴露出自身难以调和的价值困境，这主要表现在国际政治经济的国家实践中。从自由主义价值观念兴衰与流变的历史中可以看到，自由主义作为一种观念形态在国际社会发展中最为关键的作用，实际体现在国际经济秩序的制度安排上。当前，国际政治经济秩序所凸显的乱象在很大程度上都归因于自由主义价值观念自身的缺陷。学理上通常将第二次世界大战后的国际政治经济秩序概括为“内嵌的自由主义”。所谓内嵌的自由主义实际上是对过度强调财产权导致社会矛盾的“古典自由主义”的弥补与完善。它的根本含义在于表明一种基于国内契约的国际经济制度安排：国内社会为了支持国家进入国际经济自由化进程而接受所带来的负面效应，同时国家通过各种经济社会政策弥补社会之损失。③ 在内嵌的自由主义观念支配下，国际经济秩序在相当长一段时间内获得了较为稳步和健康的发展。但是，随着经济全球化趋势的不断加深，原本侧重于平等或社会正义价值，并以国家对社会进行福利补偿为内容的内嵌自由主义开始发生根本性的转变。自由主义从内嵌走向脱嵌，自由主义内部自由与平等之间的张力发生变化，强调自由价值的新古典自由主义价值观开始大

---

① 截至 2018 年 12 月，中国已在 154 个国家和地区建立了 548 所孔子学院和 1193 个中小学孔子课堂，学员总计达 187 万人。［EB/OL］. 新华网，（2018-12-05）［2019-07-15］. http：//www. xinhuanet. com/world/2018-12/05/c_ 1210009045. htm。

② ［日］西村博之：《历史的终结、中国模式与美国的衰落——对话弗朗西斯·福山》，禚明亮译，载《国外理论动态》2016 年第 5 期。

③ 内嵌的自由主义是由约翰·拉格提出，用以描述“二战”后由美国所主导的国际经济秩序的基本特征，其实质在于市场利益与社会价值间的妥协。宋伟：《试论约翰·拉格“内嵌的自由主义”》，载《世界经济与政治》2006 年第 2 期。

行其道。[①] 尤其是在波兰尼的“经济社会双重运动”[②] 的逻辑支配下，自由主义价值观所推崇的自由市场随着全球化趋势的加深而不断扩展。这使得自由市场脱离了社会约束，导致所谓的“脱嵌的自由主义”，在全球政治经济实践中引发了一系列的社会矛盾。[③] 经济全球化的可持续性源自对经济全球化负外部性引发的全球性问题的有效治理，[④] 而自由主义自身一旦缺乏相应的约束机制也必然会引发并且激化社会矛盾。立足于国内契约的内嵌的自由主义表明，国际秩序在一定程度上源自国内。[⑤] 脱嵌的自由主义所带来的正是对于国际经济秩序支柱和根基的损害。由脱嵌的自由主义引发的国内制造业的衰败以及国内社会中产阶级及劳工阶层的生存困境，都使得国际经济秩序得以运行的基本前提——国家与社会所达成的国内契约名存实亡，更遑论旨在应对国际层面失衡状况的全球契约。[⑥] 尤其是2008年全球金融危机之后，这种“脱嵌的自由主义”开始逐步侵蚀“自由霸权秩序”的社会基础。美国国内的中产阶级和低收入阶层受到严重冲击，而高收入群体却仍旧保持既有的经济地位，这进一步激发了普通民众的反建制主义主张。随之而来的，便是美国国内社会的民粹主义浪潮的兴起。毋庸置疑，发端于美国国内的民粹主义浪潮同时也在国际社会造成了巨大震荡。反建制主义和民粹主义的初衷都在于反对自由主义的极端化，或者说反对那种只享受全球化福利而拒绝承担全球化所带来的负外部性后果的新古典自由主义。但同时，它们也很大程度上加深了自由主义内部难以调和的困境。除此以外，在新古典自由主义的强势影响下，自由主

---

① 孙伊然：《全球化、失衡的双重运动与“内嵌的自由主义”——基于微观层面的探讨》，载《世界经济与政治》2010年第5期。

② 波兰尼所称的“经济社会双重运动”指的是，市场在不断扩张的同时也遭受着来自反抗市场侵蚀的社会自我保护机制的作用。参见［英］卡尔·波兰尼：《巨变：当代政治与经济的起源》，黄树民译，社会科学文献出版社2013年版。

③ 陈拯：《失衡的自由国际秩序与主权的复归》，载《国际政治科学》2018年第1期。

④ ［美］约瑟夫·S. 奈、［美］约翰·D. 唐纳胡主编：《全球化世界的治理》，王勇等译，世界知识出版社2003年版。

⑤ 黄琪轩：《国际秩序始于国内——领导国的国内经济秩序调整与国际经济秩序变迁》，载《国际政治科学》2018年第4期。

⑥ 由联合国前秘书长安南所倡导的“全球契约（Global Compact）”运动，其核心理念就在于维系内嵌自由主义式的国际经济秩序，通过跨国企业、公共部门等国际市民社会的力量来形成共同的社会责任，以弥补全球化时代国内契约的不足。参见宋伟：《试论约翰·拉格“内嵌的自由主义”》，载《世界经济与政治》2006年第2期。

义内部自由与平等的位置发生微妙变化，自由价值重新占据了整个自由主义价值体系的核心。由此，国际社会在强调实现个人价值的同时，也带来了物质主义和消费主义的不断膨胀。文化多元主义则在促进价值多元的同时，造成了各种价值观之间的对立，形成了价值相对主义甚至价值虚无主义。新古典自由主义原本旨在促进经济全球化的高速增长，但实际上却引发了社会价值观的混乱。

自由主义价值观之所以在一定程度上被视为一种国际主导价值观，并且至今仍然支配着既有的国际法价值体系，是与美国长期以来所占据的国际秩序主导国地位密不可分的。自由主义价值观构成了美国自由霸权秩序的内核，而自由主义所面临的困境实际上正是自由霸权秩序逐渐衰落的集中体现。以2016年特朗普当选美国总统以及英国脱欧为标志，全球范围内掀起了一股民粹主义浪潮。由此，在"美国优先"的政策引导下，昔日的全球霸主美国开始不断减轻自身的国际责任，由其所主导的自由霸权秩序开始逐渐呈现出衰微之势。尽管有学者指出，自由霸权秩序是否衰落自有一套衡量标准，并且特朗普主义的冲击远未达到使其衰落的地步。[①] 但正如科尔根和基欧汉所言，如果不及时修补美国国内所出现的经济分化和社会矛盾等问题，那么一旦危及国际层面就只能看到自由霸权秩序的崩溃。[②] 换言之，自由霸权秩序虽然并未实质性的瓦解，但实际上已经出现了诸多凋敝的征兆。因此，与其说自由霸权秩序的衰落是一个可测度的即时性结果，不如说这种衰落是一个国际社会皆有目共睹的漫长过程。特朗普主义对美国国内政治秩序所带来的冲击只是美国主导的自由霸权秩序危机产生与发酵过程中的阶段性结果，而不是导致自由霸权秩序衰败的原因。[③]

国际法价值体系所存在的诸多危机，就其直观表现而言自然是与自由主义作为国际主导价值观所面临的困境密切相关。而深入研究可知，自由霸权秩序的衰落才是其危机产生的根源所在。正是由于作为国际主导价值观的价值主体即国际秩序主导国美国已经逐渐无法维系其霸权，因而其所倡导的自由主义价值观以及围绕自由主义所塑造的国际法价值体系才开始

---

① 肖河：《国际秩序衰落：概念与度量》，载《国际关系研究》2017年第4期。

② COLGAN, KEOHANE. The Liberal Order Is Rigged: Fix It Now or Watch It Wither [J]. Foreign Affairs, 2017 (3): 36-44.

③ ［加］阿米塔夫·阿查亚：《中国与自由主义国际秩序的危机》，崔志楠译，载《全球秩序》2018年第1期。

出现了各种问题。考察自由霸权秩序产生与发展的历史可以获知，其衰落的过程集中体现在两个层面：一是自由霸权秩序外部国际新兴力量的崛起对其造成了一定程度的威胁；二是自由霸权秩序内部的既有支持者对其支持度的降低，以及作为主导者的美国开始减少维系该秩序所应付出的成本。①

就自由霸权秩序的主体构成而言，自其诞生之日起就存在着诸多与之相异的反对者。无论是冷战期间美苏之间的持续性对抗，还是冷战结束之后中东国家与美国之间连续不断的冲突，甚至时至今日作为崛起国的中国与美国之间所产生的贸易摩擦，都无不表明由美国所主导的自由霸权秩序并非唯一的理想的国际秩序。对于自由霸权秩序的反对者而言，强化多边主义共识、加强国家间的合作是当前国际秩序的应有之义。自由霸权秩序所面临的外部威胁与其说是反对者的对抗，不如说是对于公平正义的合理诉求。

实际上，自由霸权秩序衰落更为根本的动因在其内部。处在核心的美国及支持者们无论在客观的支持力度上还是主观的支持意愿上都表现出了消极的面向。一方面，随着经济全球化的深入发展，其负面效应开始在世界范围内蔓延扩散。处在自由主义阵营的西方发达国家，为了应对新生的全球性问题不得不放弃既有的自由主义立场。并且正由于自由霸权秩序已经无法有效地应对这些全球性问题，许多西方国家对其支持度也开始逐渐降低。以英国脱欧以及欧洲民粹主义政治势力的兴起为典型，当自由主义联盟无法经受国际金融危机的冲击时，强化自身的主权成为唯一自保的出路。欧洲难民问题的爆发同样使得自由霸权秩序的支持者们选择了封闭的自我保护，而非开放的自由市场。另一方面，美国开始不断减轻自身所应承担的国际责任。在国内民粹主义浪潮和反建制主义的影响下，美国近年来所采取的诸多行动都无不反馈出：美国不再愿意付出成本来维系由其所主导的自由霸权秩序。无论是接连不断地退出各种国际条约和国际组织，还是在国际贸易活动中多次奉行贸易保护主义，抑或是在美墨边境连续加设起高墙，都表露出美国在维系自由霸权秩序上的消极立场。

二、国际社会的现代性转向与国际法的滞后性

自由主义价值观自身所不断凸显的困境以及美国所主导的自由霸权秩

---

① 达巍：《“自由国际秩序”的前路与中国的战略机遇期》，载《全球秩序》2018年第1期。

序的衰落，是导致国际法价值体系危机的直接推手和外在动因。而导致国际法价值体系危机更深层次的内在缘由，则应当归咎于国际社会的结构性变迁以及国际法自身的滞后性。从国际法的内部视角审视，无论是自由主义的困境抑或是自由霸权秩序的衰落，都可以被视为一种从国际法价值论自身，以及国际法主体论层面对危机原因进行探索的尝试。如果从法律与社会的宏观视域进行考察，那么引发国际法价值体系危机更根本的原因则来源于国际法与国际社会之间的交互关系。换言之，由于国际法自身的原始性和开放性，特定的关联性要素必然会在国际法的发展中发挥主导性的作用。国际法与国际社会之间的关联性也必将透过国际法关联论的范畴对国际法自身产生深刻的影响。在此意义上，全球化时代国际法价值体系的危机亦可被视为国际法社会基础变迁中的必然现象。正因为既有的国际法价值体系已无法满足当前国际社会的价值需求，才会产生国际法价值与国际社会价值需求之间的鸿沟，由此导致了国际法价值体系的危机。

尽管作为国际法的社会基础——国际社会通常被理解为一种政治学概念，即各主权国家之间的无政府状态，但这种政治学的定义实际上只是关于国家间权力分配关系的某种理论假定。它并不代表国际社会的真实样貌，甚至在一定程度上恰恰是一种人为给定且不可置疑的逻辑前提。如果从一种经验的而非逻辑的视角对国际社会进行界定，那么国际社会本身亦可被诠释为一种社会学概念。亦即，国际社会可以被视为某种实体化的社会形态和结构。[①] 这意味着，国际社会不再被单一地诠释为国际政治权力分配的主观假定，而是与国内社会一样具有特定社会关系、政治安排及经济生产生活方式的客观实体性存在。尤其是在全球化时代的背景下，国际社会更表现为一种跨越主权国家边界的交互往来过程。民族国家、国际组织以及各类国际市民社会实体都构成了国际社会作为某一特定类型“社会”的基本构成要素。因而，无论是既有的国家间政治交往，抑或是跨国公司的贸易往来，甚至是自然人个体间的交流互动，都构成了国际社会之所以称其为社会的关键内容。

既然国际社会亦可被理解为一种特殊化的社会存在，那么与国内社会的产生与发展一样，国际社会也在历时性的时间维度上存在着某种程度的

① 蔡驎：《一个区别于全球社会学的国际社会研究范式——国际社会学及其理论述评》，载《国外社会科学》2006 年第 5 期。

转型与变迁。甚至在某种意义上，国际社会的转变正是国内社会历史变革的结果。与此同时，国际社会的进阶也同样构成了国内社会向前进步发展的时代背景。现代国际法的发源地欧洲社会的历史发展深刻地塑造了国际法律秩序的基本样貌。就其自身的变迁史而言，欧洲社会正是国际社会不断自我更新的早期缩影。启蒙运动和宗教改革所带来的不仅仅是欧洲社会从中世纪的蒙昧中逐渐觉醒，更为重要的是逐渐完成了韦伯意义上的除魅。原本统摄精神与世俗世界的基督教神学开始从世俗世界的权力中心走向边缘。传统欧洲社会在经历了宗教世俗化与理性化的过程之后也开始逐渐步入现代性的萌芽之中。上帝不再是人们心中唯一的行为尺度和规范标准，法律在某种程度上取代了基督教神学在世俗社会中的地位，而人的主体性也从上帝那里还原给了人自身。欧洲社会从传统向现代的转型过程，也同样可以被视为早期国际社会完成自我更新的过程。亦即，国际社会并非始终停滞在所谓的国际无政府状态的理论假定中，而是随着历史发展的潮流不断向前迈进。如果认为现代性是一种世俗化理性化的除魅产物，那么近代以来世界各国相继展开的现代化建设就成了缔造现代社会或工业文明的重要推手。作为现代性的同义词——工业主义和资本主义[①]在全面塑造世界各国国内社会发展进程的同时，更将国际社会推向了一个全新的阶段——全球化时代。由此，国际社会也在某种意义上完成了自身的现代性转向，工业化所带来的科技革新从根本上改变了国际社会的社会形态。民族国家不再是组成国际社会的唯一主体。微观层面上各国民众之间越发频繁的沟通往来以及生产要素的跨国流动都使得时空不断压缩、联系越加紧密。全球化不仅是国际社会现代性转向的结果，更成了国内社会进行现代化建设所不可或缺的时代背景。

从法律与社会的交互关系出发，如果说国内社会经由传统社会发展到现代社会的历时转型导致了国内法律体系的现代化，那么国际社会从威斯特伐利亚时代发展到全球化时代的演进过程也必然会导致国际法律体系的现代化变革。这种法律体系的变革首先出现反馈的领域就在法律价值体系的变化上，也只有法律价值与理念的变迁才会逐渐促使法律规则与制度的

① 吉登斯认为，现代性指的是后封建时期的欧洲首先形成的，而后在 20 世纪日益具有世界和历史影响的制度及行为模式，其可以被理解为工业主义和资本主义。参见［英］安东尼·吉登斯：《现代性与自我认同：晚期现代中的自我与社会》，夏璐译，中国人民大学出版社 2016 年版。

改变。国内社会的现代性转向带来的是一种社会转型中的法治建设，社会展开除魅化和理性化的过程就是一种不断背离传统而日渐走向现代的运动。传统社会中的熟人网络被现代工商社会中的匿名化社交所替代，代表着高度理性化的国家制定法在整个社会中开始不断运作。国内社会在时间维度上从农业社会过渡到工业社会，再由工业社会朝向后工业社会发展。与之相应，为了适应这种社会的转型，国内法也必然会进行现代性转向的塑造和调整。以近现代中国法制建设的历史为例，中国社会的现代化建设必然要求与之相适应的法制现代化建设。在法制现代化建设过程中所出现的国家制定法与地方风俗习惯之间的冲突与磨合，就是法律不断作出调整以适应社会变化的表现。对于国际社会而言，全球化趋势的不断加剧构成了其现代性转向的重要内容。尽管在全球范围内，各国各地区的发展存在着严重的不均衡，但全球化却是其无可逃避的发展趋势。因此，国际法同样也需要对正在发生现代性转向的国际社会作出适应性的改变与调整。

然而，法律的滞后性特征表明，社会的发展必然先于法律的变革。历史上的法律变革也是为了适应社会的不断更新与发展。国内社会在从身份向契约进步的过程中，法律同样经历了从古代法到现代法的演变。当人们从封建时代人对人的依附性中解放时，法律同样也在社会发展的驱动力作用下产生变革。近代私法的产生与发达深深根植于资本主义生产关系的革新，它摒弃了人对人的依附性存在，确立了一种以物的依赖性为基础的人的独立性的存在。这在此后各国的私法规范中以“所有权绝对”、“契约自由”及“过错责任”等基本原则体现而出。一如国内社会中法律变革与社会发展的相互作用，国际法作为约束国家间交往之法，同样也受到国际社会自身发展的塑造作用。国际关系在经历“从武力到外交，再从外交到法律”[①] 的文明化过程中，国际法同样完成了从无到有、由弱到强的发展历程。并且，在全球化不断加深的背景下，国际法除了完成调整国家间关系的基本功能外，还日益承担起了应对全球性问题的制度化角色。国际法在推进国际关系法治化、全球治理有效化的过程中发挥着不可或缺的作用。

国际社会的现代性转向必然要求国际法重新构建自身的现代性。[②] 然

---

① HENKIN. How Nations Behave: Law and Foreign Policy [M]. New York: Columbia University Press, 1979: 1.

② 丁丽柏：《全球化视域下国际法的现代性探析》，载《南京社会科学》2009 年第 5 期。

而，国际法作为一种特殊类型的法，与国内法一样都具有一定的滞后性，这便会造成国际法在某个历史阶段无法适应国际社会变迁的情况产生。在某种意义上，作为法律自身先天所固有的特性，法律的滞后性在另一个向度上亦可被视为法律安定性或稳定性的表现。换言之，立法上的滞后给社会带来的并非都是弊端，法律的滞后意味着法律规则在相当长的时期内固定不变。由此，带来的是人们在社会生活中较为稳定的行为预期可能性，否则朝令夕改反而会损害法律的权威性并给社会带来秩序上的混乱。尽管法律的滞后性具有积极的面向，但对于国际法的价值体系来说，它同样也需要根据国际社会的发展而作出适当的调整。因为法律变革与社会发展是相互适应、互利互动的关系，法律的变革是社会发展和转型的阶段性结果。与此同时，法律变革对社会发展具有引导、保障和推动的作用。[①] 因此，国际法的价值体系既是作为国际社会变迁与发展过程中的阶段性产物，同时也能够引导国际社会通过法律来实现其所追求的正义、秩序、自由、平等与安全等价值。但是，当国际社会自身进入特定的历史转型过程中时，国际社会对于国际法的价值追求就会随之产生根本性的变化。无论是对于国际法价值先后序位的变化，抑或是对于特定价值目标具体内涵的变化，都必然要求既有国际法价值体系作出适应性的调整。一旦这种调整因其滞后性而未及时作出时，就会导致国际法价值体系危机的产生。

全球化时代的国际法价值危机在具体的价值目标上反映出了国际社会现代性转向与国际法滞后性所导致的局部性危机。以“维持国际和平与安全”为例，导致其时代内涵缺失的原因不仅仅在于时间维度上安全价值的发展与变化，其根本原因乃是国际社会本身的现代性转向。正是在全球化的作用下，国际社会的结构开始发生根本性的变迁。科学技术所导致的时空压缩使得“地球村”成为可能。与此同时，金融危机、全球变暖、恐怖主义也随之在全球范围内不断扩散开来，安全价值的概念逐步为全球化所重构。《联合国宪章》中“维持国际和平与安全”的基本宗旨仍有其规范意义。但国际法秩序（安全）价值的内涵实际上已经无法适应新的国际形势，由此也无法真正意义上充分实现其秩序（安全）价值。

---

① 张文显：《法哲学范畴研究》，中国政法大学出版社 2001 年版。

第二章

国际法价值体系的理论根基与逻辑结构

尽管可以对既有的国际法价值体系危机进行较为直观的描述，但要对其展开更为深入的探究则必须依赖于国际法基础理论的阐释。国际法的价值体系作为一种国际法价值的特定存在形式，必然以国际法价值的概念与特征为基本的逻辑起点。国际法的价值以国际法的价值主体为根本，既秉承了自然法的本性，也呈现出多元的形态，更在历时性的时间层面上不断演变。这些基本特性在不同程度上决定了对既有国际法价值体系进行重塑的可能性及可塑空间。在经验和表象层面，借助特定的国际法价值目标可以对国际法价值体系的结构失衡和要素缺失进行概括。但实际上，无论是正义与秩序，还是自由、平等与安全，抑或人权、民主与法治，都在不同的时空维度内以各种各样的形式构成了某种静态意义上的国际法价值体系。这些价值的基本定位及其相互间的关系则直接或间接地决定了国际法价值体系应然的逻辑构造。并且，从历时性的时间维度进行考察，国际法的价值体系也并非始终处在静止的状态，而是随着国际社会的变迁以及国际社会对于国际法价值需求的变化不断演变。这种动态的历史演变也成了从法律变革与社会发展的互动视角，对国际法价值体系进行合理重塑的理论契机。

第一节　国际法价值体系的理论根基

国际法的价值体系是国际法的各项具体价值目标按照相互间内在的逻辑并遵循一定的序位进行排列组合的价值综合体。国际法的原则、规则及制度架构都围绕着国际法的价值体系进行构筑，国际法的价值体系指导并塑造着国际法律秩序及其具体实践。对于国际法价值体系理论根基的探讨，是化解其危机并重塑其结构的逻辑起点。国际法价值的基本内涵是其价值体系得以确立的概念基石。国际法价值的主要外延则是国际法价值体系的建筑材料。国际法价值的根本特征决定了国际法价值体系的基本构造及其重塑的可能。对这三个方面的探讨构成了国际法价值体系的理论根基。

一、国际法价值的基本内涵

阐明国际法价值体系离不开对国际法价值概念与特征的描述。在其基本内涵方面，国际法的价值不仅具有价值概念本身所蕴含的主体性要素，同时也区别于国内法的价值。它拥有一种以主权与人权为基点的二元价值结构，这体现了法律价值所潜藏的自然法本质。国际法价值的外延边界实际上极为宽泛，人类社会所追求的诸多价值目标均涵盖其中。但就其主要外延而言，国际法价值至少包含了正义、秩序、自由、平等、安全和人权等，而民主与法治则对实现这些价值目标起到了重要的保障作用。

区别于经济学中反映物品或行动等值总额的价值概念，[①] 哲学上的价值是“对主客体相互关系的一种主体性描述，它代表着客体主体化过程的性质和程度”。[②] 这表明，价值是对人而言的，人是一切价值的主体，对真善美的价值追求就是人以自己内在所固有的尺度去塑造一个意义的世界。法律的价值同样表征着人与法律之间的互动关系，并以实现和丰富人的主体性为目标，不断追问着法律对于人的意义。国际法作为调整国家间关系的法律，在以其原则、规则及制度对国家行为进行规范和约束的同时，也以实现国际法主体的价值为根本属性。脱离了国际法主体所追求的正义、秩序等价值，国际法就会失去自身的独立性，而沦为国际政治的附庸，[③] 甚至蜕变成为实现国家对外政策的工具。[④] 因为，“实定国际法完全不可能同它的价值基础分离。如果毁弃了这个基础，就毁弃了国际往来，也就毁

---

① 张维迎：《经济学原理》，西北大学出版社 2015 年版。

② 李德顺：《价值论：一种主体性的研究》（第 3 版），中国人民大学出版社 2013 年版。

③ 在国际政治学界内部的权利政治学派看来，国际法只不过是国际政治的一部分，是实现国家间的利益调和与权力平衡的工具。参见［美］汉斯·摩根索：《国家间政治：权利斗争与和平》（第七版），徐昕、郝望、李保平译，北京大学出版社 2006 年版。

④ 在国际法学界内部的纽黑文学派看来，国际法只具有实现国家对外决策目的的工具性价值，国际法毫无独立价值可言。See BIANCHI. International Law Theory［M］. Oxford：Oxford University Press，2016：91-109.

弃了国际法本身”。[①] 国际法的价值取决于国际法价值主体的需要，而国际法的价值主体有别于国内法。

在国内法领域，自然人和由法律拟制的法人是其主要的价值主体，国内法的价值构建与制度安排都围绕自然人和法人展开，但国内法价值的最终主体依然是自然人。由法律所拟制的法人及其他组织，只是在社会关系日益复杂化的背景下，成为了自然人的人格与行为的延伸。它的根本目的在于辅助自然人充分地实现其主体性，法人及其他组织的设立目的也始终围绕自然人而展开。[②] 并且，世界各国的宪法无不把自然人（公民）作为最终的权利义务之享有者和承担者，[③] 宪制架构下国家机构的组织也都以限定公共权力并保障个人权利为宗旨。因为，在国家主权之内，自然人是一切法律价值的终极主体。

在国际法领域，主权与人权构成了国际法价值体系的二元基点。[④] 国内法的价值主体具有一种以自然人为核心的一元结构，国际法的价值主体则具有一种以国家与个人为核心的二元结构。这种主权与人权二元价值结构的萌芽与形成，实际上是现代国际法人本化趋势不断发展的结果。以结束“三十年战争”（1618 年至 1648 年）的《威斯特伐利亚和约》为标志，欧洲近代国际关系体系得以确立，民族国家自此享有独立的主权，成为了正式的国际法主体。由此往后，主权国家就始终作为国际法最首要的主体在国际关系中扮演着重要的角色。与此同时，传统国际法的价值体系也一直紧紧围绕着主权国家的需要进行构建，并以国家主权原则所蕴含的主权独立与主权平等作为其价值体系的核心要素。尽管早期国际法的发展包含了维护个人权利的萌芽因素，[⑤] 但直到第二次世界大战以后，国际社会才

---

① ［奥］阿·菲德罗斯等：《国际法》，李浩培译，商务印书馆 1981 年版。

② 例如：《中华人民共和国公司法》第一条规定：“为了规范公司的组织和行为，保护公司、股东和债权人的合法权益……。”《中华人民共和国合伙企业法》第一条规定：“为了规范合伙企业的行为，保护合伙企业及其合伙人、债权人的合法权益……。”

③ 例如：《中华人民共和国宪法》第二条第一款规定：“中华人民共和国的一切权力属于人民。”第三十三条第四款规定：“任何公民享有宪法和法律规定的权利，同时必须履行宪法和法律规定的义务。”

④ 何志鹏：《“良法”与“善治”何以同样重要——国际法治标准的审思》，载《浙江大学学报（人文社会科学版）》2014 年第 3 期。

⑤ 在格劳秀斯的著作中，对于万民法的概念界定虽然主要是在国家间的国际意义上进行理解，但并没有完全放弃其普世法律的含义，这说明国际法在萌芽的时期就已经蕴含了一定的人本因素。参见［美］阿瑟·努斯鲍姆：《简明国际法史》，张小平译，法律出版社 2011 年版。

在《联合国宪章》中首次将尊重与保护人的基本人权与人格尊严确立为一项基本原则。[①] 冷战以来，随着经济全球化程度的不断加深，国际法的人本化发展趋势日益增强。国际人道法和国际人权法等国际法部门的兴起更将个人的国际法地位提高到了一个全新的层次。[②] 至此，主权与人权成了构筑国际法价值体系不可或缺的两项价值基点。

人类法律的发展史，就是一部法律价值实践与变革的历史。无论是人类社会早期以复仇为动因的报应正义观，还是启蒙运动时期所宣扬的自由、平等、博爱等价值口号，抑或是晚近以来在各国反歧视平权运动中所呼唤的平等与公平价值，都无不彰显了人们对于法律价值孜孜不倦的追求。法律价值，不仅是人们赋予法律的重要使命，还在一定程度上成为法律自身的正当性基础。它蕴藏在自然法之中，并伴随着人类社会的发展不断发挥着规范评价和行为指引的功能。西方法律关于"法与法律"之间所构成的"二元结构"[③] 及其实践都表明，自然法彰显着永恒理性和公平正义，它最大的魅力就在于饱含了丰富的价值内涵。自然法的理性观念对于法律的发展与完善有着重要的意义，自然法的价值观念同样值得人们认真以待。"因为表现于其中的，并非只是人类对于自然和理性的崇尚，而且还是人类心里深处最隐秘的一面，是他们对于某些价值目标的不懈追求。"[④]

尽管韦伯曾试图将事实与价值二分从而完成理性的除魅，[⑤] 但根据其法律类型学的基本观点，以价值作为社会行为正当性取得方式的统治类型，竟然是统治了西方社会历史发展近千年之久的自然法传统。[⑥] 即便是

---

① 《联合国宪章》的序言中规定，"重申基本人权、人格尊严与价值，以及男女与大小各国平等权利之信念"，第一条规定，"尊重人民平等权利及自决原则""增进并激励对于全体人类之人权及基本自由之尊重"。

② 曾令良：《现代国际法的人本化发展趋势》，载《中国社会科学》2007 年第 1 期。

③ 西方法律自其产生发展至今，就一直存在着神法与人法、应然与实然、事实与价值，实证法与自然法等两相对应的"二元结构"。参见刘星：《法律是什么：20 世纪英美法理学批判阅读》（增订版），广西师范大学出版社 2019 年版。

④ 梁治平：《法辨：中国法的过去现在与未来》，中国政法大学出版社 2002 年版。

⑤ ［英］韦恩·莫里森：《法理学：从古希腊到后现代》，李桂林等译，武汉大学出版社 2003 年版。

⑥ 根据韦伯的法律类型学，其所划分的三种政治统治类型分别对应着不同的正当性取得方式，传统型统治下的社会行为正当性取决于传统，魅力型统治（克里斯玛型）取决于情感认同，法理型统治取决于合法，以价值作为正当性取得方式的统治类型却不在其中，而这恰恰对应着统治西方千年之久的自然法。

在自然法传统式微而实证法范式占据主流时期，法律价值也同样是任何法律理论无法回避的重要范畴。凯尔森的纯粹法学虽然只追问实然范畴的“法律是什么”，而不探究应然范畴的“法律应当是什么”。但在构筑纯粹法律体系的“基础规范”受到质疑时，凯尔森也不得不用道德和宗教领域的正义价值观来回应“基础规范”的来源及合法性问题。① 并且，从近代以来实证法与自然法的实践中可以看出，在单纯强调形式理性和价值无涉的实证法影响下，“恶法亦法”的逻辑潜在地支配了人类社会走向战争与冲突的命运。两次世界大战的惨痛教训无不显示出，脱离了法律价值的规范评价和行为指引，法律不再是实现人的主体性的有效方式，而异化为了迫害和扼杀人自身价值的行凶工具。整个20世纪人类社会战争与和平的历史表明，匮乏了价值追求的法律只能是没有灵魂的白纸，任凭强权肆意地书写罪恶的历史。

战后对法律实证主义作出深刻检讨的法学家拉德布鲁赫在其著名的拉德布鲁赫公式中，以正义、合目的性与法的安定性为基本理念，严肃地指出：在与正义存在极度冲突时，制定法就不再具有约束力，法律也因此失去了合法有效性。② 与此同时，基于对实证法及其经验教训的反思，衰落了近百年的自然法再度复兴。出于对不正义之法律的对抗，新自然法为法律再次注入了价值的灵魂，并将法律价值视为法律的道德性。③ 这也进一步印证了法律价值所蕴含的自然法本质。当前，国际社会盛行的霸权主义及其所造成的全球范围内的分配不公，都引发了人们对于国际法价值问题的深思。以民粹主义为主导的逆全球化浪潮，以及经济全球化负外部性所造成的人类社会的生存性危机，都无不暗示着由美国主导的国际法律秩序的不正义性，更昭示着自然法又一度复兴的可能。而在国际社会诸多问题背后所潜藏的国际法价值体系危机，也呼唤着对于既有国际法价值体系的重塑。这一重塑正是自然法复兴在国际法价值领域的初步实践。因为，人们对于美好生活的向往以及对正义、秩序等价值的渴望永远不会停歇，而

---

① 根据凯尔森的纯粹法学观点，对合法性问题的追问实际上就是探讨“合法律性”或者“合法条性”，与法律价值无涉，但由于它所建构的纯粹法律秩序及其规范等级体系的最终效力来源是“基础规范”，因此，“基础规范”自身的合法性及效力来源就成了最关键的理论争议点。参见［奥］凯尔森：《法与国家的一般理论》，沈宗灵译，商务印书馆2013年版。

② ［德］G. 拉德布鲁赫：《法哲学》，王朴译，法律出版社2005年版。

③ ［美］富勒：《法律的道德性》，郑戈译，商务印书馆2005年版。

法律所肩负的实现人们美好生活愿景的价值追求也永远不会止步。

二、国际法价值的主要外延

国际法价值的外延自国际法诞生之日起就极为丰富与庞杂。并且，随着国际社会的不断发展和国际法的日益完善，各项具体的价值目标也逐步呈现出多元化与交融化的趋势。正是由于国际法价值的丰富性与复杂性，因此对于它外延的探究不可能做到面面俱到。但是，正义与秩序、自由、平等与安全、人权，以及作为保障国际法价值得以实现的民主与法治都是国际法价值不可或缺的内容成分。

（一）正义与秩序

无论从任何理论视角对国际法的价值进行检视，正义与秩序都是其价值体系最基本的构成要素。离开了对于正义价值的渴望，国际法就彻底失去了法律应有的自然法本性，从而无法称其为“良法”。脱离了对于秩序价值的追求，国际法就完全丧失了对于国家间关系的规范与约束，从而无法实现它对国际社会的“善治”。正义与秩序是构筑国际法价值体系的基石，也是其他国际法价值得以实现的前提。缺乏了正义与秩序价值的国际法，便不可能实现国家的自由发展、国家之间的平等相待以及国家自身的安全需求，更遑论人权的保障。

1. 正义

在法学及其相关学科范围内，关于正义概念的论述汗牛充栋，如果想通过“属加种差”[①] 的方法来对其进行一种实质性的定义更是徒劳无功。因为，正如罗尔斯所指出的：“正义是社会制度的首要价值，正像真理是思想体系的首要价值一样。”[②] 在法律的价值范畴内，正义在某种程度上是一种终极价值，几乎无法找出比正义外延更大的价值概念。因此，学术界关于正义的界定实际上是采取了一种“外延定义”[③] 的方式，并借助

---

① “属加种差”定义法，是最常见的内涵定义形式，即“被定义项 = 种差 + 邻近属”，其中，邻近属的概念是比被定义项外延大而又接近被定义项外延的属概念。参见张大松、蒋新苗主编：《法律逻辑学教程》，高等教育出版社 2003 年版。

② ［美］约翰·罗尔斯：《正义论》（修订版），何怀宏等译，中国社会科学出版社 2009 年版。

③ 外延定义是指通过列举一个词项的外延也能够使人们获得对该词项的某种理解和认识，从而明确该词项的意义和适用范围。参见陈波：《逻辑学十五讲》（第二版），北京大学出版社 2016 年版。

类型学的方法将正义界定为分配正义、矫正正义、政治正义与程序正义等不同的类型。[①] 当然，对于正义的类型学划分远远不止这四种，还包括且不限于实质正义与形式正义，实体正义与程序正义，个人正义与社会正义等。就国际法的正义价值而言，正义在其概念内涵上至少有两个方面的意味。

其一，国际法的正义价值是一种具有社会属性的制度性价值。它所涉及的是关于国家间关系之制度安排的价值评价。

正义在其概念客体的维度上具有两种不同的指向：一是强调每个人“各得其所”的个人正义；二是侧重人与人之间关系得以形成、巩固与持续的制度正义。国际法以国家作为核心价值主体，其正义价值所指向的主要是国家间关系之制度安排得妥当与否，而并非单个国家追求其自身国家利益实现的“国家正义”。因而，在此意义上，国际法的正义又被称为“国际正义”或“国家间正义”。[②] 这说明，国际法领域内的正义价值更关注的是一种国家间关系的合理调整，而并非单个国家自身利益的实现。

此外，在国际正义价值的具体内容上，它至少包括了三个基本类型：报应正义、矫正正义与分配正义。国际法的报应正义旨在确保违反国际法规范的行为获得相应的法律后果。国际法的矫正正义旨在要求国际法的行为主体对其所造成的损害承担补偿的责任。国际法的分配正义则试图平衡全球资源利益与责任负担在国家间的享有与分配情况。这三种正义价值的实现难度依次增高。[③] 就国际法的具体制度设计而言，在某种程度上，国际法的报应正义与矫正正义的价值实现分别对应着国际法律责任制度中的国际不法行为责任与国际损害行为责任。[④] 国际法分配正义的实现则由于

---

① ［美］劳伦斯·索伦：《法理词汇：法学院学生的工具箱》，王凌皞译，中国政法大学出版社 2010 年版。

② NEFF. Justice Among Nations：A History of International Law ［M］. Cambridge：Harvard University Press，2014：2.

③ BRILMAYER. International Justice and International Law ［J］. West Virginia law Review，1996 (98)：617-657.

④ 国际不法行为责任追究的是违背其国际义务行为的责任，指向国际法的报应正义，国际损害行为责任追究的是从事国际法不加禁止的活动造成损害所应承担的责任，指向国际法的矫正正义。参见梁西：《国际法》（第三版），武汉大学出版社 2011 年版。

国际法自身的局限性[①]而并无与之相对应的具体制度。并且，即便存在某些领域内相关制度的支撑，这种国际分配正义也会随着时间的推移而发生本质的变化，初次乃至再次分配的短暂公平也会因为代际问题的产生而不断凸显。[②] 因此，在某种意义上，国际法的分配正义也成为一种理想中的正义价值，有赖于国际和平与国际合作等其他国际法价值的实现。[③]

其二，国际法的正义价值是一种以主权国家为核心价值主体的国际正义，与包含了国家间关系以及人与人之间关系的全球正义存在着一定的联系与区别。全球正义有着多方面的意蕴。这些不同的意蕴既与国际正义存在着相通之处，又与之存在着明显的界限。

如果从正义价值的主体性角度出发，全球正义所指向的是由个人所组成的整个人类社会的共同价值。[④] 这显然区别于指向主权国家间关系之道义规则的国际正义。但从广义的国际法正义来看，以全人类共同利益为导向的全球正义、以个人利益为导向的个人正义、以国家利益为导向的国际正义三者共同构成了国际法正义的外延。狭义的国际法正义则专指强调国家间关系正义性的国际正义。随着全球化程度的日益加深以及由全球化负外部性所导致的全球性问题的不断凸显，以全人类共同利益为导向的全球正义将会扮演越来越重要的角色。有关“人类共同继承财产”制度[⑤]及其具体实践都无不印证着全球正义价值亟须获得满足的紧迫性。但必须指出的是，无论如何，国际正义都在国际法正义价值中占据着首要地位，全球正义的满足也必须依赖于国际正义的实现。脱离了主权国家间关系的正义追求，全球正义所欲达成的全人类共同利益将缺乏现实根基。而罔顾国际正义纯粹趋向于全球正义的国际法也只会不断消解自身的政治土壤，最终

① 在某种意义上，国际法只是各国在追求各自利益的行动中所出现的合作性规范，因此，对于涉及全球资源与利益配置的分配正义而言，国际法能够实现其价值的能力有限，只能借助于国际和平与国际合作等价值的实现来促进国际法分配价值的满足。参见［美］杰克·戈德史密斯、［美］埃里克·波斯纳：《国际法的局限性》，龚宇译，法律出版社 2010 年版。

② ［美］理查得·A. 波斯纳：《法理学问题》，苏力译，中国政法大学出版社 2002 年版。

③ 石斌：《秩序转型、国际分配正义与新兴大国的历史责任》，《世界经济与政治》2010 年第 12 期。

④ 刘志云主编：《国际关系与国际法学刊》（2012 年第 2 卷），厦门大学出版社 2012 年版。

⑤ 人类共同继承财产制度涵盖的对象包括国际海底区域、月球和其他天体、南极洲的有形自然资源以及无线电频率和卫星轨道等无形资源，不得主张主权、不得据为己有、为和平目的使用并通过国际合作和共管机制为全人类谋福利是这种资源的五项要求。参见夏春利：《论人类共同继承财产——兼谈世界资源的公平分享》，载《理论与改革》2014 年第 1 期。

在正义的世界乌托邦之中消亡。

从正义价值的概念客体角度出发，全球正义包含了一种二重的维度：一是以国家为中心的维度，它所强调的是对国家之间关系的正义诉求，这与国际正义具有相通性；二是以人为中心的维度，它所侧重的是对所有国家的人与人之间关系的正义性要求，并以人民对于国家的优先性为首要宗旨。罗尔斯的《万民法》就是在这一维度展开的。[①] 以国家为中心的全球正义与国际正义在概念内涵上基本是一致的，而以个人为中心的全球正义与国际正义相比则各有不同的侧重点。以个人为中心的全球正义有两项基本的要义。一是舍弃了主权国家所含有的国家理性和利益衡量因素，而将人民放在了首要的位置，以自由正派的“人民”替代了“国家”作为正义价值的主体。[②] 二是将“人权”置于“主权”之上，把基本人权的落实理解为实现国际和平与安全的一个必要条件。[③] 由此可见，个人中心的全球正义实际上沿袭了一种更为古典的国际法正义观——自然法传统下万民法的正义。它彻底摒弃了在特定情境中可能对个人权利造成侵害的国家理性，而把根据某种正义观念有序组织的自由正派之人民视为正义的价值主体。并且，它时刻以人民对于国家的优先性为准绳，强调基本人权的实现对于国际和平与安全的前提性与基础性。这种“现实的乌托邦”的“思想试验”虽然具有一定的理论启示作用，但对于既存的国际社会来说仍然是一种遥不可及的理论假定。就国际法正义价值的现实面向而言，只有实现以国家为中心的国际正义，才能确保这种以人为中心的全球正义获得满足的可能性。这并不指涉人权与主权何者优先的问题，而是必须认识到：在现有的国际法律秩序中，作为最终价值主体的人的主体性的彰显，必须依赖于主权国家的主体性的确立。

2. 秩序

与正义在国际法价值外延中的定位一致，秩序同样是法律价值中最基本的价值概念之一。在人类社会早期，法律意义上的秩序价值被视为一种

---

① 杨国荣：《全球正义：意义与限度》，载《哲学动态》2004 年第 3 期。

② 在约翰·罗尔斯的《万民法》中，“万民法”是用于规制人民（people）间彼此政治关系的特殊政治原则，而其所使用的“people”概念则是根据某种正义观念有序组织起来的自由且正派（decent）之人民，不同于民族及国民等概念。参见［美］约翰·罗尔斯：《万民法》，陈肖生译，吉林出版集团有限责任公司 2013 年版。

③ 徐向东：《罗尔斯的政治本体论与全球正义》，载《道德与文明》2012 年第 1 期。

对自然存在秩序的反映，法律秩序就是对自然法则的遵循。当人类社会经历了启蒙运动和工业革命后，人的主体性得以确立，社会生活的秩序价值从神的意志与理性中解放出来，取而代之的是人类理性支配下维系社会生产生活得以稳步行进和发展的法律秩序。因而，法律的秩序价值，意味着"某种程度的一致性、连续性和确定性"。[①] 它使得人们的生活获得了一定程度上的合理期望，并对于社会交往中自己和他人的行为有了预测的可能性。据此，个人才能够安定地生活，社会才能够稳定地发展。在国际法的视域范围内，秩序价值至少包括了两个层面的含义。

其一，国际法的秩序价值同样是一种具有社会属性的制度性价值，它以规范和约束国家间关系的制度安排为基本内容。

如果认为作为社会制度首要德性的正义关注的是法律制度及其实践的正当性与合理性，那么秩序则更多地聚焦于国家间关系之制度安排的形式结构。国际法的秩序价值是国际法"外在道德"的体现。但由于国际社会缺乏国内社会所独有的至上权威，也没有以宪法为中心自上而下层层递进的规范效力等级体系。因此，国际法的秩序并不像国内法秩序那样成熟与完备，相反，国际法的秩序价值表现出一种最低限度的社会有序性。

在国内社会，社会秩序的有序性是由合法垄断了暴力的政府所维系的，国内法秩序区别于国际法秩序的最大特点在于国内法是由国家强制力保障实施的法律。因此，一般而言，国内社会的秩序水平相对来说一直处在一个较高的良序状态中。相比之下，国际社会不存在垄断了暴力的世界政府，故而，国际社会常常被视为一种无政府的自然状态。并且，绝大多数国际政治理论也都将国际社会的无政府状态看作一种既存的理论假定。然而，正因为国际社会这种独有的无序性，国际法的秩序价值才更被视为一种优先性的价值。《联合国宪章》中体现了对于国际社会有序性之追求的"维持国际和平与安全"条款，无疑是将秩序价值定位于国际法基本价值的最佳例证。虽然国际法秩序价值的实现程度无法与国内法相提并论，但无论如何，维系一种最低限度的国际社会有序性始终都是国际法秩序价值的应有之义。

其二，国际法的秩序价值是以法律规范的方式约束各国行为并调整各

---

① ［美］E. 博登海默：《法理学：法律哲学与法律方法》，邓正来译，中国政法大学出版社 1999 年版。

国利益的价值理念，它与国际政治意义上作为一种现实状态而存在的国际秩序既相互区别又紧密联系。

国际政治意义上的国际秩序依据现实主义、自由主义和建构主义等不同的学术派别存在着不同的理解。[①] 但无论从哪种理论立场去审视这一概念，它在内涵上都至少包含或应当包含三个基本的构成要素：国际主导价值观、国际规范和国际制度安排。[②] 亦即，国际体系中的行为体依据主导国际社会的价值观制定国际规范，并作出约束国家遵守国际规范的制度安排，由此所形成的关于国家间关系的有序状态。从国际秩序的政治学概念可以看出，国际政治学界更多地"把秩序定义为一个现实的或者可能出现的情势（situation），而不是一个价值（value）、目标或目的"。[③] 在这一点上，作为国际法基本价值的秩序与作为国家间有序状态的秩序存在着明显区别。前者强调的是对国际和平与安全等价值的理想追求，而后者侧重的是对既有国家间有序状态的事实描述。

此外，如果将国际法的秩序价值落实为国际法律秩序本身，那么它虽在一定范围内可能与国际秩序存在着交叉重叠的部分，但两者之间依旧存在着外延相异的情形。实际上，就国际秩序的全部外延而言，除了由国际法及国际组织所确立的国际法律秩序外，还同时存在着不属于国际法但属于国际政治领域的秩序状态——国际关系中的等级制。亦即，国际体系中存在着与"正式法律权威"相对的"关系型权威"，在其作用下主导国与附属国之间形成了某种程度的等级制。[④] 有关国际关系等级制的阐述只是对一直以来国际社会无政府状态的某种替代性假设。但对于国际法律秩序而言，这种非正式的规则或秩序显然构成了一种与之相异的概念外延。

虽然国际法的秩序价值与国际秩序在概念维度上存在着明显差异，但两者之间却同样存在着较为紧密的联系：国际法的秩序价值在一定程度上反映了国际秩序的基本构成要素——国际主导价值观。价值具有依附于价

---

① 根据美国学者奈斯比特的归纳，现实主义认为秩序反映的是国家间的权力分布，自由主义认为秩序同民主和人权的观念以及制度是密不可分的，而建构主义则认为秩序会通过行为体与社会结构之间的互动而发生演变。

② 阎学通、何颖：《国际关系分析》（第三版），北京大学出版社 2017 年版。

③ ［英］赫德利·布尔：《无政府社会：世界政治中的秩序研究》（第四版），张小明译，上海人民出版社 2015 年版。

④ ［美］戴维·莱克：《国际关系中的等级制》，高婉妮译，上海人民出版社 2013 年版。

值主体而存在的根本特性，因此作为事实状态而存在的国际秩序，也必定由占据国际社会主导地位的某些国家的价值观所引导。而国际法的秩序价值虽然理论上体现了国际社会绝大多数主权国家的共同意愿，但在事实上仍然无法脱离大国政治的实质性影响。因而，在此意义上，国际秩序中的主导价值观就与国际法的秩序价值在一定限度内具有某种同质性。就其本质而言，国际秩序的主导价值观仍然是一种具有政治属性的国际社会阶段性目标。国际法的秩序价值虽然具有一定的政治因素，但却是一种具有法律属性的国际社会的基本价值和根本宗旨。

（二）自由、平等与安全

相较于强调价值之社会属性的正义与秩序，自由、平等与安全则更贴近于价值的自然属性。如果认为正义与秩序是一种关于社会制度的基本德性，那么自由、平等与安全就是具有这种德性之社会制度所欲实现的主体价值需求。亦即，正义与秩序所指向的是国际社会的制度架构，自由、平等与安全所指向的却是处在这种社会制度架构中的价值主体本身。

1. 自由

如同正义概念的扑朔迷离，对自由价值的概念探讨同样是众说纷纭、莫衷一是。如果仔细梳理自由的概念史会发现，与法律紧密关联的自由概念至少有两种代表性观点，西方社会有关自由价值的法学理论及法律实践也大都绕不开这两种自由概念：一是以康德为代表的欧洲大陆法哲学中的自由概念；二是以密尔为代表的英美法哲学中的自由概念。以这两种自由概念为根基，在西方法律的历史发展中分别衍生出了大陆法系与英美法系两种不同的实践传统。康德意义上的自由实际上是一种自律，它所强调的是对个人意志自由的选择和相应责任的承担，① 体现的是人对于自己心中道德律的严格遵守。它更多地指涉哲学层面上“自由”与“必然”的关系，而并非纯粹法律意义上的自由。与之相比，密尔所指的自由则更具有经验主义的传统，也更贴近于法律上的自由。“唯一实称其名的自由，乃是按照我们自己的道路去追求我们自己的好处的自由，只要我们不试图剥夺他人的这种自由，不试图阻碍他们取得这种自由的努力。”② 这意味着，

---

① ［德］康德：《法的形而上学原理——权利的科学》，沈叔平译，商务印书馆 1991 年版。
② ［英］密尔：《论自由》，许宝骙译，商务印书馆 2015 年版。

自由就是一种个体之间互不侵犯的理想状态，同时也是个人实现自身主体性的一种自主性体现。近代以来，法政层面的自由正是在这种意义上展开的，法律则是保障和实现自由价值最重要的社会规范。国际法上的自由价值也概莫能外。但相较于国内法上的自由而言，国际法的自由价值具有两种独特的意蕴。

其一，国际法自由价值的终极主体只能是人，但由于国家是国际关系权利义务的享有者和承担者。因此，在国际法领域，主权国家就替代了个体意义上的人，从而承担起了自由价值主体的角色，并始终以实现和丰富人的自由为根本目标。

从严格意义上讲，国家不仅不是自由价值的主体，反而在大多数情况下是保障自由价值所必须限制的对象。尤其是在国内法领域，无论是宪制逻辑下国家权力内部相互制衡的宏观架构,① 还是微观层面上以“法无明文规定即禁止”为要义的法律保留原则和比例原则之要求,② 都旨在限制国家的自由，以保障个体的权利。然而，在国际法领域，主权国家成为国际体系中最基本的行为体，国际法权利的实现和义务的履行乃至责任的承担，都无不依赖于国家在国际法框架内的自由行动。与国内法中对国家公共权力的层层设限不同，国际法领域内主权国家自由行动的界限相对而言较为宽泛，但也日益呈现出自由受限的情形。在传统国际法中，国家的行动自由实际上并不受限，国家甚至可以基于任何理由以任何愿意的方式使用武力。而随着现代国际法的发展，国际条约网络的范围不断扩大，限制诉诸武力的法律义务不断增加。加之具有普遍约束力的“国际强行法”的产生，这些都使得国家原本不受限制的自由空间日渐缩减。③ 尽管如此，国家在国际法之下的自由仍然是其实现自身主体性最为根本的前提。在一定

① 宪制逻辑下国家权力内部的分权与制衡是政府法治的应有之义，它要求在政府内部建立相对分散与独立的权利中心，以实现不同部门之间的相互制衡，最终目的就在于从公共权力内部制约国家的自由，从而保障个体的基本权利。

② 法律保留原则和比例原则是国内公法中最基本的两项原则，都旨在限制国家公共权力而保障个人的基本权利。其中，法律保留原则意指一些特定事项必须由法律予以规定，行政行为若无法律依据则不得为之，此即“法无明文规定即禁止”的基本要义。参见吴万得：《论德国法律保留原则的要义》，载《政法论坛》2000 年第 4 期。而比例原则，则假定目的与手段之间存在着可被量化的因果关系，后者必须和前者成“比例”，从而保证个人自由不受任意行政权力的侵犯。参见张千帆等：《比较行政法：体系、制度与过程》，法律出版社 2008 年版。

③ ［意］安东尼奥·卡塞斯：《国际法》，蔡从燕等译，厦门大学出版社 2009 年版。

意义上，国家主权原则是国际法自由价值的逻辑必然。以国家主权的独立原则为依据，主权国家的自由具有消极自由与积极自由[①]两个方面的含义。

一方面，主权国家的自由表现为一种消极自由。亦即，在国家间的相互交往中，各个国家都享有免于其他国家或组织限制、妨碍、干涉乃至侵犯的自由。强调国家的消极自由就是在强调国家的行动自由受到国际法的保护、国家的内政不容干涉[②]和国家的主权不容侵犯等方面内容。康德在讨论永久和平的先决条款时就认为，违反了"任何国家均不得以武力干涉其他国家的体制与政权"的国际法规范，对被干涉的国家"构成一种既定侮辱并使一切国家的独立自主得不到保障"。[③] 国际法上的消极自由是各主权国家和平往来的基本前提，也是国家主权自身独立性的内在表征。

另一方面，主权国家的自由还表现为一种积极自由。国家在享有免于干涉和侵犯的消极自由的同时，还具有自主决定某事项和自由支配其行为的自由。这表现为国家依据国际法所享有的民族自决、缔结国际条约、建立外交关系、经济与社会合作、全球公域范围内的行动自由等方面内容。由于国际法的积极自由更强调主权国家自身主体性的满足与实现，国家的积极自由相较于消极自由而言内容更为丰富。消极自由侧重于对主权国家独立性的保障，积极自由则在消极自由的基础上，更强调主权国家自主性的实现。两者共同构成了国际法意义上自由价值的基本外延。

其二，国际法自由价值具有较强的概念涵摄功能，[④] 在国际法的价值范畴内，自由至少直接或间接地涵摄了利益、发展、效率等价值。

由于法律的自由价值最终落实为法律权利的满足与实现，而"利益构成了权利的目的与前提"。[⑤] 因此，法律上的自由在某种程度上与利益具有

---

① 根据伯林的两种自由概念，消极自由是指免于干涉而作出选择的自由，积极自由则是指对于自我的自主支配权。参见［英］以赛亚·伯林：《自由论》（修订版），胡传胜译，译林出版社 2011 年版。

② 何志鹏：《"良法"与"善治"何以同样重要——国际法治标准的审思》，载《浙江大学学报（人文社会科学版）》2014 年第 3 期。

③ 该项条款乃是 1795 年 5 月 5 日法国与普鲁士之间所缔结的《巴塞尔和平条约》中的内容，康德据此展开了其关于国与国之间永久和平先决条款的论述。参见［德］伊曼努尔·康德：《永久和平论》，何兆武译，上海人民出版社 2005 年版。

④ 概念涵摄，意指概念除了其本身的东西外，又融入了概念本身以外的东西。参见张斌峰主编：《法学方法论教程》，武汉大学出版社 2013 年版。

⑤ 吴从周：《概念法学、利益法学与价值法学：探索一部民法方法论的演变史》，中国法制出版社 2011 年版。

相通的概念特质，而国际法的自由价值尤其与利益概念紧密关联。从国内法的视域考察，个体的自由可被视为自由利益的法律化产物，自由价值就对应着法律所规定和保护的自由权利。换言之，自由就是一种法律所保护的利益。正是在此意义上，功利主义法学才将正义价值的实现界定为对“最大多数人的最大幸福（利益）”的满足。如果将目光聚焦于国际法领域，利益与自由间的关联性体现得更为明显。国家利益作为国际关系中驱动国家行为及国家间交往的最根本动因，其与“国家合意之法”的国际法之间具有共生共长、相互依赖的关系。[①] 因此，国际法自由价值的实现必将有助于国家利益的维护，而对国家自由的妨碍与侵犯也必然意味着对于国家利益的损害。并且，在当前国际社会中影响力愈发重要的全球公域治理领域，“人类共同继承财产”制度所欲维护和保障的全人类共同利益更离不开主权国家在相关领域内自由价值的满足。国际法的自由与利益在概念上有高度的融合性，自由价值在一定程度上表征着利益的根本属性。

传统的国际法并不把发展作为一种价值，因为彼时所谓的发展实际上仅仅只是西方资本主义国家对外殖民扩张的表现。随着国际社会的不断进步，尤其是发展中国家国际地位的提升，现代国际法在 1986 年的《发展权利宣言》中首次将“发展权利”确立为一项基本的不可剥夺的人权。[②] 由此，发展成为国际法亟须维护和保障的重要权利。从发展权利产生的历史看来，发展权利提出的更多动力来自发展中国家对于平等价值的追求。但从基本含义看来，发展实际上与自由价值的关系更为紧密，两者具有一种互为手段与目的的内在逻辑关系。发展就其本质而言，是一种“作为自由的发展”。[③] 自由是发展的首要目的和主要手段，发展的过程就是扩展人类自由的过程。发展中国家谋求发展的宗旨也在于拓展自身在国际社会中自主决定和自由行动的能力，而国家积极自由的实现同时也会促进其综合实力的增强和经济社会的发展。因此，国际法所欲保障的发展权利实质上是实现国际法自由价值的具体展现，发展就是扩展自由。

严格意义上，法律的价值范畴最初并不包含效率价值。相较于更贴近

---

① 刘志云：《论国家利益与国际法的关系演变》，载《世界经济与政治》2014 年第 5 期。

② 发展权利宣言［EB/OL］. 联合国大会决议 A/RES/41/128，(1986-12-04)［2018-10-15］. http：//www. un. org/zh/documents/view_ doc. asp？ symbol = A/RES/41/128。

③ ［印］阿马蒂亚・森：《以自由看待发展》，任赜、于真译，中国人民大学出版社 2012 年版。

人本身的自由、平等与安全等价值，人们对于效率的追求是在社会生活实践日益复杂化之后的事情。尤其是随着工业革命之后资本主义的迅猛发展，社会生产力的进步以及生产关系结构的成熟。为了实现法律所拟制的法人及其他组织的主体性，效率价值才被确认为一种不可或缺的法律价值。因此，与经济学意义上按照不同生产目的最大限度满足人们需求的资源合理配置相关联，① 法律意义上的效率价值所指向的是法律制度在运行过程中达成其制度性目的的有效性。而与国内法追求市场经济的效率价值一样，国际法同样也在特定的法律部门内将全球经济活动的高效率视为一种价值目标。尤其是在欧美等西方发达国家的影响下，美国所主导的全球自由贸易体系最为核心的价值就在于经济全球化背景下市场效率的达成。尽管效率有着自身独特的概念内涵，但就其本质属性而言，它与自由价值存在着上下位的主从关系，自由是效率的上位价值，效率从属于自由。② 帕累托最优（亦称“帕累托效率”）以追求资源配置的理想状态为基本要义，它得以实现的根本前提就是自由市场所确保的生产要素的自由流通。如果不存在一个自由选择的经济体制，效率价值的实现就无从谈起，效率依赖于自由。在国际法的框架内，如果无法保障主权国家的自主决定和自由行动，那么世界贸易法律体系所欲达成的效率价值将毫无实现的可能。

2. 平等

对自由价值孜孜不倦的追求是人类法律发展史中的主旋律，对平等价值的渴望与抗争则是一直与之相伴的时代音符。晚近以来尤其是 20 世纪至今，在世界各国此起彼伏不断展开的平权运动更是将平等价值奉为圭臬。无论是在性别、种族、国别、宗教信仰、政治见解等各个方面，人们对平等都展现出了极大的价值需求。

回顾西方法律的历史发展可知，法律意义上的平等价值在某种意义上渊源于宗教意义上众生平等的教义。欧洲历史上“教会的精神法律世俗化的过程，也必须被看成是国家世俗法律的精神化的过程”。③ 国家世俗法律中“法律面前的人人平等”在一定程度上就源自基督教义中“上帝面前的

---

① 樊纲：《市场机制与经济效率》，上海人民出版社 1995 年版。

② 谢鹏程：《基本法律价值》，山东人民出版社 2000 年版。

③ ［美］哈罗德·J. 伯尔曼：《法律与革命：新教改革对西方法律传统的影响》（第二卷），袁瑜琤、苗文龙译，法律出版社 2008 年版。

人人平等”。欧洲主权国家在法律上的平等地位更肇始于宗教改革时期兴起的信条化运动。正是该运动孕育了《威斯特伐利亚和约》的萌芽，催生了国家主权平等原则的问世。[①] 历经了中世纪人对于神的精神依附，以及封建时代人对于人的人身依附，近代以来的平等价值在资本主义的发展中不断凸显。市场经济中“以物的依赖性为基础的人的独立性”确立了人之为人的主体性，奠定了人与人之间相互平等的经济基础。在人类社会经过了“从身份到契约”[②] 的历史演变之后，自然法中“人人生而平等”的理想追求，也逐步成为实证法中“法律面前人人平等”的法律规定。

毋庸置疑，事实层面上的“人人生而不同”是法律层面上“人人生而平等”的基本前提，每个人自出生之日起就天然地存在智力、体力、出身乃至运气上的差异。正是这种个体化的差异性事实构成了人们将平等视为一种价值的基础。因为，正如霍布斯所指出的，人与人在自然状态中的不平等，促使他们渴望获得达成某些目的或愿望的平等。[③] 虽然人们很早就认识到了个体在事实上的不平等，但历史上人们对于法律上平等价值的追求和实现却是在晚近时期才逐步显现。[④] 国际法上有关平等价值的历史实践也同样表明，国家主权平等原则虽在 1648 年《威斯特伐利亚和约》诞生之日起就已然确立，但主权国家之间在国际法上的平等地位却一直未能真正实现。直至今日，发展中国家在国际社会的法律地位和话语权仍然受到西方发达国家的打压。现有国际法的基本框架、联合国的组织架构以及世界贸易组织的制度设计仍然受制于欧洲中心主义和美国霸权政治的影响，并未充分体现国际法平等价值应有的普遍性意义。

国际法上平等价值的基本内涵，不同于强调人与人之间、法人及其他组织之间法律地位平等的国内法。它所侧重的仍是主权国家之间在享有国际法权利、履行国际法义务乃至承担国际法责任上的平等性。《联合国宪章》第二条第一项所规定的“本组织系基于各会员国主权平等之原则”奠

---

① 以“谁的领域信谁的教”（Cuius region，eius religio）为宗旨的信条化运动使得欧洲不同政治实体内的教会与国家开始逐步分离，从而引发了 1618—1648 年的“三十年战争”，而《威斯特伐利亚和约》把受信条化运动影响的 1555 年《奥格斯堡和约》的基本条款运用到了欧洲大国上，将德国境内的各公国之间主权平等扩展到了欧洲各国之间的主权平等。

② ［英］梅因：《古代法》，沈景一译，商务印书馆 2020 年版。

③ ［英］霍布斯：《利维坦》，黎思复、黎廷弼译，商务印书馆 1985 年版。

④ 在古希腊时期，雅典的民主制度下，只有大约三万自由民男性才享有政治权利，而在美国，女性实际享有选举权的问题直到 1920 年之后才逐步解决。

定了平等价值的规范基础。并且，在此之后的诸多联合国大会决议也不断丰富和扩展着国际法平等价值的法律内涵。其中，1970 年《国际法原则宣言》就进一步重申和拓宽了国家主权平等原则所应具有的基本要素：（a）各国法律地位平等；（b）每一国均享有充分主权之固有权利；（c）每一国均有义务尊重其他国家之人格。[①] 由此可知，国际法上的平等价值至少包括三层含义。

其一，国际法的平等价值追求的是国际法对所有主权国家在法律规则适用上的平等性。尽管《联合国宪章》中对于国家主权平等原则的规定仍然保持了“各会员国”的措辞，但《国际法原则宣言》中“各国一律享有主权平等”的强调性表述则将其适用对象扩大到所有国家，而无论其是否为联合国的会员国。“各国法律地位平等”的根本要旨则在于表明国际法规则在实施、执行和适用过程中对于各主权国家的平等性。即便在国内法中，“公民在法律面前一律平等”的价值也更多地体现在法律适用上，因为国内法对平等价值的实现在一定程度上是通过立法上的差异性规定所保证的。[②] 这种差异性的法律规则是需要平等的法律适用才能得以保证实施的。正是立法上的“不平等”规定和司法及执法上的平等性适用，才真正确保了法律平等价值的充分满足。也正是充分认识到国际立法过程中国家间实力不均的事实性差异，国际法才将国家主权平等的基本要素定位于“法律地位平等”。因此，国际法将平等的重心落脚于国际法规则的适用平等性上，以此在最大限度上保障和促进各主权国家在国际交往中平等地位的实现。

其二，国际法的平等价值体现的是主权国家之间在行使权利和承担义务上的充分性和对等性。

以“各国法律地位平等”为前提，国际法的平等价值在保证国际法规则适用平等性的基础上，还进一步申明了对于国家主权之固有权利的充分实现。法律地位的平等最终总是落实为法律主体权利与义务的平等。这既要求国家在享有和行使权利时的充分性，也要求国家在履行和承担义务与责任时的对等性。就国家主权的权利内容而言，它所覆盖的范围极为广

---

① 《关于各国依联合国宪章建立友好关系及合作之国际法原则之宣言》，联合国大会决议 A/RES/2625（XXV），http：//www. un. org/zh/documents/view_ doc. asp？ symbol = A/RES/2625（XXV）。

② 例如，《中华人民共和国宪法》第四十五条对于年老、疾病或者丧失劳动能力的公民的特别辅助，以及对于军人权益的优待，第四十八条对于保护妇女权利和利益的强调，等等，都是通过立法上的差异性规定来实现法律平等价值的实质内涵。

泛，包含了其对于国家领土范围内任何事项和个体的立法、裁判和执法管辖权，这种宽泛的对内最高权威正是主权至上的最初意蕴。而就其对外的国际交往来说，国际法的相关组织架构和机构设置也充分体现了主权的权利面向，一国一票制、排他管辖原则、轮换制原则以及国家行为主义等具体的制度安排，无不体现了国际法对于充分实现国家主权及相关权利的制度性保障。①

在国家主权的义务与责任方面，平等价值的要求更具有现实性。作为联合国最重要的安全决策机构，联合国安理会承担了维护国际和平与安全方面的主要义务与责任。这种额外的义务与责任的承担，显然与其常任理事国所具有的更大的权利的享有相对等。根据《联合国宪章》第二十七条的规定，联合国安理会常任理事国不仅对非程序性事项具有否决权，还在决定某一事项是否属于程序性事项时也可以行使否决权。安理会常任理事国所具有的这种“双重否决权”,② 从表面上看显然与国家主权平等原则的精神相违背。该项权利的设置存在着较为特别的历史背景，它在一定程度上是“二战”后战胜国对于国际秩序作出制度安排而相互妥协的产物。但这种体现了特殊政治决断的法律制度却从另外一个侧面反映出平等价值在大国政治与国际法相互博弈过程中的复杂性。常任理事国所具有的“双重否决权”与其所承担的维护国际和平与安全的主要责任，形成了国家主权在权利与义务方面的对等。因此，这也表明了国际法平等价值的现实含义。平等的价值绝不是无视自然意义上个体的差异性事实而追求绝对均等的平均主义，而是要通过实现法律上权利义务的对等性来保证主体法律地位的平等性。这意味着，实力较强的大国在享有更大权利的同时也应承担更大的责任，而实力相对较弱的小国则在保证其法律地位平等的前提下承担与其权利相对的国际法义务与责任。③ 正如1969年国际法院在“北海大陆架案”中所指出的，公平（平等）不意味着均等，平等是被看作在同一

---

① 杨泽伟：《国家主权平等原则的法律效果》，载《法商研究（中南财经政法大学学报）》2002年第5期。

② ［英］马尔科姆·N. 肖：《国际法》（第六版），白桂梅等译，北京大学出版社2011年版。

③ 20世纪70年代，在联合国非殖民运动的影响下，一些领土面积很小且人口数量很少的“微型国家”不仅获得了独立且成为了联合国的会员国，尽管其国家实力与其他国家相比极为悬殊，但国际法仍然赋予了这些小国平等的法律地位。ORLOW. Of Nations Small：The Small State in International Law［J］. Temp. Intl & Comp L. J. ，1995（9）：115-140.

水平面上，而不是那些依靠公平（平等）所能够补偿的自然不均等，相同程度的平等理论可能导致不公平（平等）。[①]

其三，国际法的平等价值还蕴含了主权国家间相互交往过程中所遵循的非歧视原则。

除了对于法律地位平等和权利义务对等的要求，国际法的平等价值还侧重于国家间相互关系的平等以待，各国在相互交往过程中应当“尊重其他国家之人格”。这种对于其他国家人格的尊重义务深深体现了国家主权平等所固有的“非歧视原则”的基本要求。国际法产生与发展的历史表明，近现代以来的国际法律体系很大程度上渊源于欧洲的民族国家体系。时至今日，诸多既有的国际法律规则仍然留下了以基督教文明为背景的文化印记。《国际常设法院规约》第三十八条中所规定的“一般法律原则为文明各国所承认者”[②]就是这种欧洲中心主义的具体表征。显而易见，“文明国家”的法律条文表述就是对于非基督教国家在身份上的歧视和人格上的不尊重。因此，以土耳其被接受为“文明国家共同体”的成员为标志，[③]基于非歧视原则的主权国家之平等身份在国际社会的交往中逐步取代了所谓“文明国家”的“地方性”标准。

除了在一般意义上对于法律地位的非歧视以外，在国际法的具体部门中，非歧视原则所蕴含的平等价值追求也有着更为深刻的呈现。例如，在世界贸易法律体系中，非歧视原则成为 WTO 最基本的法律原则之一。最惠国待遇原则和国民待遇原则要求各国在国际贸易活动中的相互尊重、一视同仁、一律平等，以及国民待遇在国内与国外的平等处境。[④] 这种由欧

---

① North Sea Continental Shelf Cases (Federal Republic of Germany v. Denmark; Federal Republic of Germany v. Netherlands) [EB/OL]. (1969-02-20) [2018-12-15]. https://www.refworld.org/cases, ICJ, 50645e9d2.html.

② 根据《国际常设法院规约》第三十八条第三项的英文表述，“一般法律原则为文明各国所承认者”的英文表达为：General principles of law recognized by civilized nations，该条款是对于国际法渊源的权威性列举。

③ KOSKENNIEMI. The Gentle Civilizer of Nations The Rise and Fall of International Law 1870-1960 [M]. Cambridge: Cambridge University Press, 2004: 105.

④ 根据《关税及贸易总协定》第一条第一款的规定，最惠国待遇是指在进出口所有方面征收的关税及任何税费方面，任何缔约方给予某一国家产品在实质与程序上的好处、特权等，应当立即无条件地给予任何缔约方境内的相同产品，而在国民待遇方面，GATT 文本中第三条第四款等条文的规定都表明了一种“不低于”的国民待遇标准，即 WTO 成员保证其给予其他成员方的产品、服务和国民的待遇，不低于其给予本国产品、服务和国民的待遇。

美西方发达国家所主导的自由贸易体制在根本上反映的是作为“天然平等者”的商品经济，具有一定程度上价值“异化”的可能。换言之，在美国霸权政治主导下，追求市场经济的自由与效率价值可能会对追求国家主权平等价值造成侵蚀。但从发展中国家尤其是中国参与世界贸易组织以来的历史实践中可以看出，这种有限程度的非歧视原则仍然构成了广大发展中国家追求国际社会平等地位，实现自身经济社会发展的有力保障。

3. 安全

如果说人们对于自由与平等的价值追求构成了人类法律不断进化的根本动力，那么安全需求则是人类社会赖以生存所必不可少的价值“必需品”。因为，“人的安全乃是至高无上的法律”。[①] 价值所内含的自然属性从人的最基本需求上促使人们运用法律来维护自身的安全，从而为实现其他法律价值提供最根本的前提性保障。由于安全价值的前置性，在国内法领域，安全在法律价值范畴内一直处于较为幕后的位置。这是因为，国内法律体系得以实施和运作的前提就是安全价值在一定程度上的满足。并且，也只有国内社会处在一个较为安全的状态中，诸如自由与平等等其他法律价值才得以凸显。相较而言，在国际法领域，安全的价值被提高到了一个极为重要的地位上，主要原因就在于国际社会事实上处于某种程度的无政府状态之中。因此，《联合国宪章》第一条才将“维持国际和平及安全”视为其最基本的宗旨。就国际法安全价值的基本内涵而言，它至少包含了两个层面的意思。

其一，国际法的安全价值不同于国际法上的和平，两者存在着概念上的上下位关系和程度上的递进关系。

从国际和平与安全的概念史来看，和平概念的发生远远早于安全价值的出现。究其原因，人类社会相当长一段历史时期都处在战争与暴力的冲突之中。故而，以“结束一切敌对行为”及战争状态的和平[②]就成了人们更为迫切需要的价值追求。也因此，无论是1919年的《国际联盟盟约》还是1945年的《联合国宪章》，都把维持国际和平与安全放在了首位，更把和平置于安全之前。可见，和平实际上是安全价值得以充分实现的先前阶段，或者说，和平构成了安全的下位概念。如果把安全界定为一种没有

---

① ［英］霍布斯：《论公民》，应星等译，贵州人民出版社2003年版。

② ［德］伊曼努尔·康德：《永久和平论》，何兆武译，上海人民出版社2005年版。

威胁、恐怖和不确定性的主观与客观相结合的状态，那么和平就是客观上诸多安全状态中的一种——没有战争的安全。[①] 并且，从和平到安全也体现出了客观安全状态在实现程度上的递进关系，一国只有在维持了最低限度的安全之后才会去追求和平价值的实现。同样，当和平价值得以满足之后，安全就成为了各国所欲追求的首要价值目标，因为仅仅依靠没有战争的和平状态远远无法维系主权国家的生存与发展。当和平不再成为问题时，如何维系安全就成了国际关系的核心命题。[②] 由此，反观国际社会关于和平与安全价值的实践史，战争与暴力背景下的和平价值主导了近代以前人类社会的主题。晚近以来尤其是20世纪中叶至今，随着科学技术的不断进步，核武器已经使得发生大规模战争的危险性逐步降低。相较于两次世界大战的战火纷飞以及此前人类社会周而复始的战乱连连，当前国际社会的客观安全状态有了极为显著的提升。但与此同时，安全概念的具体内涵也随着时代的变迁而发生了根本性的转变。国家间的军事冲突与威胁虽然大规模减缓，但来自战争以外的全球性风险却逐步占据了国际法安全价值的核心。这就涉及安全价值由于它历时性的特征而分化出不同类型的安全问题。

其二，国际法的安全价值按照划分标准的不同而具有不尽相同的类型，既包含了内容上相差异的传统安全与非传统安全，又囊括了主体上相区别的国家安全、国际安全与人类安全。

当1945年国际社会将“维持国际和平及安全”写入《联合国宪章》时，国际法安全价值的基本含义仍然停留在避免由军事因素所引发的国际政治安全威胁上。相比于更早地为了避免自然因素对人们造成威胁与损害的安全概念，来自人类社会内部尤其是国家之间的相互威胁构成了安全价值谱系中最基本的类型——传统安全。而该类型的安全则主要以军事安全

① 客观上的安全状态除“和平”外，还包括“非战非和”及“战争”。参见阎学通、何颖：《国际关系分析》（第三版），北京大学出版社2017年版。

② 在和平与安全的问题上，国际政治学界依据不同的派别形成了各自独特的看法，现实主义认为，安全价值的满足是此消彼长的零和博弈，国际体系结构决定了各国不得不谋求更大的权力来获得更多的安全；而在自由主义中，“经济相互依赖和平论”认为，国家间经济的高度相互依存使它们不可能彼此发动战争；“民主和平论”认为，民主国家不会对其他民主国家发动战争；“国际制度和平论”认为，国际制度提升国家间的合作前景，并极其有效地减少战争的可能性。参见［美］约翰·米尔斯海默：《大国政治的悲剧》（修订版），王义桅等译，上海人民出版社2015年版。

为核心，表现为一种以主权安全、领土安全、政权和政治制度安全以及意识形态安全为内容的国家政治安全。① 然而，随着人类社会在 20 世纪中后叶以及 21 世纪初史无前例的变迁与发展，大规模战争的危险性降低，经济全球化的程度不断加深，以军事冲突和政治威胁为主的传统安全威胁仍然存在。以 20 世纪 90 年代末爆发的全球金融危机、2001 年发生的“9·11”事件、近年来不断凸显的气候变化问题为标志，以金融危机、恐怖主义、生态危机及未知病毒传播等为基本内容的非传统安全问题为国际法的安全价值注入了全新的时代内涵。并且以 2013 年“棱镜门”事件、2018 年“基因编辑婴儿事件”、2020 年新型冠状病毒疫情传播为标志，网络安全和生物安全也成为非传统安全的最新外延。

在一定程度上，非传统安全从安全价值的主体、安全价值需求的内容以及安全价值实现的方式等不同层面丰富和拓宽了国际法安全价值的内涵。传统安全局限于以主权国家为主体，以军事和政治威胁为内容，以国家间相互合作为手段；非传统安全则以其独有的“无边界性”特性，跨越了主权国家的边界，将价值主体延伸到了非国家行为体。非传统安全价值实现的方式也转变为以跨国联合行动为主。与此同时，其固有的“不确定性”特点，则把价值需求的内容扩张到了一切非军事安全的所有领域。传统安全中确定的对立的单一的领土主权安全，也逐步演变为非传统安全中不确定的关于人的生存性安全。更为根本的是，两者之间还存在着相互交织与融合的共存关系。传统安全也因为非传统安全问题的凸显而发生着实质性的变化。原本依赖于军事政治力量相互博弈而获取自身安全的方式，如今可能转变为通过对某些非传统安全因素的控制与支配来重新实现自身的安全需求。并且，在某种意义上，非传统安全所反映的诸多安全隐患也一定程度上来源于国家间对于传统安全实现手段的改变。近年来，日益严重的信息安全和生物安全威胁就是国家利维坦的权力触角延伸至高新科技领域的后果。同时，非传统安全的实现也同样离不开传统安全的满足。由于价值的历时性特征，非传统安全相对而言显现出来，但传统安全的威胁仍然占据着国际法安全价值的基础性位置。在现有的国际秩序中，如果缺失了对于主权国家基本安全价值的维护，那么指向非军事领域的非传统安

① 王帆、卢静主编：《国际安全概论》（第二版），中国人民大学出版社 2016 年版。

全则更加无法获得保障。

传统安全与非传统安全从价值的历时性维度构筑了国际法安全价值的全新内涵。随之产生的国家安全、国际安全与人类安全则从价值的主体性维度丰富了国际法安全价值的基本外延。

由于国际法安全价值的核心主体是主权国家，因此国际法上的安全最基本的指向就是国家安全与国际安全。在国内法领域，对于安全价值的维护主要是通过国家（政府）公共权力的运作来保障的。由国家（政府）所垄断的暴力是维系个人安全的必要手段，人是安全价值的核心主体。到了国际法领域，主权国家成为安全维护的对象。但国际社会缺乏垄断暴力的中央权威，因此国家安全的实现所依靠的是一种自助的安全体系。国家安全的内涵主要集中在传统安全的范畴之内。主权和领土完整是国家安全的命脉，也是支撑主权对内政治统治和社会治理的根本保证。安全最能体现价值的自然属性，因为安全源自价值主体的内在需求。但是对于安全的实现却具有价值社会属性的一面，国家安全的满足更是一种关系性的存在。因此，一国的安全必然是在国家间产生与实现的，国际安全就成为国家安全在国际体系上的延伸与展现。在此意义上，以维护所有主权国家的安全为目标的国际法将“维持国际和平与安全”确立为安全价值的基本内容。国际安全相对于国家安全而言，本质上属于共同安全。在国家安全相互依存的背景下，任何国家都无法孤立地获得充分、持久的安全。① 对于国际安全的维护是国际法安全价值的根本目标，离开了国际安全的国际法保护，各主权国家自身的国家安全就无从谈起。脱离了国际安全的国家安全，只是个别霸权国家自身的安全，并且也是一种不正义和低水平的安全。

人类安全（亦称“人的安全”）的概念自国际法安全价值形成时就已然存在，即国家安全与国际安全最终指向的是人的安全。但直到现代国际法逐步呈现出人本化的发展趋势时，人类安全才从国家安全与国际安全的主流安全价值取向中脱颖而出。1994 年联合国开发计划署发布了首个《人类发展报告》，该报告对“人类安全”作出了较为详尽的表述。它指出，长久以来，安全概念被狭隘地理解为与民族国家相关的“免于外来侵略的

---

① 石斌：《共同安全的困境——论当代国际安全的文化价值基础》，载《国际安全研究》2013 年第 1 期。

领土安全、外交政策中的国家利益保护、核威胁下的全球安全等”内容，但与人联系更密切的日常生活中安全却被忽视。[①] 由此，各国对安全问题的关注从国际层面的军事视角转向了国内层面的社会视角。[②] 安全的指涉对象也从主权国家转变为个人，对安全的威胁转向了对个人生活质量的威胁，而非国家行为体也逐步成为辅助实现安全价值的主体。[③] 在一定程度上，人类安全概念的产生与发展与非传统安全概念一样，都是安全价值历时性演变过程中的新生产物。它是对以军事政治安全威胁为内容的国家及国际安全概念的矫正与完善。从另一层面来说，它也是不断突显的人权价值在安全领域的直接反馈。人类安全集中体现了国际法人本化的趋势，并且以关注人的生存环境和生存质量的安全为内容。但就现有的国际法律秩序而言，它仍然应当围绕着国家安全和国际安全来确定自身的价值序位。在主权国家作为首要安全价值主体的前提下，国际法的安全仍应当以国家安全和国际安全的实现为核心，在此基础上兼顾人类安全的满足。[④] 不能够罔顾国家安全与国际安全尚未充分达成的事实，过早或过度地强调人类安全的优先性与主导性，最终与被曲解的人权价值一起成为西方发达国家实施不正当国际干涉的工具。

（三）人权

如果说人类法律史上对于正义、秩序、自由、平等、安全等价值的不懈追求，构成了法律不断进化与社会不断进步的不同环节，那么人权则是贯穿诸多法律价值并最终实现人的主体性的核心主线。无论是对于正义且有秩序的社会制度的精巧设计，还是对于自由、平等、安全的人的价值需求的充分满足，都将其价值实现的终极方向定位在人权的达成上。人类社会的发展史在某种意义上，就是把人的主体性从自然和神的身上还原给人自身的过程。原始社会人们对于自然的崇尚，以及中世纪人们对于神的信仰，都伴随着理性启蒙的步伐不断消解。到了近现代，人们终于在“上帝死了”这一振聋发聩的呐喊中再次觉醒，人类社会终于把“人”从诸多人

---

① UNDP. Human Development Report 1994 ［M］. New York：United Nations，1994.

② 关信平、郭瑜：《“人类安全”：概念分析、国际发展及其对我国的意义》，载《学习与实践》2007 年第 5 期。

③ 刘志军、刘民权：《人类安全：概念与内涵》，载《国际观察》2006 年第 1 期。

④ 石斌：《“人的安全”与国家安全——国际政治视角的伦理论辩与政策选择》，载《世界经济与政治》2014 年第 2 期。

格化的对象中拯救出来。人成为一种“元价值”,[①] 人权则是人作为元价值在道德与法律层面的具体表征。

国际法上人权价值的萌芽与发展，始终与国际法自身人本化的发展趋势紧密相连。人类社会在经历了两次世界大战之后，将国际法的核心主体定位在主权国家上。但与此同时，通过残酷的战争所汲取的感性经验却同样将保护人权的宗旨铭刻在《联合国宪章》之中。“重申基本人权，人格尊严与价值，以及男女与大小各国平等权利之信念”“促成国际合作，以解决国际间属于经济、社会、文化、及人类福利性质之国际问题，且不分种族、性别、语言、或宗教，增进并激励对于全体人类之人权及基本自由之尊重”。1948 年的《世界人权宣言》和 1966 年的《经济、社会及文化权利国际公约》与《公民权利和政治权利国际公约》相继问世，由这三者所构成的《国际人权宪章》应运而生。人权成为国际社会普遍达成的一项价值共识，并且，由此所催生的国际人权法和国际人道法等新兴国际法部门也开始不断发展与成熟。而为了进一步加强人权价值的充分实现，联合国在不断丰富国际人权条约的同时,[②] 还专门设立了人权理事会来代替经济与社会理事会中人权委员会的职能。

此外，在其他国际法部门中，人权价值也被广泛地反映和体现在《国际刑事法院罗马规约》中，灭绝种族罪、危害人类罪、战争罪等对人权侵害最严重的犯罪被纳入国际刑事法院的管辖范围。随着经济全球化的发展，人权的基本内涵也从对人的最基本权利的保护拓展到参与社会经济发展的社会性权利。世界贸易法律体系在贯彻人权价值的同时，通过 WTO 及相关国际法规则对于国家间自由贸易体制的制度设计，改善和提高了人权价值的实现水平，人权反过来也成了衡量经济发展的标准。[③]

就其基本含义而言，人权的概念尽管历经了社会的发展与时代的变迁，但它从早期自然法中自然权利那里所继承的根本特性一直延续至今，“人权就是我们因为是人而拥有的权利”。[④] 虽然从语义角度看来，人权

---

① 韩东屏:《人是元价值——人本价值哲学》, 华中科技大学出版社 2013 年版。

② 联合国框架内的国际人权条约包括但不限于：1948 年《防止及惩罚种族灭绝罪公约》、1965 年《消除一切形式种族歧视国际公约》、1979 年《消除对妇女一切形式歧视公约》、1984 年《禁止酷刑和其他残忍、不人道或有辱人格的待遇或处罚公约》、1989 年《儿童权利公约》等。

③ 李先波等:《主权、人权、国际组织》, 法律出版社 2005 年版。

④ ［英］詹姆斯·格里芬:《论人权》, 徐向东等译, 译林出版社 2015 年版。

(Human Rights) 的中心词是权利 (Rights), 但人权概念的核心却在于人 (Human)。[①] 正是人之为人的人格构成了人权的概念基底, 不同于 "物" 具有 "价格" 而享有 "价值", "人" 拥有世间万物所不具备的 "尊严"。据此人享有作为 "人" 并成为 "人" 的 "人格", 而这种人格尊严就体现为人权的 "价值"。按照马克思的观点, 这种以人格尊严为支撑的人权价值, 是区别于动物且为人所独有的, 它是人固有尺度的主体性表征。[②]

由于人权所特有的价值高度, 因此其并不依赖于实证国际法而存在, 但现有国际法关于人权的具体制度设计却是充分满足和实现人权价值的强有力的保障。人权在不同的法律体系中也会具有不同的表现形式。[③] 人权虽然作为一种价值具有某种终极性特征, 但在具体的实践中, 它仍然会因为主体性的差异而出现理解和诠释上的不同。国际法通过法律原则、法律规则乃至各种具体法律制度等不同的方式对人权进行了规范性的表述, 但这种详尽而全面的规定至多只是提高了国际社会对于人权价值的关注和重视。无论是作为一种理念、原则, 还是作为一种规则、权利, 人权价值确实成为了各国赖以追求的目标, 并且渗透到各主权国家的国内法领域中。然而, 人权具有指向于 "人" 的本性, 加之民族国家之间的文化差异, 因此, 国际法上的人权就无法形成一种统一的相一致的界定。由人的多样性所导致的人权概念的多维性, 成为人权价值产生争议的根本原因。

由于国内法是一国之内民族国家政治共同体的产物, 因而国内法对于人权价值的概念融合度显然要高于国际法。根据自然法的传统, 社会契约论的理论假说塑造了一种天赋人权的观念, 由此形成了一种作为自然权利的人权概念。因此, 人权就成了国家 (政府) 的权力来源, 而宪制逻辑下

---

① 麦金太尔曾从语言学的角度对人权概念进行非议, 认为人权中的权利概念在古代语言中并不存在, 且权利概念也并非社会生活所必需, 米尔恩反驳了这种观点, 认为人权作为低限度的道德标准, 不仅客观存在且为社会生活所必需。参见 [英] A. J. M. 米尔恩:《人的权利与人的多样性——人权哲学》, 夏勇等译, 中国大百科全书出版社 1995 年版。

② 根据马克思的观点, "动物只是按照它所属的那个种的尺度和需要来建造, 而人却懂得按照任何一个种的尺度来进行生产, 并且懂得怎样处处都把内在的尺度运用到对象上去; 因此, 人也按照美的规律来建造"。可见, 人的价值追求就是人区别于动物所独有的尺度的表征。参见 [德] 马克思:《1844 年经济学哲学手稿》(第 3 版), 中共中央马克思恩格斯列宁斯大林著作编译局译, 人民出版社 2000 年版。

③ 人权依据不同法律体系的特点而呈现出不同的形态, 一般国际法上的人权表现为一种价值和原则, 在国际人道法和国际人权中则表现为一系列具体的规则和权利, 而在欧盟 "自成一类" 的法律体系中, 人权则发展成为一种具体的权利体系。

国家（政府）公共权力的最终主体也指向了人民。毋庸置疑，在国内法领域中人权就是最高的权利形态，国家主权的至高无上也都服务于人自身权利的实现。但是，这种人权高于主权的逻辑在国际法领域却无法充分展开。因为，作为国际社会基本成员的民族国家表现出了极大的文化差异性，而所谓国际层面的政治共同体仍然是一种遥不可及的乌托邦。主权国家依旧是国际法最核心的价值主体。如果说国内法中天赋人权的观念在国际层面不断塑造着个人逐步成为国际法主体的可能性，那么国际社会是由主权国家联结而成的基本事实则使得人权的概念融合度，将长期处于一种较为稀薄的状态。然而，无论如何，国际法对于人权价值的终极追求始终不会改变，人权概念的多维性以及人权与主权之间的争议，都将在对人的主体性的不断实现中获得合理的解决。当人权真正充分地在国际法层面得到满足时，国际法的使命也将宣告终结，人权与主权的争议将失去意义。

（四）民主与法治：国际法价值实现的制度保障

价值具有依附于人的特性，价值无法独立于人而存在。价值的实现更不能脱离于人的实践。国际法上正义、秩序、自由、平等、安全、人权价值的达成离不开主权国家的制度安排。人权价值也只有在健康的民主制度和良好的法治环境中才能获得充分的实现。国际法的其他各项价值也都依赖于各国内部民主制度的运作与完善，更依托于各主权国家对于国际法治的实践。民主与法治是国际法价值实现的制度保障。

1. 民主

严格意义上，民主并不是一种价值。就其概念的根本意涵而言，民主始终是作为一种制度而存在的。民主就是民主制。无论从法律价值的自然属性还是社会属性对之进行审视，民主都无法以一种价值形态而存在。它既不是指向于人自身的某种价值需求，也不是评价某种社会制度的价值标准。民主是也仅仅只是关于政体的一种构成形式。将民主视为一种价值，在某种意义上是相对于专制政体所导致的人的不自由和不平等而言的。亦即，当人们用价值的眼光去审视不同的政治体制时，将会得出民主制优于集权专制的结论。因此，当集权专制政体的统治损害了人们的自由与平等时，作为一种客观制度的民主就会由于某种程度上的稀缺性而嬗变为一种主观意义上的价值偏好。

回顾民主制度的实践史会发现，自由与平等价值的实现程度在某种意义上与民主制度的完善程度呈现出一种正相关的关系。从国内法视域来看，人类社会的政治发展历经了从专制集权的君主独裁，到少数人集权的贵族统治，最终形成了人民主权的民主制度。在这种政体的发展与流变中，每一次的变革都是法律的自由和平等价值实现程度上升的拐点。民主制度不仅提供了现有政治统治的合法性基础，还使得人民不断参与到公共权力的行使之中。在某种意义上，民主制的完善形态就是一种真正的人民当家作主，人民成为自己的主人。因此，民主就是对于实现人的主体性的制度保障。在国际法领域，由于国际社会处于无政府状态的客观事实以及民族国家的文化差异，超越主权国家的世界政府并不存在。由人民所构成的民主制度之国际实践仍然止步于一种理想追求。但是，各主权国家范围内民主制度的实施也必将有助于国际法各项价值的实现。尤其是国际法上自由、平等和人权价值的落实，都在很大程度上依赖于国内民主制度的保障。

需要指出的是，西方发达国家所主张的“民主和平论”① 虽然暗示出民主制度有利于实现国际法的安全价值，但这种观点背后的逻辑却存在着严重的价值偏见。无论是从历史的经验事实来对之进行反驳，② 还是对民主是否缓和了国际紧张局势这一命题的审视，③ 都表明民主制度对于避免战争状态来说只具有或然性的关联。在大多数情况下民主制度异化为少数霸权国家实施国际干涉的意识形态理由。原本为国际法安全价值提供保证的民主制度一旦被意识形态化之后，反而成了加剧国家间安全冲突的不利因素。从冷战时期美苏两极对立的基本历史可以看到，美国的民主外交在一定程度上充当了对抗苏联的战略工具。在冷战结束之初，福山甚至“认为自由民主制度也许是‘人类意识形态发展的终点’和‘人类最后一种统治形式’，并因此构成‘历史的终结’”。④ 可见，被“民主和平论”歪曲

① 所谓“民主和平论”，指的是民主国家之间从不或很少发生战争，即便存在利益冲突，它们也往往诉诸和平的方式加以解决。参见倪春纳：《民主能产生和平吗？——对“民主和平论”的批判及回应》，载《外交评论（外交学院学报）》2013 年第 2 期。

② 龚泽宣：《“民主国家”之间的利益冲突与战争——民主和平论存疑》，载《政治学研究》2004 年第 1 期。

③ 熊文驰：《民主和平与战争状态问题——再谈“民主和平论”与现实主义之争》，载《外交评论（外交学院学报）》2009 年第 2 期。

④ ［美］弗朗西斯·福山：《历史的终结及最后之人》，黄胜强等译，中国社会科学出版社 2003 年版。

的民主制度不仅无法为实现国际法价值提供保障，相反，它会沦为霸权政治实施国际干涉和进行战略竞争的意识形态推手。民主应当被还原为其最初的本意，那就是以人民主权为基础并以代议制为内涵的民主政治制度。只有国内政治的健康发展和有序运作，才能为实现国际法价值提供根本的制度保障。

2. 法治

如果认为民主是关于国家政体的形式结构，那么建立在民主制度之上的法治则应当被视为一种关于政治统治的实践方式。从人类社会的政治统治历史中可以看到，法治从其概念的萌芽时期起并未被当作一种价值形态而存在。亚里士多德所指称的“制定良好的法律获得人们普遍的遵守”实际上仍然是一种柏拉图“哲人王”理想的次优替代。由良法与善治所构筑的法治指向的是客观的国家（政府）统治类型，而并非是一种主观的价值偏好。在人类社会的数千年文明中，相对于法治的人治占据了历史的主流。直到近代，旨在排除人治专断弊病的法治才真正意义上成为一种普遍的政治统治实践方式。

从法人类学的观点来看，把法治仅视为一种价值的理解实际上只是西方社会的“地方性知识”。原始人的法律实践[①]以及非洲和拉丁美洲部落居民的法律文化都表明，在较为落后的社会中并非没有法律，没有的只是欧洲文化模式的法律和制度而已。[②] 人类社会关于法治实践的多样化事实显示，法治应更多地被诠释为“与人们具体现实生活方式无法分离的一种规范性秩序”。[③] 法治就是人们关于法律的具体实践，其与民主制度一同构成了法律价值赖以实现的制度保障。

法治作为一种政治实践，不仅在国内法领域成为各项法律价值得以达成的制度基础，其在国际法领域同样担负着维护国际法各项价值的基本使命。国际法治以法治概念为内核。国际层面的法治具有普遍性、个性或多样性等区别于国内法治的特点，[④] 并且在内容上包含了以 WTO 法治和欧盟

---

① ［美］霍贝尔：《原始人的法：法律的动态比较研究》（修订译本），严存生等译，法律出版社 2012 年版。

② ［英］马林诺夫斯基：《原始社会的犯罪与习俗》，原江译，法律出版社 2007 年版。

③ 苏力：《法治及其本土资源》（第三版），北京大学出版社 2015 年版。

④ 曾令良、古祖雪、何志鹏：《国际法治与中国法治建设》，载《中国社会科学》2015 年第 10 期。

法治为代表的全球和区域层次的契约型及多元分散型法治类型。① 但就其根本属性而言，国际法治仍然脱离不了法治所固有的“良法”与“善治”的基因，国际法治的核心表现就是国际关系的法律化。② 法律价值的实现是法律价值目标现实化的过程，③ 而法律价值目标的现实化就具体落实为法治实践的运作与实施，这必然要求法律价值在立法、司法、执法、守法等各个环节都得到充分的实现。与国内法治实践存在巨大差异，如何在无政府状态的国际社会中实现国际法的价值成为一个难题。在全球化程度不断加深的背景下，同样致力于全球性问题解决的全球治理乃至于“没有政府的治理”，④ 都试图构建一个超越主权国家边界的美好世界图景。但如果没有以主权国家为主体，并以国家遵守彼此间约定为形式的国际法治，⑤ 那么正义与秩序、自由平等与安全乃至人权等国际法价值将会失去最坚实的法律基础。国际法治就是各主权国家在国内、区域和国际多个层面的法治实践，其与民主制度共同构成了国际法价值得以满足和实现的制度保障。

三、国际法价值的根本特征

有学者对国际法价值的特征作出了较为完善的概括：国际法既具有与国内法同样为“法”的一般性，又具有与国内法不同而称“国际”法的特殊性，不仅具有体现国际社会最低限度之共识的普遍性，又具有反映时代发展之变化的时代性。⑥ 尽管这四项特性较为全面地反映了国际法价值的基本特征，但在一定程度上并未体现出国际法价值所蕴含的主体性要素。从国际法价值所具有的主体性要素出发，国际法的价值具有一种既依赖于人又独立于人的意识的主体客观性。国际法主体的多元性使得国际法的价值也表现出多元性的特点。与此同时，国际法主体自身价值需求的因时而

---

① 与国际法治相比，国内法治则表现为主权国家内部的强制型和一元型法治。参见黄文艺：《全球化时代的国际法治——以形式法治概念为基准的考察》，载《吉林大学社会科学学报》2009年第4期。

② 何志鹏：《国际法治：一个概念的界定》，载《政法论坛》2009年第4期。

③ 卓泽渊：《法的价值论》（第三版），法律出版社2018年版。

④ ［美］詹姆斯·N. 罗西瑙：《没有政府的治理》，张胜军等译，江西人民出版社2001年版。

⑤ 车丕照：《我们可以期待怎样的国际法治？》，载《吉林大学社会科学学报》2009年第4期。

⑥ 高岚君：《国际法的价值论》，武汉大学出版社2006年版。

异导致了国际法价值也随之呈现出历时性变化的特征。

（一）主体客观性

一般认为，国际法的价值就是“指社会主体加诸于实在法的某种具有抽象性的主观信念或倾向”。[①] 显然，大多情况下价值更多地被视为一种带有倾向性的主观概念。但是这在一定程度上忽视了价值最根本的主体性要素，混淆了价值的主客体与主客观这两对基本范畴，价值的主体性不等于主观性。[②] 价值当然依赖于人而存在，没有人就没有价值，因此价值具有人的主体性。但与此同时，价值的产生和存在却不依赖于人的主观意识，某个人对某种价值的具体意识并不决定该种价值的存在与否。因此，价值也具有一定的客观性。国际法价值的这种主体客观性在其价值发生冲突时体现得尤为明显。因为，在探讨国际法的价值冲突问题时，真正的问题不在于国际法是否应当实现“和平”“安全”“人权”等价值，而是在辩护或抨击特定政策时这些价值概念之间出现的解释性争议或矛盾该如何解决。[③] 换言之，“和平”“安全”“人权”等价值本身就已经是一种客观的存在，争论国际法是否应当实现这些价值毫无意义。问题的关键在于，由于价值具有主体性，不同的主权国家在运用这些价值时会产生出完全不同的解释。国际法价值在实践中可能出现的任意性并不是由价值自身的主观性所导致的，而是由于价值主体的多元性所造成的。

（二）多元性

价值具有因主体而异的本性，因此，价值主体的多元性就会使得价值呈现出多元化的特征。国际法价值主体的多元性与国际法价值的多元性，两者之间的关联性互动体现在两个层面。一是价值主体自身在质与量上的多元性所导致的国际法价值多元性。国际法的价值主体并非单一的存在。每个价值主体对于既存的国际法价值都有属于自己的一套体系构造。以欧美为主的西方发达国家历来以自由作为其核心价值，并由此形成了包含自由、民主、人权、法治等基本要素的自由主导式国际法价值体系。与此相对，广大发展中国家则侧重以平等作为其核心价值，并由此形成了包含平

---

① 罗国强：《论自然国际法的基本原则》，武汉大学出版社 2011 年版。

② 李德顺：《价值论：一种主体性的研究》（第 3 版），中国人民大学出版社 2013 年版。

③ KOSKENNIEMI. What is International Law For [M] //EVANS. International Law. 3rd ed. Oxford: Oxford University Press, 2010: 32-37.

等、公平、安全、秩序等基本要素的平等主导式国际法价值体系。这两种截然不同的价值体系之所以得以形成，主因就在于国际法价值主体本身的多元性。二是国际法价值主体在基本构成上的多元性所导致的国际法价值多元性。这主要体现在主权与人权的二元价值结构中。在全球公域的特定范围内，这种二元价值结构还会增添全人类整体作为新的元素。它会演变为一种主权、人权与全人类共同利益的三元价值结构。而随着这种主体多元性结构的改变，诸如正义等国际法价值也会随之产生裂变，进而分离出国家间正义、个人正义与全球正义的不同层次。[①] 在一定程度上，由于价值主体多元性所导致的“国际法的价值多元化已经成为国际法发展的重要特征”。[②] 但应当指出的是，在认识到国际法价值多元性特征的同时，也必须注意到这种价值多元性可能带来的价值冲突与价值困境。价值多元虽然丰富了价值主体的主体性，但同时却带来了对同一价值的差异性解释以及不同价值之间的结构性矛盾与选择性悖论。

（三）历时性

价值是具有时效性的，价值的时效性体现为价值的主体时间性。亦即，价值会随着价值主体的变化与发展呈现出性质、程度与方向上的变迁。[③] 这意味着，“哪种价值是更高的价值，因人因时而异”。[④] 国际法价值的历时性具体展现为，国际法的价值会随着其价值主体在其历史发展中的价值需求变化而发生改变。而国际法价值主体的这种价值需求的变化集中表现为：随着国际法价值主体在自身能力与地位上的变化，其价值需求会随之发生更迭，与之相应的国际法价值也会产生变化。例如，在海洋法领域，海洋大国与沿海国之间关于国际法安全价值与自由价值之间的博弈，在一定程度上体现了主体多元性对于价值多元性的塑造功能。沿海国基于近海防卫的安全价值需求与海洋大国基于航行自由的自由价值需求之间形成了一种价值多元与价值冲突的局面。然而，随着时间的推移，沿海

① 以布尔为代表的英国学派就以此将正义划分为“个人正义”、“全球正义”与“国际正义”的不同类型，形成了关于正义的类型理论。

② 王秀梅：《中国的和平发展与国际法价值多元化》，载《南京航空航天大学学报（社会科学版）》2007 年第 2 期。

③ 孙国华、何贝倍：《法的价值研究中的几个基本理论问题》，载于《法制与社会发展》2001 年第 4 期。

④ 陈嘉映：《价值的理由》，中信出版社 2012 年版。

国也会因其海军实力的增强而发展成为海洋大国。此时，由于主体能力与地位的提升，它对于安全的价值需求就会减弱，而出于维护其海外利益的考虑，它对于自由价值的需求就会增强。[①]因此，国际法的价值并不是一成不变的，随着国际法价值主体在时间维度上的不断发展，它也会随着主体的变化而发生根本性的转变。

第二节　国际法价值体系的逻辑结构

“价值体系是在一定社会生产方式的制约下由价值观念所构建的体系。”[②] 国际法的价值体系，就是国际法的各项价值目标按照相互间的关系依据一定的先后序位整合而成的价值综合体。国际法的价值体系以国际法价值主体的价值需求为内容，以国际法律体系的原则、规则及制度为载体。它反映了国际社会在历时性层面上共同的价值偏好，并具有对国际法制度安排和具体实践的规范指引和行为评价功能。从某一特定的时空维度来看，国际法的价值体系内部各项具体价值相对固定，因此具有一定程度的形式稳定性。但从国际社会自身的历史演进及其对国际法价值需求的变化角度进行审视，国际法各项价值具有历时性的特质，国际法价值自身的概念内涵以及相互间的关系亦会随着国际社会结构的变迁而发生实质性的变动。因此，国际法的价值体系又始终处于一种变动不居的非固定形态之中。正义与秩序、自由平等与安全及人权共同构成了国际法价值体系的具体内容，这些价值之间的相互关系是支撑国际法价值体系得以形成和确立的逻辑架构。阐明静态意义上国际法价值体系的基本构造，是探究国际法价值体系重塑的基本前提。

一、国际法价值体系的基本构造

（一）国际法各价值的基本定位及其相互关系

国际法所欲满足和实现的价值目标多种多样，无论是正义与秩序，还是自由、平等与安全，抑或是人权，都构成了国际法不可或缺的价值外

---

① 袁发强：《国家安全视角下的航行自由》，载《法学研究》2015 年第 3 期。

② 李从军：《价值体系的历史选择》，人民出版社 1992 年版。

延。在诸多价值目标中，总会存在中心与边缘的定位差异，不同学者对不同价值目标的定位也不尽相同。[①] 但无论何种形式的国际法价值体系，大都对国际法的各项价值目标作出重要性和层次性上的界分，以表示各项价值目标在体系定位上的区别。与此同时，“这些价值之间并不是截然割裂的，是互相联系、互相渗透甚至是互相包容和互相从属的。因此，我们可以把它们联结起来，构成一个价值的体系”。[②] 构筑国际法价值体系的关键因素就是国际法各项价值之间的相互关系，国际法各项价值之间的关系决定了静态意义上国际法价值体系的基本逻辑构造。

人是一切价值的终极主体，人权是国际法的最终价值。国家主权原则构成了现代国际法的基石，国际法的价值主体也以主权国家为核心，但由国家所构筑的国际法律体系的终极目标仍在于实现人的主体性。如果舍弃了以人为本的终极追求，国际法的各项价值都会异化为服务于国家“利维坦”不断膨胀和无限扩张的工具性手段。两次世界大战的惨痛教训已经反复告诫人类社会，罔顾人权价值而一味追求绝对意义上国家主权的至高无上，只会带来人的主体性自身的灭失。晚近以来，随着欧盟“自成一类”法律体系[③]的不断形成与完善，国家主权神话也日渐消解。主权的相对化和国际法人本化的发展趋势都表明，只有珍视人权价值实现的国际法才能够从真正意义上担负起人类社会稳步前进的使命。作为国际法最终价值的人权，由于它指向于人的特性，因此在某种意义上也与贴近于价值自然属性的国际法核心价值具有内容上的通约性。如果把人权理解为关于人之为人所必需的价值，那么人赖以生存和发展的自由、平等与安全就构成了这种以人为本之价值的核心内容。“无论是国内法还是国际法，它们都是人的主体性与社会性的理性体现，在民主与法治的逻辑下都应当是人权的历史实践。”[④] 国际法上的人权价值必须在各主权国家的民主制度与法治实践中才能获得实现，而人权价值的具体实践也展现为对于自由、平等与安全的国际法核心价值的不懈追求。

---

① 有学者将国际法价值的定位区分为基本价值、终极价值与工具价值，而有学者则将其区分为首要和基本价值、国家价值与人的价值，还有学者将其区分为“价值判断理性”和“实践理性”两个层级，另有其他学者并未作这种区分。

② 严存生：《法律的价值》，陕西人民出版社 1991 年版。

③ 曾令良：《欧洲联盟法总论——以〈欧洲宪法条约〉为新视角》，武汉大学出版社 2007 年版。

④ 江河：《国际法的基本范畴与中国的实践传统》，中国政法大学出版社 2014 年版。

由于正义在其概念内涵上的高度抽象性，因此大多数情况下正义价值的具体内容是围绕其正义原则体系所展开的。“正义是西方法律的最高价值目标，法律的所有其他价值，都是正义原则的具体化。”① 亦即，正义具有一种价值整合的功能与属性。“正义的终极性，不但为法律体系的‘基础规范’提供合法性支持，在现实中它还能对包括自身在内的法律价值体系进行整合。”② 作为晚近以来政治哲学与法律哲学的杰出代表，罗尔斯的正义理论就是通过自由与平等价值来构筑起正义原则体系的。在罗尔斯所确立的正义二原则中，平等的自由原则、公平的机会平等原则和差别原则共同构成了正义价值的具体内容。③ 在对自由与平等的满足与实现中，正义成为自由与平等的合题。

实际上，在西方法律思想史中，通过阐述某些特定价值来构筑法律正义之内涵的逻辑具有极为深厚的传统，以自由与平等来诠释正义的方式只是以价值理论探索法律正义的众多思路之一。④ 但这种构建正义原则体系的价值路径却最贴近于正义的根本内涵。因为，正义的社会制度最终是为了达成人的自由与平等，由法律正义作为保障的社会进步归根结底是要实现“人的自由而全面的发展”。正如恩格斯所指出的，“真正的自由和真正的平等只有公社制度下才可能实现……这样的制度是正义所要求的”。⑤ 作为一种制度性价值，法律正义的实现必定要落实为具体的人的自由与平等价值的满足。因而，国际法上的正义价值整合了自由与平等的价值目标，使得作为基本价值的正义与作为核心价值的自由与平等紧密联系在了一起，它们共同构成了国际法价值体系不可或缺的一部分。

衍生于价值自然属性的安全指向了人们最基本的价值需求，建立在价值社会属性之上的秩序则为安全价值的实现提供了最低限度的保障。无论是何种类型的社会契约理论，其在阐述人类从自然状态走进政治国家的过程中，无不把人类建立社会秩序的初衷定位于保障人的生命、自由和财产

---

① 孙国华主编：《市场经济是法治经济》，天津人民出版社 1995 年版。

② 江河：《国际法的基本范畴与中国的实践传统》，中国政法大学出版社 2014 年版。

③ ［美］约翰·罗尔斯：《正义论》（修订版），何怀宏等译，中国社会科学出版社 2009 年版。

④ 在西方法律思想史中，探索法律正义的思路大致上有四种：通过社会契约论来解释法律的正义性；通过自然法理论来保证法律的正义性；通过人权理论来作为法律正义的屏障和依据；通过阐述某些特定价值来阐述法律正义的内涵。参见张恒山：《论正义与法律正义》，载《法制与社会发展》2002 年第 1 期。

⑤ 中国法学会研究部编：《马克思恩格斯论法》，法律出版社 2010 年版。

等不可转让、不可剥夺的自然权利上。对比秩序与安全的概念内涵可知，秩序价值的核心是安全,① 而安全就是“一种相对稳定的或具有确定性的社会制度安排”。② 在追求一种可预期的、稳定的、有序的生存状态上，秩序与安全具有高度一致的概念融合性。两者都同时指向了人赖以生存的最低法律保障，只不过秩序更多地体现为一种关于社会制度的宏观架构，安全则更多地表现为一种更贴近于人自身的微观感受。在某种意义上，国际法秩序价值所欲实现的国际社会的最低限度的有序性，就是国际法安全价值所希望达成的主权国家的较高程度的安全状态。与秩序价值作为正义价值的必要条件一样，安全价值的满足也构成了自由与平等价值得以实现的前提。作为国际法基本价值之一的秩序，就是国际法核心价值——安全价值的制度性外化的结果，而对于安全价值的极大满足则是对于秩序价值的充分实现。

（二）静态意义上的国际法价值体系

国际法各项价值间的相互关系将国际法的基本价值、核心价值与最终价值有机地联结在一起，形成了静态意义上的国际法价值体系。作为国际法最终价值的人权，在各国的民主制度和法治实践中具体落实为关于自由、平等、安全等核心价值的实践。自由与平等的价值实践又在一定程度上整合为一种关于正义的原则体系。与此同时，安全价值通过一系列制度安排外化成了国际法的秩序价值，正义与秩序这两项国际法的基本价值最终将统一于和谐世界的理念之中。

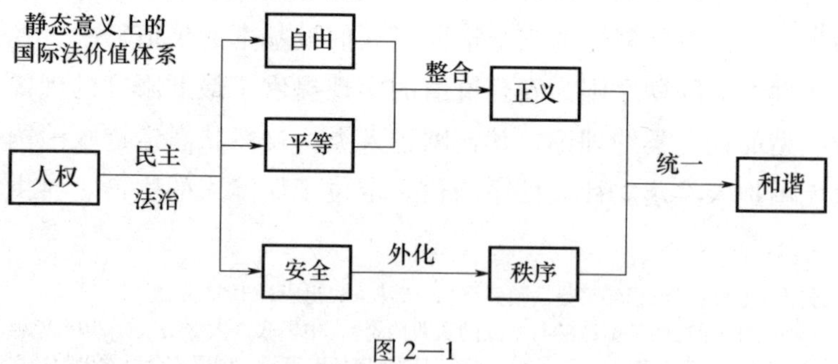

图 2—1

① 张文显：《法哲学范畴研究》，中国政法大学出版社 2001 年版。

② 周灵方：《法的价值冲突与选择——兼论法的正义价值之优先性》，载《伦理学研究》2011 年第 6 期。

如果从国际法价值的历史演进角度进行考察，国际法价值的产生与发展在一定程度上体现了国际法日趋人本化的特征。国际法价值演变的脉络也沿着“主权—主权与人权—人权”的逻辑轴线行进。先是早期《威斯特伐利亚和约》所建立的主权国家体系，再是战后《联合国宪章》所确立的主权维护与人权保障并行的国际法秩序，最后是欧盟“自成一类”法律体系及 WTO 全球自由贸易体制的发展。由传统国际法到近现代国际法的历史流变表明，国际法价值体系自我完善的过程就是不断指向于人并不断丰富和实现人的主体性的过程。

从国际法价值在某一特定时空的静态角度进行审视，以国际法各项价值间内在的逻辑关系为线索，将其最终价值、核心价值与基本价值有机地串联在了一起。由于人本身在经验事实上的多样性以及民族国家的文化差异性，作为最终价值人权的实现，必然在各主权国家民主制度与法治实践中，具体化为对于价值主体在自由、平等与安全等价值需求方面的满足。因为，国际法上的人权就其本质而言仍然依赖于主权国家自身主体性的达成。也只有一个自由、平等与安全的主权国家体系才能确保对于具体的人的主体性的充分实现。与此同时，在国际法核心价值内部，主权国家的自由与平等构成了实现国际法正义价值的原则体系，国际法上的正义也同样具体化为对于各个国家自由发展与平等相待的原则实践。安全价值经过一系列国际法规则、原则及制度的设计与安排，外化成为关于国家间相互交往的法律秩序。与此同时，国际法的秩序价值也在追求国家安全、国际安全乃至人类安全的过程中获得实现。

最终，强调人与人之间、人与群体之间以及人与自然之间三个层面上和睦相处的和谐价值观，在一定程度上将构成统一正义与秩序价值的终极目标。侧重于强调人的主体性实现的国际法价值，已经在一定范围内暴露出了自身难以克服的价值危机。晚近以来，霸权政治的自由不断扩张，发展中国家在追求平等过程中的屡屡受挫，以及国际安全形势的冲突加剧，都在一定程度上反映出这种以个体主体和自由主义为根基的国际法价值观的潜在隐患。随着国际法社会基础的变迁，悄然而至的全球风险社会必将对这一静态层面上的国际法价值体系进行重构。全球人类共同利益的形成以及金融危机、恐怖主义、气候变暖等全球性问题的出现，都使得以主权国家间同呼吸共命运为内容的“共同体”主义日渐凸显。内含和谐价值观的人类命运共同体理念更在实现人的主体性的基础上，指出了实现“人类”的主体性的重要性。贯穿这些价值体系危机与变革的核心主旨，就在于国际法价值体系从“人的主体性”朝向“人的主体间性”的内在逻辑的转变。和谐价值的独特内涵必将有助于“人的主体间性”的满足与丰富。在此意义上，和谐价值也将在人际关系、群己关系以及人与自然的关系中不断实现正义和秩序的内在统一。[①]

应当指出的是，由于价值自身所具有的主体客观性、多元性和历时性等根本特征，国际法的价值体系必定有着多种多样不尽相同的存在形式。由人权、自由、平等、安全、正义、秩序以及和谐所构筑的静态意义上的国际法价值体系，仅仅只是众多国际法价值体系中的一种，[②] 它并不指向国际法价值体系的最终形态。相反，正因为价值自身的主体客观性、多元性和历时性特点，随着国际法社会基础的变迁、国际法价值主体的多元化以及国际社会的进步发展，国际法的价值体系才具有产生变化的基本前提。由此，国际法的价值体系也才具有不断自我更新和完善的可能性。

二、国际法价值体系的历史演变

由于国际法的价值具有历时性的根本特征，国际法的价值体系同样也会随着时代的变化和社会的变迁而发生变动。就其变动的表现形式而言，国际法价值体系的变化归根结底是国际法各项价值目标之间主次序位的变更和替换。一方面，在既有的国际法价值目标固定不变的情况下，各项价值在体系中的定位发生改变。由于国际社会在特定历史阶段的价值偏好，某种价值目标会从体系的边缘走向中心，与此同时，其他价值目标则从台前走到幕后。另一方面，由于国际社会在某种意义上产生了根本性的变革，国际社会便对国际法产生了全新的价值需求。因而，国际法自身就会塑造一种新的价值目标来适应这一变化。无论是旧有价值主次定位的调

① 江河：《国际法的基本范畴与中国的实践传统》，中国政法大学出版社 2014 年版。

② 正如罗尔斯的《正义论》一样，就其英文版的著作名称而言，罗尔斯的正义论更应当被指称为“关于正义的一种理论”，即“A Theory of Justice”，而不是“关于正义的理论”，即“Theory of Justice”，换言之，罗尔斯的正义理论就其本人的立场而言仅仅只是众多正义理论中的一种，而并非中译本的标题“正义论”所暗示出的“关于正义的普遍性理论”，See RAWLS. A Theory of Justcie [M]. Cambridge: Harvard University Press，1999. 参见［美］约翰·罗尔斯：《正义论》（修订版），何怀宏等译，中国社会科学出版社 2009 年版。

整，抑或是新的价值目标的诞生，这种体系上的历史演变正是国际法的价值体系不断自我调整和完善的过程。同时，这也是国际法价值体系适应不断更新的国际社会主导价值观的过程。

仔细回顾国际法产生与发展的历史可知，宗教文化在塑造国际法价值方面的影响力在特定历史时期内是无可替代的。甚至可以认为，国际法经由传统过渡到现代所完成的现代性构建过程，在很大程度上就是宗教文化与世俗利益之间相互博弈的产物。国际社会的主导价值观同样经历了由宗教文化支配转向世俗利益支配的阶段。以 1648 年的《威斯特伐利亚和约》为标志，脱胎于基督教义的国家主权原则不仅宣告了欧洲近代国际关系体系的确立，同时也在一定程度上奠定了近代国际法价值体系的基本重心——基于主权原则的和平秩序。在宗教与政治战争的动荡背景下，这种以和平秩序为核心的国际法价值体系应运而生。它的根本宗旨在于平息欧洲的宗教战争以维持当时基督教世界各政治实体之间的稳定关系。它的价值基础实际上正建立在基督教价值观念和自然法观念之上。[①] 尽管“统一的基督教世界分裂为许多主权国家，但‘欧洲精神和文化整体意识仍然根深蒂固地保存下来’，形成一个由共同法律所约束的法制社会”。[②] 这也足以表明，国际法价值体系的演变自其伊始就天然地与宗教具有密不可分的关联性。早期的国际法价值体系也由于它在基督教世界的社会基础而显现出偏重于秩序（安全）价值的特性。亦即，通过基督教伦理和自然法法理来限制国家权力并调和国际冲突，以此来实现当时国际法所追求的秩序（安全）价值。

然而，就在宗教文化因素支配国际法价值体系的同时，国际法自身也正努力地从这种基督教神学的掌控中挣脱出来。随着统治权力由基督教会向世俗君主的转移，基督教义在世俗社会中的控制力愈发衰微。“自 17 世纪中期之后，随着各国专制统治的加强，人们不再认为国际法是基于统一的基督教信仰而产生的，而是欧洲各个国家相互联系的结果。”[③] 不仅如此，就连“国际法之父”格劳秀斯也在其名著《战争与和平法》中提出了

① 时殷弘：《现代国际社会共同价值观念——从基督教国际社会到当代全球国际社会》，载《国际论坛》2000 年第 1 期。

② 刘玉龙：《国际条约与世界秩序》，国家行政学院出版社 2014 年版。

③ ［德］乌维·维瑟尔：《欧洲法律史：从古希腊到〈里斯本条约〉》，刘国良译，中央编译出版社 2016 年版。

国际法与宗教信仰相分离的想法。[①] 比起运用基督教的精神价值和宗教力量来武装国际法，格劳秀斯更为远见卓识地把国际法从神学中解放了出来。“基本上他的体系是一个世俗的和法学意义上的国际法。国际法也只能是世俗的。”[②] 由此，彼时国际社会对于国际法价值体系的主导价值——和平秩序（安全）的实现，也逐渐由基督教伦理和自然法法理向世俗意义上的国家利益方面靠拢。甚至在欧洲“国际法危机”之后，该价值体系的理论基础也开始发生了根本变化。霍布斯于《利维坦》所刻画的“一切人对一切人的战争”状态，使得主权秩序在世俗意义上获得了前所未有的合法性来源。那种依赖于共同的基督教信仰和自然法法理而支撑的国际法秩序日益势微。国际法的秩序（安全）价值不再是基督教神学眼中的基督教帝国秩序，而从本质上嬗变为欧洲社会各国相互间为了减少和避免战争而维系的和平秩序（安全）。实际上，从国际法渊源构成要素的变化即可看到这种价值基础的演变。虽然早先的国际法渊源中或多或少地包含了基督教义的某些基本信条以及自然法的某些普遍道德观念，但此后的国际法渊源则逐步将宗教文化和自然法的因素排除了出去。国际条约仅仅意味着缔约各国的某种合意，而国际习惯也开始严格限定在主客观层面国家实践的共同性上。到如今，虽然宗教和自然法的因素在某些国际软法中依旧有所体现，但这种侧重于实证国际法的理论立场却早已经在《国际法院规约》第三十八条的规定中被确立下来。

以法国大革命为标志，以欧洲地缘因素和基督教文化为深厚根基的传统国际法价值体系，也开始随着基督教国际社会朝向欧洲国际社会的社会基础变迁而发生变化。“1789 年法国大革命，不但对整个世界历史进程产生了重大影响，而且开创了国际法发展的新阶段。”[③] 法国大革命所倡导的自由、平等、博爱的价值口号全方位地改造了建立在基督教价值观念和自然法观念之上的国际社会主导价值观。1789 年《人权和公民权宣言》的问世更是从根本上重塑了传统国际法以主权秩序为核心的价值体系。“人们生来并且始终是自由的，在权利上是平等的”，“一切政治结合的目的都在

---

① ［德］乌维·维瑟尔：《欧洲法律史：从古希腊到〈里斯本条约〉》，刘国良译，中央编译出版社 2016 年版。

② ［美］阿瑟·努斯鲍姆：《简明国际法史》，张小平译，法律出版社 2011 年版。

③ 杨泽伟：《宏观国际法史》，武汉大学出版社 2001 年版。

于保存自然的和不可剥夺的人权，这些权利就是自由、财产权、安全和反抗压迫”。这些具体的、直白的条文对于自由、平等、安全、人权等价值的宣言式诉求，深远地影响了自此以后国际法价值体系的基本构造。

在人权价值作为一种新的价值而产生的同时，国际法既有的秩序（安全）价值所占据的核心地位开始逐渐动摇。随着资本主义自欧洲社会向外不断地拓展，为了在法理上给西方资本主义国家的海外掠夺行为寻找正当化依据，以国家行动自由为内容、以对外文明化为动机的正义（自由）价值在体系中的地位冉冉升起。在彼时的国际社会，“以 1815 年维也纳会议文件为基础的、自 1856 年后才慢慢消失的，由五个主要强国即英国、法国、普鲁士、奥地利与俄国所组成的‘欧洲大合唱’”① 开始逐步占据国际舞台的中心。原本具有浓厚欧洲地缘性的基督教和自然法的普遍道德原则在欧洲国家对外扩张中逐步瓦解，由启蒙运动所塑造的“文明标准”成了彼时国际法的价值基础。欧洲国际社会的概念外延也随着资本主义海外殖民的历史进程而不断拓展，主权至上以及由此所塑造的“正义战争”将“文明标准”注入国际法的价值体系之中。秩序（安全）价值从体系的中心走到了边缘，而所谓的正义（自由）价值则在资本主义列强海外掠夺的炮火中占据了国际法价值体系的核心。在这种所谓的正义（自由）价值的支配下，西方资本主义对外扩张的势头开始急剧膨胀。尤其是在国际法的特定领域——海洋法中，代表了海洋自由价值的“海洋自由论”② 被无限推崇，而那种旨在维系秩序（安全）价值的“闭海论”③ 则被束之高阁。在一定程度上，海洋自由原则为荷兰、英国等海洋大国开展海上贸易、强化海军实力并据此巩固和拓展其海权奠定了坚实的价值基础，甚至为后来美国通过提高其全球海洋机动能力进而称霸世界提供了法理依据。

第一次世界大战的结束在某种意义上开启了国际社会对于所谓“文明标准”之国际法价值体系的反思。1919 年的《国际联盟盟约》的诞生则应被视为对于此种狭隘“文明标准”价值观的纠偏。从历史事实的视角进行审视，国际联盟既没有实现其设立时的初衷——维护国际和平与安全的

---

① ［德］W. G. 魏智通主编：《国际法》（第五版），吴越、毛晓飞译，法律出版社 2012 年版。

② ［荷］格劳秀斯：《论海洋自由或荷兰参与东印度贸易的权利》，马忠法译，上海人民出版社 2005 年版。

③ 林国基、林国华主编：《自由海洋及其敌人》，上海人民出版社 2012 年版。

宗旨，更未能有效地阻止世界大战的爆发。但就它对国际法价值体系的塑造意义而言，《国际联盟盟约》首次将世界上所有国家均视为可纳入联盟的国际法主体。这不仅对于增进国际法上的正义（平等）价值具有开创性的积极意义，更从根本上纠正了潜藏着欧洲中心主义的西方“文明标准”。在两次世界大战之间的短暂和平时期内，受到国际关系理想主义的影响，威尔逊“十四点”和《国际联盟盟约》都试图把大小国家一律平等、民族自决、自由贸易等原则作为指导国际秩序的新规范。并且在一定时期内，它们试图塑造一种以正义（平等）价值为核心的国际法价值体系。但最终却由于它矫枉过正的理想主义倾向而致使国际联盟内部出现了平等却不对等的差别待遇。大国承担了过多的责任却并未享受到与此相对应的权利，小国并未承担太多的国际责任却“搭便车”式地享受了与大国同样的权利，由此国际联盟在这种分裂中逐步走向了解体。①

需要指出的是，虽然仅仅只是短暂的尝试，《国际联盟盟约》所欲树立的以正义（平等）为核心的国际法价值体系仍然具有深远的历史意义。尤其是它透过诸多具体条文的设置来强调正义的平等价值，并据此合理地限制正义的自由价值，以使得正义内部的平等与自由达到价值平衡。其中最突出的例证便是对于战争权利的限制。绝对的国家主权观念导致了天赋的战争权利，而“传统国际法甚至授权国家可以基于任何理由，以任何其愿意的方式使用武力”。②因此，即便是格劳秀斯通过理论上的“自卫、收复财产和惩罚”等条件来限定正义战争的权利，③ 但在实际的国家实践中滥用正义战争理论的例子仍然屡见不鲜。因为，归根结底正义战争的正义性是一项偏向于主观的判断，战争的正义与否完全取决于发动战争国家的自我辩护成功与否。《国际联盟盟约》的出现在一定程度上扭转了这种局面，它使得战争权利受到了限制，并将战争正义性的判定权部分地收归联盟所有。④ 事实表明，对于战争正义性的判定权的转移并未有效地阻止世

① SOBEL. The League of Nations Covenant and the United Nations Charter: An Analysis of Two International Constitutions [J]. Constitutional Political Economy, 1994 (5): 173-192.

② ［意］安东尼奥·卡塞斯：《国际法》，蔡从燕等译，法律出版社 2009 年版。

③ ［荷］格劳秀斯：《战争与和平法》，［美］A. C. 坎贝尔英译，何勤华等译，上海人民出版社 2005 年版。

④ 徐进：《国际社会的发育与国际社会核心价值观的确立》，载《国际关系学院学报》2008 年第 5 期。

界大战的爆发。[①] 但这种对于国家行为边界的设定，尤其是对于国家战争权利的限制，无疑体现了国际联盟对于过度追求正义的自由价值所采取的某种弱化措施。

第一次世界大战的警示使得秩序（安全）价值的地位再次获得了提升。而第二次世界大战所带来的毁灭性后果则使国际社会更加深刻地认识到了秩序（安全）价值的重要性和根本性。1945 年的《联合国宪章》将“维持国际和平与安全”规定为一项基本原则和根本宗旨。由此，秩序（安全）价值再次占据了国际法的价值体系中的核心地位。事实上，从某种意义上讲，《国际联盟盟约》与《联合国宪章》在基本的价值取向上并没有太大的差异，只不过前者由于诸多理想主义色彩的规定而并未能有效实现其宗旨。因此，《联合国宪章》既继承了《国际联盟盟约》的部分价值目标，同时也吸取了其解体的经验教训，在保障这些价值目标得以实现的具体规则设置上调和了理想主义与现实主义之间的矛盾。首先，在核心的或者说首要的国际法价值选取上，《联合国宪章》依然在第一章第一条的规定中就将“维持国际和平及安全”摆在了不言自明的核心位置上。详言之，在第一条内部的条文设置上，第一条的第一款与第二款规定分别从消极和积极方面对实现秩序（安全）价值作出了描述，[②] 而第二条的根本目的也设置为“实现第一条所述各宗旨”。这些都反映出《联合国宪章》对于实现秩序（安全）价值的周密安排。其次，对于正义的自由价值而言，《联合国宪章》通过诸多国际法基本原则的设定对其作出了较为合理的限制。善意履行宪章义务意味着强调权利与义务的对等性，也即通过强调履行法定义务来防止自由的极端化。和平解决争端原则意味着限制了国

---

① 国际联盟对于战争正义性判定权的转移在某种意义上仅仅只是一种形式上的举措，对于是否发生侵略战争的判断最终仍然是交由成员国自己进行判断，这也是导致国际联盟解体的原因之一，后来的《联合国宪章》吸取了这一教训，将此权力交给了安理会，这便是集体安全机制的由来。参见［德］W. G. 魏智通：《国际法》（第五版），吴越、毛晓飞译，法律出版社 2012 年版。

② 根据《联合国宪章》第一条的规定：“联合国之宗旨为：一、维持国际和平及安全；并为此目的：采取有效集体办法，以防止且消除对于和平之威胁，制止侵略行为或其他和平之破坏；并以和平方法且依正义及国际法之原则，调整或解决足以破坏和平之国际争端或情势。二、发展国际间以尊重人民平等权利及自决原则为根据之友好关系，并采取其他适当办法，以增强普遍和平……。”其中，第一条中“防止且消除……威胁”、“制止侵略行为”以及“调整或解决……争端或情势”都是从消极意义上来预防破坏和平秩序行为的措施，而第一条中“发展……友好关系”、“采取……办法”以及“增强……和平”则都是从积极意义上通过强调各国间的相互协调来主动促成和平秩序的实现。

家恣意发动战争的自由。禁止武力或武力威胁更进一步限缩了国家行动自由的范围。最后，在实现正义的平等价值方面，《联合国宪章》在第一条第三款中间接地强调了平等价值所蕴含的无差别性和非歧视性内容。并且，它在第二条中更把国家主权平等原则放在了第一项国际法基本原则的首要位置。与此同时，《联合国宪章》在吸取国际联盟解体的经验教训基础上，还规定了最低限度内大国协调一致的集体安全制度。这些无疑为实现真正意义上的平等价值提供了一种更为切实可行的制度安排。

以《联合国宪章》为中心的国际法律秩序为“二战”后的国际秩序奠定了坚实的制度基础，而此时国际社会的主旋律也从“战争与和平”转变成了“和平与发展”。由于核武器的产生以及军事科技的发达，世界大战的可能性被大幅度降低。从客观史实的视角回望“二战”后至今的国际社会，虽然局部的武装冲突仍然持续不断，但大规模的战争几乎不再出现。因此，从“二战”结束直到现在这段时期仍然可以被认为是人类文明发展至今极为少有的稳定发展的和平时期。据此，“二战”后的国际法价值体系有两个方面的基本表现。一方面，随着国际法人本化的发展趋势日益加深，人权价值被放置到了一个前所未有的新高度。这不仅凸显了人作为国际法最终价值主体的地位，同时也进一步提出了“以人类为本”的国际法新命题。另一方面，和平秩序（安全）价值的需求获得了一定程度的满足而处在一个较为稳定的状态。因此，它在某种意义上从价值体系的前台退居幕后，而在正义价值内部，自由与平等之间的价值博弈在相当长一段时期内占据了价值体系的舞台中心。

“所谓国际法的人本化，主要是指国际法的理念、价值、原则、规则、规章和制度越来越注重单个人和整个人类的法律地位、各种权利和利益的确立、维护和实现。”[①]显而易见，与国际法人本化相对照的是以主权秩序为中心的国际法价值体系。在国家主权原则之下，国家之间的和平秩序（安全）是首要和先决的价值追求，而谋求国家的自由与平等则是不容置疑的铁律。在“二战”后相当长一段时期内，这种以维系主权国家间和平秩序（安全）为核心的价值体系占据着主流的位置。但与此同时，国际社会也逐步开始从两次世界大战的人道灾难和人权浩劫中深入反思。除了在

① 曾令良：《现代国际法的人本化发展趋势》，载《中国社会科学》2007 年第 1 期。

宏观层面对于“维持国际和平及安全”的强烈价值诉求外，在微观层面上，人们也开始进一步关注战争对于作为个体的人的尊严与价值所带来的毁灭性后果。虽然两次世界大战从直观上破坏的是主权国家间的和平秩序，但实际上战争更直接地摧毁的是成千上万的作为个体的人的自由与幸福。“奥斯维辛集中营”“南京大屠杀”等发生在两次世界大战中的人道与人权惨案无不使人们将作为个体的人的尊严放在法律价值的首要位置。“人的存在与发展在国际法价值体系中越来越受到重视。”① 由此更促成了国际人道法和国际人权法的兴起与发达，这些国际法的新兴部门更加系统化和规范化地将保护人的尊严与权利，不断写进了整个战后国际法体系之中。据此，“国际法对于人的关注，通过规定保护自然人的权利以帮助自然人对抗在国际社会中具有最完全的独立法律人格的国家，较之于第二次世界大战前的国际法价值对国家之间和平秩序的青睐，显示出国际法价值追求中在某种程度上融入了更多的正义因素”。②

对于作为个体的人的尊严与权利的保护是国际法人本化的发展趋势中不可或缺的环节，对于作为整体的全人类利益的重视则成为国际法人本化发展在近年来更为突出的一个节点。一方面，除了从积极层面通过国际人道法和国际人权法的相关规范及制度对于个体权利采取保护措施外，战后对于战争犯罪的审判则从消极层面通过设置和惩罚战争罪、反人道罪以及反人类罪等危害全人类利益的犯罪，维系了作为整体的全人类共同的尊严与权利。并且，战后国际刑法的兴起与发达更进一步将打击危害全人类利益的严重犯罪机制化和常态化。1998 年《国际刑事法院罗马规约》的诞生在某种意义上正是延续了“纽伦堡审判”与“东京审判”的正义精神，旨在对“整个国际社会关注的最严重犯罪”③ 进行控诉和审判。2002 年成立的国际刑事法院则是践行这一宗旨最核心的常设国际机构。另一方面，由于战后自然科学的迅猛发展，高度发达的技术手段极大拓宽了人类对于诸多未知领域的探索。无论是冷战背景下以登陆月球为内容的太空竞赛，抑或是人们对于深不可测的海洋世界的勘探开发，都无不扩展了国际法所能

① 何志鹏：《全球化与国际法的人本主义转向》，载《吉林大学社会科学学报》2007 年第 1 期。

② 高岚君：《构建国际和谐社会：国际法上的人本秩序》，载《辽宁大学学报（哲学社会科学版）》2006 年第 4 期。

③ 《国际刑事法院罗马规约》序言中规定：“决心为此目的并为了今后时代设立一个独立的常设国际刑事法院，与联合国系统建立关系，对整个国际社会关注的最严重的犯罪具有管辖权。”

覆盖的领域。“人类共同继承财产”① 的概念就是在这种背景下产生的。它要求世界各国对于国际海底区域、月球和其他天体、南极洲的有形自然资源以及无线电频率和卫星轨道等无形资源，不得主张主权、不得据为己有、为和平目的使用并通过国际合作和共管机制为全人类谋福利。时至今日，作为整体的全人类利益越来越在国际法的价值体系中占据重要的地位。国际法从追求主权国家的主体性到实现作为个体的人的主体性，最终发展到维护全人类共同利益的阶段，在一定程度上表征着人类主体性的觉醒。未来国际法价值体系的走向与发展也同样离不开这三者之间的交互作用。并且，从国际法的现实面向出发，无论是对于人权的保护，还是对于全人类共同利益的维护，都必然以实现和平的主权秩序——国际法的安全价值为根本前提。

在正义价值内部，自由与平等之间的价值博弈在很大程度上支配了整个战后国际法价值体系的走向。这两者间的竞争实际上既是自由主义价值观内部新旧观念轮替更新的表现，同时也是战后广大发展中国家为了争取并实现平等价值目标的行动产物。从整个 20 世纪国际政治经济秩序的发展历程中可以看到，国际经济的制度安排经历了由古典自由主义转向内嵌的自由主义最终朝新古典自由主义发展的过程。在这种自由主义价值观内部的观念交替背后，实际上潜藏着的是自由与平等之间的张力。② 战后的内嵌的自由主义，在一定程度上就是为了缓和古典自由主义过分强调产权绝对和自由市场所带来的阶层矛盾激化等社会问题。平等或者说公平构成了内嵌自由主义的核心要素。内嵌化的基本要旨也在于平衡市场利益最大化与社会福利责任之间的关系，国家对市场的干预在某种意义上就是为了保障公共利益的需要。

然而，在 20 世纪末期，尤其是冷战结束以来，凯恩斯主义的国家干预再度受到质疑。作为经济自由主义的某种复苏形式，新古典自由主义开始

---

① 1970 年第二十五届联合国大会通过了第 2749 号决议：《关于各国管辖范围以外海床洋底及其底土的原则宣言》，其规定内容为：“各国管辖范围以外海床、洋底及其底土（下简称该区域）以及该区域的资源，为全人类共同继承的财产……” 这一原则在之后 1982 年的《联合国海洋法公约》第十一部分中得到了进一步重申，其中第一百三十六条规定：“‘区域’及其资源是人类的共同继承财产。”

② 孙伊然：《全球化、失衡的双重运动与“内嵌的自由主义”——基于微观层面的探讨》，载《世界经济与政治》2010 年第 5 期。

随着经济全球化的浪潮推波助澜。平等或者说社会公平在全球自由市场所带来的巨大利益面前被淹没，国际法价值体系内部自由与平等的阶段性平衡被打破。由世界上唯一的霸主美国所塑造的以自由价值为导向的国际法价值体系成为了支配国际法秩序的核心。但是，由新古典自由主义所维系的国际经济秩序并不具有长期且持续的稳定性。随着全球化趋势的不断加深，这种自由主导的国际法价值体系也面临着自身难以克服的价值危机。新古典自由主义过多地强调了自由市场的开放性，仅仅将目光注视于经济全球化正外部性所带来的利益，而忽视了经济全球化负外部性所带来的全球风险。并且，美国在化解这些经济负外部性影响时，进一步加剧了国内低收入阶层的反建制主义情绪，随之而来的民粹主义浪潮更是从美国国内波及了国际社会。直至今日，国际秩序的未来仍然充满了各种不确定性。气候变化、恐怖主义以及金融危机等全球性问题沿着经济全球化的发展轨迹在世界范围内四散开来。这些跨越边界并且潜藏着巨大危害的全球性风险严重威胁着国际社会的秩序与稳定，更直接挑战着全球治理的有效性。当人们还在争论自由与平等谁者更重要的时候，风险以一种极具破坏性的方式让这种价值争论丧失了意义。面对全球风险社会的悄然而至，国际社会不得不再度认真对待《联合国宪章》的首要价值——“维护国际和平及安全”。与此同时，国际法秩序（安全）价值自身的内涵与外延也随着全球化趋势的不断加深而发生着翻天覆地的变化。

毋庸置疑，全球风险社会的到来必然会引发国际社会的深刻反思。如何使国际法的自由与平等价值重新恢复到平衡状态，进而防止自由主义极端化的恶果产生，是未来国际法价值体系内部值得深研的理论命题。与此同时，全球风险的扩散蔓延使得安全价值的重要性不断凸显。以政治军事层面上的和平秩序为内容的传统安全已经无法满足当前国际社会对于安全价值的需求，非传统安全成为秩序价值的核心。而所有这些国际法价值体系内部的变动，都无不与变动中的国际法社会基础息息相关。

第三章

国际法价值体系的新视角：风险社会理论

现有的国际法价值体系不仅存在着价值间的紧张与冲突，在各项具体价值目标上也存在着诸多缺陷。由此所形成的国际法价值体系危机亟待国际法自身的有效回应。而化解国际法的价值体系危机不仅需要探究导致危机产生的源头，更应当将其置于适当的理论语境之中进行考察。从价值的主体性要素出发，国际法价值体系所存在的危机必然根源于国际法价值主体所存在的问题，而价值主体的诸多问题离不开价值主体所处的社会结构。“现代法律的价值来自现代工业社会的基本价值，所以寻找现代法律价值标准只有到工业社会中去寻找。”[①] 因此，只有对于国际社会发展与变迁的深入分析，才能找到危机产生的原因和解决危机的方法。在此意义上，旨在描述现代社会转型的风险社会理论构成了检视国际法价值体系的新视角。

第一节　风险与风险社会

风险构成了风险社会理论据以成立的核心概念，对于风险概念的辨析成为阐述风险社会理论的基本前提。风险社会概念则是风险社会理论的内核，对于风险社会理论内涵的探讨构成了风险社会理论概述的根本要义。

一、风险的概念辨析

风险的概念辨析不仅包含了风险概念的历史演进，更涉及风险与法律之间的内在逻辑关联。对这两个方面内容的详细考察既是阐明风险社会理论内涵的基础，也是探寻风险社会理论与国际法价值体系之间连接点的关

① 周永坤：《法理学——全球视野》（第三版），法律出版社 2010 年版。

键所在。

（一）风险概念的历史演进

自人类社会起源时起，人们就开始了对于风险的实践与认知，风险的概念也始终伴随着人类社会的进步发展在内涵与外延上不断更新。在某种意义上，人类社会的历史就是不断认知风险和防范乃至规制风险的历史，人类法律的产生与变迁也可以被视为人们对于风险进行回应和控制的过程。

从风险概念的起源和流变可以看到，人们对于风险的具体实践远早于风险这一概念的产生。早在人类社会初期，人们就已经开始在社会生活的方方面面从事有关风险的活动。在原始社会中，对于大自然灾害的预防、出于生存需要而进行必要的狩猎行动、通过群居生活来抵御族群间的斗争等实践均已表明，人们谋求生存和繁衍的基本前提就是对于风险的抵抗和规避。此时风险概念的外延也仅仅局限于来自大自然的风险，但人们试图通过自身的力量来控制风险的意愿已经开始逐步展露。这种对于风险的控制欲望在某种意义上构成了人类文明进步的理性萌芽。定位于遵循自然法则的古代自然法理念，也在某种程度上反映出法律对于风险的最初态度：遵从暗藏在自然中的法则以避免来自大自然的风险，从而使人们能够获得稳定的生活秩序。

中世纪的欧洲，在基督教神学的精神支配下，早期人类社会对于客观上自然风险的认知逐步转向对于未知世界的恐惧。风险概念的内涵也从一种客观的自然灾害扩展至一种混杂了客观威胁和主观恐惧的社会风险。由于社会生产力的发展以及社会生活水平的提高，自然风险虽然仍然对人们的生活构成一定的威胁，但来自人类社会内部的饥荒、传染病和战乱所带来的风险更占据主流位置。彼时基督教的教义、信条乃至于法术中所规定的某些行为禁令或准则，都成为人们抵御自然及社会风险的信念和信仰。这种遭遇风险时诉诸于上帝的心理状态，在某种程度上构成了风险在文化维度上的初步表征。这从另一个侧面也凸显了风险所具有的不确定性，以及由此所带来的秩序紊乱和社会焦虑。

到了近代，经历了理性启蒙的人类社会不再将规避风险的途径诉诸主观的信仰，人们从基督教神学的“精神鸦片”中走出。风险不再是基督教义和信条中所虚构的未知世界，而成为人类理性认知的对象。最早以概念的形式出现的风险来源于人类对于海洋的征服。在前现代海航冒险的活动中，"风险"一词被用来描述可能影响某次航行的危险，其基本含义在于指称一个客观危险发生的可能性。[①] 从风险（Risk）的词源学角度进行审视，风险的内涵在其概念发生时就具有好与坏两种价值维度：一是在其形容词意义上含有发生损害或损失可能性的危险（Risky）；二是在其动词意义上含有发生机遇或机会可能性的冒险（Risk To）。这种中性层面的风险概念在人类地理大发现时期占据了主导地位。直至今日，人们在谈论风险概念时也同时暗示出一种机遇与挑战并存的情况。这种中性的风险概念随着人们相关风险实践的发展而产生了根本性转变，"现在的'风险'一般只用于联系消极的和不受欢迎的结果，不指积极的结果"。[②]

与此同时，受到近代实证主义思潮的影响，风险概念也被数理统计的逻辑予以科学化。风险成为一种可计算的关于损害可能性的概率，某件事物的风险等于其客观损害与损害发生百分比（可能性）之间的乘积。这种风险的概率化意味着人们对于风险的掌握与控制达到了一次质的飞越。此时人类社会对于风险的认知已从感性阶段跃升至理性阶段。人们在遭遇危险时对于大自然的敬畏以及对于上帝的信仰，都转变成为一种对于风险可计算的、可掌控的理性支配力。那种不确定的、不可控的、无法估量的自然灾难与社会动荡，都在人类理性的作用下，成为一种可确定的、可控制的、可计算的风险。然而，到了现代社会，这种试图对风险进行全面控制的理性范式，却在风险控制过程中又造成了新的风险的滋生。风险的样态也已然经由现代性的发展产生了根本性的转变。风险以一种无法预见也不可知的不确定性，[③] 重新出现在现代社会的各种层面、各项领域和各个环节之中。

现代社会的风险，就其本质而言，仍是人类社会在现代性构建过程中的产物。工业革命和科技革新所带来的社会生产力的极大提高，在推动人类文明不断进步的同时，在工业生产和社会生活的方方面面埋下了现代性风险的种子。潜藏于现代性之中的风险最终随着现代性的成熟与发达破土

① LUHMANN. Risk：A Sociological Theory［M］. New York：Aldine de Gruyter，1993：226.

② ［澳］狄波拉·勒普顿：《风险》，雷云飞译，南京大学出版社 2016 年版。

③ 不确定性构成了风险的基本内涵，其中，传统风险蕴含了一种可计算的不确定性，而现代风险则指向了一种无法计算的不确定性。See SORENSEN. Ulrich Beck：Exploring and Contesting risk［J］. Journal of Risk Research，2018（1）：6-16.

而出。早期社会的风险主要表现为来自大自然突如其来不可预见的灾害与灾难，近代社会的风险呈现为人类社会内部的战乱与斗争，现代社会的风险则发端于文明与理性支配下对于这种自然与社会风险的控制之中。

一方面，借由科学的认知和技术的手段，那个曾经在较长历史阶段对人类生存发展造成巨大风险的自然已经逐步被“人化”。这种“人化了的自然”标志着“自然的真正终结”——自然已经被人类的活动彻底社会化。[①] 原本对人类社会构成外部威胁的自然已经变身为构成人类生产及生活实践的内部环境。尽管自然灾害仍然在全球范围内不断涌现，但其在风险维度上的概念已然成为人们控制和利用自然而进行决策的产物。气候问题之所以成为国际法所规制的对象，不是因为全球变暖即刻会对人类构成毁灭性的灾难，而是源于科学认知。人们通过科学的认知，将未来可能造成生存环境恶化的气候问题视作一种生态风险，并运用法律的手段予以预防和规避。由此，传统意义上来自人类社会外部的自然风险，经由理性化的决策和制度化的规范演变为人类社会内部的生态环境风险。[②]

另一方面，在理性启蒙和科技革命的作用下，人类社会在完成对于“自然的终结”之后，又在其社会生活内部发生了根本性的变迁。在“上帝死了”的呐喊中，基督教神学带给人的“精神鸦片”逐步失效。那种将内心对于风险的恐惧诉诸上帝而获取精神安定的方式，在现代性工业生产与生活的理性范式中失去了栖身之所。两次世界大战的硝烟与炮火更将所有事物的确定性全部破坏，取而代之的是一种变动不居、无法预见的不确定性。以精神上的信仰和生活中的风俗所构筑的社会传统土崩瓦解，人类社会迎来了“传统的终结”——人们的日常生活远离传统而维持传统的社会也正变得非传统化。[③] 国内社会的法治化和现代化进程，以及国际社会以《联合国宪章》为中心的现代国际法秩序，都将来自人类社会内部的饥荒与战乱所带来的社会风险转变为一种由科学决策、技术机构和复杂组织所构建的现代性风险。“在自然和传统消亡后生存的世界，其特点是从外

---

① ［德］乌尔里希·贝克、［英］安东尼·吉登斯、［英］斯科特·拉什：《自反性现代化：现代社会秩序中的政治、传统与美学》，赵文书译，商务印书馆 2014 年版。

② 风险根据其来源可以划分为来自自然界及人类社会自身的外部风险和由法律制度、组织决策和科学技术所引发的内部风险。

③ ［英］安东尼·吉登斯：《失控的世界》，周红云译，江西人民出版社 2001 年版。

部风险向我所说的‘人造风险’的转移。”① 以现代科学技术为代表的现代社会生产方式，在取得了对于自然和社会的理性控制的同时，造成了不断危及人和社会存在的人为风险。②

（二）风险与法律的内在关联

风险概念的历史演进从某个侧面勾勒出人类社会不断认知和规避风险并从中不断进步与完善的过程。人类法律的发展史应当被看作是人们围绕风险的预防与规制所展开的规则化和制度化的进程。法律在某种意义上就是人类理性对于风险的制度性回应。无论是国内法中通过严密的法律规则体系来防范和分配风险，还是国际法上通过法律的原则性规定来预防和规避风险，都体现了风险与法律之间密不可分的内在关联。

1. 国内法视域中风险的法律控制

国内法对于风险的法律规制实际上包含了两个层面的意蕴：一是宏观层面上，通过法律的社会控制来保障和维持国内社会的基本秩序；二是微观层面上，通过具体的法律部门规则及制度来预防和规制社会生活实践中所存在的各类风险。

在宏观架构上，国内法通过以宪法为中心而构建的国内法律规则体系来防范和控制整体意义上的公共风险，并据此维系国内社会基本生产及生活秩序的稳定与安全。在此意义上，法律也被诠释为一种有效的社会控制工具。③ 它以国家主权秩序的建立为标志，通过民主政府的合法性统治来避免“一切人对一切人的战争”状态所带来的巨大风险。古典自然法所构建的社会契约理论，在某种意义上也可以被视为一种人类社会通过建立政治国家走出“风险社会”④ 的学理假说。国家“利维坦”拥有至高无上的权力，它设立的基本宗旨就在于通过主权秩序的确立来保障个体的生命、自由、财产等天赋的、不可转让的、不可剥夺的自然权利。这种对于个体基本权利的保护正是通过规避自然状态中所存在的各种风险来实现的。

---

① ［英］安东尼·吉登斯、［英］克里斯多弗·皮尔森：《现代性——吉登斯访谈录》，尹宏毅译，新华出版社2001年版。

② 崔伟奇：《论风险观念的价值哲学基础》，载《哲学研究》2012年第2期。

③ ［美］罗斯科·庞德：《通过法律的社会控制》，沈宗灵译，商务印书馆2010年版。

④ 此处的“风险社会”仅指霍布斯《利维坦》中所描述的人人自危且相互间普遍争斗的自然状态，在这种战争状态下，人们时刻处在暴力与死亡的客观威胁和主观恐惧之中。

在微观实践中，法律对于风险的规制基本上是通过具体的规则设置和制度安排来达成的，这具体表现在对于个人法律权利与义务的设定以及法律责任的分配上。从法律对风险进行规制的历史与现状来看，由于法律实践传统的差异，在对风险进行法律规制的具体表现上呈现出两种不同的逻辑进路：一是以英美法系为代表通过判例法的方式以成本收益为视角来对各种风险进行预防与控制；二是以大陆法系为代表通过制定法的方式以不同部门法的思路来对不同风险进行防范与规避。

在英美法系国家，以遵循先例为基本准则的判例法体系构成了其法律实践的最基本模式。法律的原则、规则及制度都是通过诸多个案正义的达成来进行填充和构造的，法律对于风险的规制渗透在各个具体的个案经验之中。受到实用主义哲学的影响，英美法系国家的法律实践大都以实用主义法学为基本理念。每个具体案件对于风险的法律规制也始终以一种成本收益的法经济学视角来进行展开。因为从法律作为一种社会控制的工具角度来看，正义的实现也必须考虑法律的成本，而“不了解降低风险的成本和收益就无法有效地控制风险”。[①] 在英美法系国家众多风险规制的法律实践中，以著名的“汉德公式”最能体现其对于风险进行法律控制的基本逻辑。根据“汉德公式”的表述：在判定侵权案件中责任人是否存在过失的问题上，当潜在的致害者预防未来事故的成本（B，即 Burden）小于预期事故的可能性（P，即 Probability）与预期事故的损失（L，即 Loss）的乘积时，亦即，当 $B < PL$ 时，致害者才承担过失责任。[②] 显然，这里所指称的预期事故的可能性与其损失之间的乘积，在数理统计的维度上就是一种法律可以计算和控制的风险——有关损害可能性的概率。将抽象的风险予以利益化和数量化，并对之进行成本收益视角的法律分析，从而展开关于风险的法律责任分配。这是英美法系国家在风险的法律控制方面最核心的逻辑。当然，除了经由个案审判所累积而成的风险规制模式外，随着英美法系自身实践传统的改革，在判例法体系之外，也存在着通过特定领域的单行立法来逐一管控风险的方式。[③]

---

① ［美］凯斯·R. 孙斯坦：《风险与理性——安全、法律及环境》，师帅译，中国政法大学出版社 2005 年版。

② 冯玉军主编：《新编法经济学：原理、图解、案例》，法律出版社 2018 年版。

③ ［美］盖多·卡拉布雷西：《制定法时代的普通法》，周林刚等译，北京大学出版社 2006 年版。

英美法系国家通过具体个案的实践来填充和完善判例法，并以此对风险进行控制，大陆法系国家则不同。由于制定法所固有的独特法律体系构造——界限分明又相互协调的部门法体系，因此，大陆法系国家对于风险的规制主要是通过各个部门法来独立完成的。在某种意义上，由民法中的损害赔偿、刑法中的刑罚以及行政法中命令控制和行政处罚所组合而成的"三位一体"式部门法风险控制工具，构成了大陆法系国家对于风险进行法律规制的基本思路。①

具体而言，在民法领域，通过损害赔偿制度的设立，以私法自治为基本原则，个人之间的私人风险便可以通过意思自治主导下的平等协商方式来进行分配。在刑法领域，以严厉的刑罚作为法律后果，刑法所规制的风险完全不同于民法领域中程度较轻的可能性损失。它所规制的对象乃是一种损害程度较高的对法益所造成的现实侵害事实和现实危险状态。② 因此，借由风险在消极意义上的危险内涵，刑法对风险的规制就具体化为对于制造并实现危险的行为进行责任归属与分配的过程。③ 这种旨在进行风险责任分配的刑法亦被称为"风险刑法"④ 或"安全刑法"。⑤ 在行政法领域，相较于民法与刑法所采取的事后风险责任分配的方式，行政法基于事前综合权衡风险利弊的手段具有更突出的优势。"风险预防原则"成为行政法对于风险进行防范的基本思路，其内在逻辑在于：在无法准确判定风险是否发生的可能性时，就应当提前对之进行预防以避免风险的实现。这种事先对风险进行利益权衡的行政法原则，不仅在国内各部门法中构成风险规制"三位一体"中的一位，更在欧盟行政法中被确立为一项基本原则，⑥ 并且对于国际环境法也产生了深远的影响。

---

① 宋亚辉：《风险控制的部门法思路及其超越》，载《中国社会科学》2017 年第 10 期。

② 张明楷：《刑法学》（第五版），法律出版社 2016 年版。

③ 以风险概念为核心，刑法中对于行为人行为与危害结果之间的责任归属亦被称为"客观归责理论"，其基本含义在于：行为人如果制造并实现了法律规范所不允许的风险，那么这种风险现实化的危害结果就可以被归咎到行为人的行为上。参见林东茂：《客观归责理论》，载《北方法学》2009 年第 5 期。

④ 孙万怀：《风险刑法的现实风险与控制》，载《法律科学（西北政法大学学报）》2013 年第 6 期。

⑤ ［德］乌尔斯·金德霍伊泽尔：《安全刑法：风险社会的刑法危险》，刘国良译，载《马克思主义与现实》2005 年第 3 期。

⑥ 高秦伟：《论欧盟行政法上的风险预防原则》，载《比较法研究》2010 年第 3 期。

2. 国际法视域中风险的法律控制

国内法在风险规制方面有着严密的规则设置和精巧的制度设计，国际法则不同。由于国际法自身的原始性和初级性，以及国际社会的某种程度的无政府状态，国际法对于风险的防范与控制更多地停留在理念和原则的层面。但即便是这种偏向于宏观维度的风险控制，也在国际法的产生与发展中有所体现。

以结束“三十年战争”（1618 年至 1648 年）为标志的《威斯特伐利亚和约》，在某种意义上可以被看作是国际法对于风险进行规制的初步实践。不同于国内法所面临的国家内部风险，国际法最初需求控制的风险主要以战争风险为基本内容，以法律的方式避免国家间的战乱成为国际法的根本目的。在此意义上，各国通过缔结国际条约来达成彼此间的规范约束，从而减少乃至避免国家之间不必要的战争及武力冲突。第一次世界大战后的《国际联盟盟约》和第二次世界大战后的《联合国宪章》都是通过达成某种“国际社会契约”的方式来预防和控制战争风险的发生。并且，从《联合国宪章》对于禁止使用武力及武力威胁、和平解决国际争端等基本原则的规定看来，国际法还在具体的原则性规定上对战争风险进行了严格的防控。

此外，一般性的国际条约也存在着与之相似的情形，尤其是涉及主权国家间领土边界划定的国际条约。这些条约在一定程度上就是为了防范国家因为领土主权纠纷而发生战争或武力冲突等风险的法律控制方式。对这类国际条约的法律实践作出一种不太恰当的比喻，或许可以更清晰地展现出国际法在风险控制方面的基本逻辑。如果将国家的领土视为一种财产，那么有关领土主权的国际条约就可以被视为一种国家之间所达成的关于确定产权的协议。由此，通过法律对产权作出清晰的界定就可以减少或避免协议各方因为产权的纠纷而发生相互冲突的风险。国际法在对国家之间领土边界进行确定的同时，也对可能因边界问题而产生的战争风险作出了预防与控制。

在其他国际法领域，对于风险的有效管控，除了通过国家间缔结国际条约的方式来实现外，还借助一种“允许风险的法理”① 来达成国家之间的某种均势，从而防范可能的战争及武力冲突之风险。从国内法对于风险的规制实践来看，法律允许一定风险的存在，是国内各部门法进行法律规

① 张明楷：《论被允许的危险的法理》，载《中国社会科学》2012 年第 11 期。

制的基本前提。因为，风险最初的含义不仅指向消极意义上的可能性损害，还包含积极意义上的可能性机遇。如果完全禁止风险的存在，那么人类社会不可能继续进步，风险本身所蕴含的“冒险”创新的精神也会被遏制。更何况，“无论采取何种方法来防止风险，总会存有‘剩余风险’”。[①] 因此，在国内法的风险管控中，允许的风险成为社会发展与进步的动力，而不被法律所允许的风险则成为各部门法所规制的对象。[②] 在国际法领域，这种“允许风险的法理”也同样适用，但其所表现的形式有所不同。由于国际社会并不存在类似于国内社会那样垄断了暴力的“世界政府”，因此国际法也不可能像国内法那样剥夺所有国家对军事武装力量的实际享有权。故而，国际法对于战争风险的防范并非一味地禁止军备力量的享有，而是通过国际条约的方式，允许各国在一定限度内保有维护主权及领土完整的军备力量。军事武器装备及军队的存在当然是一种可能导致战争的现实风险，但这种风险在维护各国主权的意义上是被现代国际法所允许的风险。并且，由于核武器的产生及现代军事科技的发达，有可能导致地球毁灭和人类灭绝的核武器成了国际法所面对的最大风险。因此，为了避免大规模的世界性战争风险，对于拥有核武器的国家进行国际法上的规制就成为一种对于现代战争风险的有效管控方式。《不扩散核武器条约》的国际法实践正是这一风险规制的具体表现。

国际法对于风险的规制不仅体现在宏观层面国际条约的实践上，在一些国际法的具体部门中，也存在着诸多反映国际法管控风险的情形。在某种意义上，国际法对于风险的规制，实际上就是通过国际法具体的规则及制度对某种损害或威胁的不确定性进行防范的过程。[③]

---

① 季卫东：《风险社会与法学范式的转换》，载《交大法学》2011 年第 1 期。

② 例如，根据《中华人民共和国道路交通安全法》第一条的规定：“为了维护道路交通秩序，预防和减少交通事故，保护人身安全，保护公民、法人和其他组织的财产安全及其他合法权益，提高通行效率，制定本法。”以及第四十二条第一款的规定：“机动车上道路行驶，不得超过限速标志标明的最高时速。在没有限速标志的路段，应当保持安全车速。”道路交通安全法在保障交通秩序和安全的同时，也强调对于通行效率的保障，其所设置的“最高时速”充分说明，在最高时速限度内行驶所产生的风险是被法律所允许的，这种允许的风险也是社会发展所必要且无法避免的风险，而超过最高时速行驶所产生的风险就被纳入行政法乃至刑法所规制的范围之内，这种不被允许的风险则是社会发展所不必要的且应当予以管控的风险。

③ AMBRUS，RAYFUSE，WERNER. Risk and International Law［M］//AMBRUS，RAYFUSE，WERNER. Rsik and the Regulation of Uncertainty in International Law. New York：Oxford University Press，2017：3-5.

在国际环境法领域，对于风险的规制体现在作为基本原则的风险预防原则之中，其基本含义规定于 1992 年的联合国《里约环境与发展宣言》之中："为了保护环境，各国应按照本国的能力，广泛使用预防措施。遇有严重或不可逆转损害的威胁时，不得以缺乏科学充分确实证据为理由，延迟采取符合成本效益的措施防止环境恶化。"如同国内行政法中的风险预防原则一样，国际环境法将风险预防作为风险防范与控制的法律原则，其立法动因在于"科学和技术的不确定性或其结果的不确定性不应成为采取手段的障碍"。[①] 这种以预防为主的风险防控方式还在欧盟法中有所体现。[②] 在全球气候治理方面，国际法将气候风险纳入了规制的范围内，对于可能对人类社会造成严重生态灾害的气候风险而言，围绕《联合国气候变化框架公约》所展开的国际协商及各国所缔结的相关协定都对预防和控制这类风险作出了极大的努力。但这仍然存在一种"集体行动的难题"，因此，也迫切需要基于协商民主的国家政治互信。[③] 在国际核能风险的法律规制方面，国际法对于核能风险的控制既体现了"允许风险的法理"，也反映了一种"权利行使不损害他人"的基本原则。[④] 核能风险具有两面性，其不仅能为人类社会发展提供巨大的资源利益，也潜藏着发生核事故的巨大风险。因此，国际法允许在一定限度范围内开发与利用核能的同时，也将"权利行使不损害他人"的原则作为规范各国基于主权权利从事核能风险活动的基本准则。如此为之的目的就在于在尊重各国主权的基础上防止跨界损害的发生。

二、风险社会的理论内涵

以风险的概念为起点，经过对于风险与法律内在逻辑关联的探讨，对风险社会理论内涵的阐述则进一步成为解析国际法价值体系新视角的必由之路。其中，既包含风险的现实与建构的两个维度，同样再次涉及风险社会与法学之间的紧密关系，最终落脚于其对国际法的潜在影响上。

---

① 陈维春：《国际法上的风险预防原则》，载《现代法学》2007 年第 5 期。

② 张华：《论欧盟食品安全法中的风险预防原则：问题与前瞻》，载《欧洲研究》2011 年第 4 期。

③ 苏向荣：《风险、信任与民主：全球气候治理的内在逻辑》，载《江海学刊》2016 年第 6 期。

④ 赵洲：《国际法视野下核能风险的全球治理》，载《现代法学》2011 年第 4 期。

（一）风险社会：现实与建构的二维交织

风险概念的历史演进展现了人类社会通过法律来防范与控制风险的文明进程。以风险为线索对人类社会历史变迁进行“深描”的“风险社会”理论，则通过“现代性”与“风险”之间的关联，勾勒出人们从第一现代性的工业社会朝向第二现代性的风险社会进行社会结构转型的全过程。这种对于社会转型的学理阐释，不仅是对后工业社会时期人们围绕“现代性风险”展开生产生活实践的现实写照，同时也是对于政治社会文化不断形塑“现代性风险”内涵的一种理论建构。风险社会既是一种客观上损害与威胁普遍存在的实践与现实，也是一种主观上人们基于政治、社会、文化等不同“观察方法”对于风险的认知与建构。风险在这种现实与建构的二维交织中构成了风险社会的全部理论内涵。

作为对后工业社会时期人类社会现状的理论描述，风险社会同样也发端于工业社会之中。正是通过风险的概念对处于变化之中的社会生产生活实践的把握，构成了风险社会理论的基本内容。在经历了自然与传统的终结之后，“当下的时代构成了一个新奇的历史阶段和一种崭新的社会文化形式，需要用新的概念和理论去阐述”。[①] 而以1986年《风险社会》（Risk Society）为标志，德国社会学家贝克首次运用“风险社会”的概念，对后工业社会出现的种种新兴社会现象进行了较为全面和系统的阐述。[②] 贝克的风险社会理论就其本质而言，是一种对高速发展的现代性社会所进行的深刻反思，它指出了高度发达的现代社会在不断进步的过程中所存在的根本性危机。这种危机的产生是由工业社会急速增长和过度发展所导致的无法避免的“潜在的副作用”。就其理论定位而言，风险社会实际上仍是工业社会的产物，而风险社会理论则是用以描述人类从工业社会朝向风险社会迈进的社会转型学说。

从现代社会对于风险进行规制的实践可以看到，早期社会的自然灾害风险使人类束手无策，前现代时期的战争风险使社会动荡不安。在现代性风险的构建过程中，这些风险都在文明与理性的支配下通过科技、政治、

---

① ［美］道格拉斯·凯尔纳、［美］斯蒂文·贝斯特：《后现代理论：批判性的质疑》，张志斌译，中央编译出版社1999年版。

② ［德］乌尔里希·贝克：《风险社会：新的现代性之路》，张文杰、何博闻译，译林出版社2018年版。

法律等各种方式进行了有效的预防与管控。晚近以来，无论是来自自然界危害极大的天灾，还是大规模的战争，抑或是普遍性的疾病与饥荒，都在客观上呈现出减弱甚至日渐消亡的趋势。人类社会对于风险的控制似乎表现出前所未有的精确性和高效性。工业社会生产力的指数型发展，给人们带来了空前的财富增长和福利扩张。在表面上这种人类社会史无前例的繁荣景象似乎都暗示出：各种威胁人类生存的风险不是一直处于持续下降的趋势吗？人们所面临的风险难道不是在人类理性的掌控之中吗？

现代性风险潜藏在现代性的构建过程之中，存在于人类理性对于风险的控制之中。后工业社会时期的风险早已在工业社会的生产与发展过程中孕育，风险社会不仅是可能的，而且也是现实的。在人类社会通过现代化建设所呈现的表面繁荣中，风险的概念与外延早已突破了传统意义上的自然风险与社会风险。它演变成一种经由人类理性决策而内部化、组织化和制度化的人为风险。换言之，现代性风险肇始于人类对于传统风险的理性控制和组织决策之中。正是通过文明的决策，使得风险分配的逻辑与财富分配的逻辑紧密交织在一起，共同构成一种风险与发展并存的风险社会。①

人类社会早期的自然灾害使人们不得不投身于自然法则的遵从，而后续的社会动乱又将人们推向了对于上帝的信仰。在工业革命和科技革新的作用下，这些来自外部的风险都被人类理性纳入了技术与组织的管理之中。对于传统风险的规制同时也构成现代性风险的起源。科学技术的突飞猛进使得自然灾害不再是一种单纯来自大自然的威胁。借助气象预报和农业科技的发达技术，人为化的自然风险预警机制在防控自然风险的同时也成为“人为风险”的源泉。地震、海啸、龙卷风、泥石流等诸多自然灾害，在早期人类社会看来就是一种单纯的来自大自然的威胁，没有任何个体或组织会因此受到责备。但到了现代社会，这种自然风险却被社会化和人为化。风险不再是纯粹的自然灾害，而演变为人类组织决策的产物。气象和农业等政府部门如果怠于履行职责，那么由自然灾害所导致的实际损

---

① 贝克的风险社会理论实际是建立在四个基本假设之上：（1）人为风险是人类决定和选择的结果，而并非神或自然的产物；（2）人为风险是一种未知后果的风险；（3）现代人为风险是非定域的（delocalized）、全球性的和普遍性的；（4）包含自然灾害的传统风险在某种程度上是可预见的、可管理的，而人为风险则不可预测且超出监管范围。See MYTHEN. Thinking with Ulrich Beck：Security，Terrorism and Transformation［J］. Journal of Risk Research，2018（1）：17-28.

失就成为人们要求政府承担责任的理由。

与此同时，武力冲突所带来的战乱以及由此引发的贫困与饥荒，也不再是人类社会习以为常的历史现象。在现代民主政治和法律制度的作用下，一切来自社会内部的公共风险都变身为一种理性组织决策的人为风险。在现代社会，“风险总是与责任联系在一起”,[①] “有组织的不负责任”所带来的不确定性构成了现代社会政治风险的基本内涵。这意味着，原本无法具体追责的战乱、社会动荡等诸多社会性风险，在民主政治、法律制度及各种组织机构的风险规制中成为人类理性决策的结果。被制度化和组织化之后的风险如果再度发生，人们就会因此追究决策机构甚至政府（国家）的责任。但是，真正的决策者（特定个体或群体）却仍处在法律所拟制的各种虚拟人格体的保护之下，没有任何具体的实在的个人会因此担负责任。由政治决策所导致的人为风险在民主制度的合法外衣遮盖下被正当化，“风险不是任何人的责任”[②] 却又同时成为所有人的责任。这便是现代性风险“有组织的不负责任”的真实含义。

在肯定风险作为一种损害、威胁或危险之客观实在的基础上，风险社会理论同时也揭示出风险所蕴含的主观构建的一面。从现代性风险的基本内涵可以看到，贝克从风险的社会学视角出发，不仅在自然科学客观主义的立场上承认了现代性风险真实存在的现实，也在社会建构主义的立场上指出了风险的本质和起因是主观构建的概念化产物。“正是文化感知和定义构成了风险。‘风险’与‘（公众）’定义的风险就是一回事。”[③] 在这一点上，它与强调文化对于风险具有建构作用的“风险文化”理论具有某种程度上的相通之处。以“风险文化”理论的观点来看，“在当代社会，风险实际上并没有增加，也没有加剧，相反仅仅是被察觉、被意识到的风险增多和加剧了”。[④] 这意味着，客观实在的风险原本就一直存在，只不过随着科学认知的普及，人们才从不同的文化视角将各种风险挑选出来并予以

---

① 周战超：《当代西方风险社会理论引述》，载《马克思主义与现实》2003 年第 3 期。

② ［德］乌尔里希·贝克：《风险社会政治学》，刘宁宁、沈天霄译，载《马克思主义与现实》2005 年第 3 期。

③ ［英］芭芭拉·亚当、［英］乌尔希里·贝克、［英］约斯特·房龙：《风险社会及其超越：社会理论的关键议题》，赵延东等译，北京出版社 2005 年版。

④ ［英］斯科特·拉什：《风险社会与风险文化》，王武龙译，载《马克思主义与现实》2002 年第 4 期。

"标签化"。正如气候变暖的生态风险始终存在一样，正是基于对气候变暖可能带来灾难性后果的科学认知，人们才通过国际法等风险规制手段将气候变暖问题冠以"生态风险"的名称。所谓"核能风险"和"金融风险"同样是人们出于维持国际和平与安全以及经济发展的价值文化需求所导致的后果。当然，相比于"风险文化"理论较为强硬的主观构建性而言，贝克的风险社会理论则处在一种较为温和的社会构建立场之中。它所指称的现代性风险虽然具有科学认知基础上主观构建的维度，但指向的是一种客观实在维度上的制度化人为风险。①

（二）法学视野中的风险社会及其对国际法的潜在影响

风险社会理论在其诞生的初期并未受到学术界过多的关注。但是，随着各国社会内部各种突发性公共事件的接连爆发，以及全球范围内金融危机、恐怖主义、环境问题的日益凸显，以贝克和吉登斯为代表人物所提出和发展的风险社会理论越来越成为各个领域和各个学科所密切关注的焦点话题。受到风险社会理论的影响，法学理论的诸多前沿性问题都与风险社会紧密联系在了一起。以正视风险为前提，通过法律理念、原则、规则及制度上的调整来回应风险社会中潜在的各种危机，成为风险社会视角下法学范式转换的基调。② 法学视野中的风险社会也有着多重的意蕴，它在不同的法律部门呈现出多元化的反馈形式。但无论哪种涉及风险社会的法律理论，均以风险社会所带来的法律社会基础的变迁为基本理论前提。

在国内法领域，尤其是国内公法领域，风险社会对其产生了深刻的塑造作用，这不仅体现在国内公法的价值取向变革上，更具体化在国内公法的法律制度调整中。实际上，国内法对于风险进行规制的实践远早于风险社会对其所产生的影响，通过法律手段对风险进行防范和控制早已在人类社会的发展过程中逐步展现。但这种对于风险的法律规制，实际上仍然是一种微观层面上对于自然风险、社会风险等传统风险进行管控的历史实践。法律对于风险的规制在后工业社会时期之前就已然存在。然而，风险

① 现代性风险在进入公众视野之前就已经独立地构成了一种潜在的威胁，以气候变化或者恐怖主义为例，它们均不以人们的意志为转移，而是一种自主且客观的存在，它们直到被成功地推送到公众视野之中，才逐步演变为一种为人所接受的社会构建。See WIMMER，QUANDT. Living In the Risk Society［J］. Journalism Studies，2006（2）：314.

② 季卫东：《风险社会与法学范式的转换》，载《交大法学》2011 年第 1 期。

社会不同于风险本身。虽然关于风险的法律规制实践已经较为成熟，但风险社会对于法律的影响却是在后工业社会时期才逐步发生，其对法律所产生的根本性影响在于宏观上法律社会基础的变迁。换言之，风险社会意味着现代法律的社会基础从原本的工业社会转变为一种风险社会，由此对于法律的方方面面产生了整体上全面性的变革作用。

在刑法领域中，国内刑法学者曾就“风险刑法”的问题展开过激烈的争论，但这种围绕“风险社会与刑法”的学术争论却由于未能分清风险与风险社会的区别而产生争议焦点的偏差。① 事实上，风险社会对于国内刑法的影响集中表现为刑法社会基础的变迁对刑法所产生的重塑作用。亦即，“安全问题构成风险社会理论与刑法体系之间的连接点，由此使预防成为了刑法的首要目的”。而“基本目的的变化意味着刑法价值取向的重大调整，预防走向的刑法体系强调刑法的社会保护，这样的价值选择最终深刻地塑造了刑事实践与刑法理论的发展”。② 延续了风险社会对于刑法的变革逻辑，国内行政法也出现了对于回应风险社会的理论反思，强调风险无时不在、无处不在的风险社会理论为行政法在扩展国家安全保障职能上提供了新的社会背景。③ 围绕健康及环境风险的法律规制问题，国内行政法以风险预防为基本原则，在科学评估风险和有效监管风险方面作出了制度性的革新。

在国际法领域，风险社会理论同样对国际法的价值取向和制度设计产生了深刻的变革性影响。在国际法的价值层面，人类社会的风险社会转型不再局限于国内社会，而是延伸至国际社会之中。“在这样一个世界风险社会中，经济在社会中的影响日趋强大，其毫无节制的发展客观上也会引发诸多风险，给国际安全带来隐患。”④ 国际法的安全价值成为某些特定国际法部门的基本价值取向。与此同时，“风险社会的到来使得国际法的社会基础发生重大变迁，处在新语境中的国际争端解决机制因此面临着一系

---

① 国内刑法学界围绕“风险社会与刑法”曾展开较为激烈的争论，其核心争议点在于：风险社会中所指称的风险是否就是刑法上的风险？但这一争议焦点未能区分风险与风险社会的区别，在某种程度上偏离了贝克与吉登斯风险社会理论的原本意图。

② 劳东燕：《风险社会中的刑法：社会转型与刑法理论的变迁》，北京大学出版社 2015 年版。

③ 赵鹏：《风险社会的行政法回应：以健康、环境风险规制为中心》，中国政法大学出版社 2018 年版。

④ 刘长秋：《生物经济国际法的基本价值研究》，载《东方法学》2011 年第 4 期。

列严峻挑战”。[①] 这表明，风险社会对国际法所带来的影响，不仅体现在国际法以安全为主导的价值观转变上，还在国际争端解决机制的具体制度层面起到了重构与革新的根本性推动作用。并且，在国际法环境领域，由于世界风险社会具有跨区域性、全球性和危害严重性的特点，在它的作用下，跨界环境损害事故发生的频率日趋升高，使得私人主体成为环境法律责任主体的可能性增强。[②] 国际法在价值和制度层面的变革，皆缘起于国际法社会基础的变迁。而这种变迁的基本表现就在于：国际法的社会基础从工业社会时期的国家间关系，正逐步朝着风险社会时期多维度、跨国界的全球层面转变。原本局限于国内社会的风险社会，也在风险全球化的推动下发展到了世界风险社会的全新阶段。

第二节　全球风险社会与变动中的国际法社会基础

如果说风险的概念贯穿于风险社会理论，那么全球风险社会[③]则是风险社会理论的应有之义。在风险全球化的逻辑支配下，作为国际法的社会基础的国际社会产生了根本性的变迁。而在自由霸权秩序的主导作用下，国际关系日趋风险化的同时，国际社会也日渐迈向全球风险社会之中。

一、风险的全球化与全球风险社会的形塑

风险的全球化酝酿于经济全球化的过程之中，两者之间存在着某种程度上的共生关系。现代性风险通过经济全球化的渠道在全球范围内的扩展与传播，构成了全球风险社会的基本形态。

---

① 蔡从燕：《风险社会与国际争端解决机制的结构与重构》，载《法律科学（西北政法大学学报）》2008 年第 1 期。

② 王岚：《世界风险社会语境下的国际环境法律责任追究机制》，载《江西社会科学》2012 年第 1 期。

③ 本书在同一概念维度上使用全球风险社会与世界风险社会，两者间的细微差异仅在于：全球风险社会与全球治理相联系，用以描述处在某种结构性转型过程中的国际社会，而世界风险社会则专指贝克风险社会理论所指称的世界意义上的风险社会，两者根本内涵一致，但表述有所不同。

（一）经济全球化与风险全球化

全球化，就其本质而言就是现代性在全球范围进行扩展和延伸的过程。在此意义上，“全球化可以被定义为：世界范围内的社会关系的强化”。[①] 就其具体表现而言，全球化的主要形态是经济全球化，而国家或地区间在社会、政治、文化等方面的全球化也始终以经济全球化为基本前提和原初动力。经济全球化具有两个层面的含义：一是由各个国家或地区在全球维度上通过相互间的经济生产活动所形成的“全球市场”；二是针对这一全球市场在世界层面上所建立的规范全球经济生产活动的全球规则与全球机制。[②] 在某种意义上，经济全球化就是市场经济在全球范围内的扩张与发展，其根本目的在于跨越主权国家的边界，使得生产要素在全球范围内获得自由流动和最优配置，从而达成生产一体化、贸易自由化和金融国际化的充分实现。

在积极意义上，经济全球化实现了资本的全球流通，提高了市场的资源配置率，加深了世界各国在经济上的相互依赖。科学技术的高度发达使得全球经济获得了史无前例的高速增长，并在一定程度上带动了广大发展中国家的经济发展。由此所带来的直接后果就是人类社会的财富扩大和福利扩张。然而，在消极意义上，经济全球化尤其是其所产生的负外部性，也使得人类社会面临着前所未有的巨大风险。一方面，经济全球化在连通国家间经济贸易往来的同时，使得各国内部的经济秩序不得不面临共同的经济风险。由于市场经济自身所固有的不稳定性以及市场失灵的周期性发作，在全球经济生产活动中一旦出现某个环节或某个地域的危机，就会导致一种全球范围的系统性风险的爆发。历次的全球金融危机以及由其所产生的负面影响已经反复证实了这一点。经济全球化在实现世界经济繁荣发展的同时，也导致了各国可能出现经济萧条与衰退的风险。另一方面，与经济高速增长形成鲜明对比的全球生态环境风险也日渐凸显。由经济全球化所带来的环境污染和资源浪费都成了晚近以来威胁人类生存的全球性风险。在经济生产活动中所产生的垃圾与废品，不仅造成了某些有毒有害物质的全球传播和诸多疾病的全球蔓延，也使得全球生态环境出现了严重的

---

① ［英］安东尼·吉登斯：《现代性的后果》，田禾译，译林出版社 2011 年版。

② 刘挺：《经济全球化与社会风险》，社会科学文献出版社 2007 年版。

退化。部分发展中国家以牺牲环境资源拉动经济发展的模式更是付出了惨痛的代价。全球生态风险以及代际性的资源风险正成为经济全球化负外部性所带来的最严重的消极后果。

从经济全球化的消极影响可以看到，在经济极速发展的同时，国际社会的经济全球化“趋势”也演变为国际社会不得不面对的全球化“风险”。在某种意义上，经济全球化实际上就蕴含着风险的全球化，这是由风险自身所蕴含的两种价值维度所决定的。风险在好的一面所潜藏的可能性机遇给经济发展提供了无限的空间。经济全球化在积极意义上所蕴含的风险，就是一种参与经济活动获取财富与利益的机会。风险在坏的一面所潜藏的可能性损失则使得经济发展具有产生危机的负外部性。经济全球化在消极意义上所蕴含的风险，就是一种由市场失灵和金融危机所带来的挑战。

具体而言，各国在全球范围内的经济贸易往来促成了国家间在某种程度上的复合相互依赖。[①] 在这种相互依存与相互交织的关系中，风险沿着各国在经济上互联沟通的线路与脉络日益滋生。风险附着在全球经济价值链上的“潜在的副作用”，导致客观实在的风险在全球范围内传播扩散开来。不仅如此，由于风险同时具有主观构建的属性，由计算机及信息技术革命所编织而成的全球互联网系统则在主观认知上进一步造成了风险的社会放大。[②] 原本局限于各国内部的经济危机通过鼠标与键盘的互联沟通暴露在公众的视野之中。经济全球化的发展在增进世界各国人民相互交往的同时，也加剧了各国民众对于全球性风险的认知度和“在场感”。

（二）全球风险社会的形塑

由经济全球化所孕育的风险全球化构成了风险社会在世界层面上的基本表征。正如贝克所指出的：“从总体上考虑，风险社会指的是世界风险社会。”[③] 就风险社会的本质而言，其所指的是一种时间发展逻辑上

---

① 复合相互依赖的基本含义在于：在经济全球化的作用下，跨国商品、货币、人员和信息自由流通所带来的国家之间错综复杂的相互依赖关系。

② 风险的社会放大意味着：客观实在的风险通过网络与媒体等各种信息传播渠道在公众中传播扩散，在此过程中原本的风险也经由信息的传递被主观放大。

③ ［德］乌尔里希·贝克：《世界风险社会》，吴英姿等译，南京大学出版社 2004 年版。

的社会转型，描述的是人类社会整体上从工业社会转向风险社会的动态过程。[①] 在空间维度上，并不存在所谓的国内风险社会和国际风险社会之分。因为，现代性风险的本质特征在于时间上的未来性和空间上的延展性，它在空间层面具有一种跨越地区与国家界线的“无边界性”。故而，在基本类型上，风险社会就是全球风险社会。国内社会朝向风险社会转型的同时，国际社会也同步进入了全球风险社会的阶段。[②] 风险社会并没有国内与国际的内外之别，只不过国内法视域中的风险社会更多地聚焦于主权国家内部的社会存在形式，而国际法视域中的全球风险社会则更倾向于描述主权国家之内、之间以及之上的多层次全球社会形态。

“全球风险社会的现实植根于现代性”，[③] 而现代性风险[④]自其产生之时就意味着它是普遍存在的、不可逆转的和全球性的。严格意义上，风险的全球化实际上是一种语义重复，因为现代性构建过程所产生的内部化、组织化和制度化的人为风险原本就具有一种在空间上无限扩展的本性。这种风险的空间延展性同样也体现在风险自身的两种维度：客观实在维度上风险的无限扩展和主观构建维度上风险的社会放大。

客观上的风险扩展是通过技术与制度两个方面来实现的：风险的技术性扩展意味着某种特定技术的全球应用。以生物科技领域最前沿的基因编辑技术为例，旨在从根本上提高疑难疾病治愈率的基因编辑技术，因其极高医疗价值而得以在世界各国获得了一定限度内的广泛应用，但它所潜藏

---

① 作为一种社会转型理论，风险社会是用以阐释工业社会发展的社会学概念，但与此同时，正如贝克在分析风险社会时援引德国 20 世纪七八十年代相关历史作为某种佐证一样，历史视角中的风险社会，实际上是资本主义社会发展过程中的一个环节，风险的历史就是经济和政治制度的历史。See BOUDIA，JAS. Introduction：Risk and ‘Risk Society’ in Historical Perspective [J]. History and Technology，2007（4）：317-331.

② 值得注意的是，与西方社会尤其是欧洲社会所经历的全球风险社会阶段略有不同，亚洲地区特别是东亚社会所面临的是另一种被称为“压缩现代性（compressed modernity）”的社会转型过程，换言之，在科技迅猛发展的时代背景下，东亚国家的工业化和现代化进程在时间和进度上都具有压缩性的特征。See BECK. Varieties of Second Modernity and the Cosmopolitan Vision [J]. Theory，Cultural & Society，2016（7-8）：257-270.

③ 何志鹏：《世界格局演变逻辑与中国道路选择》，载《学术前沿》2019 年第 1 期。

④ 正如贝克所指出的，如果认为前现代社会的危险来源于自然和鬼神，那么风险则是一个现代性概念，它暗含着理性决策的意蕴，在此，计算风险就构成了第一现代性的重要表征，然而全球风险社会却意味着，我们正步入一个充满不可控风险的世界，并且我们甚至无法用语言去描述我们正在经历的一切。See BECK. The Terrorist Threat：World Risk Society Revisited [J]. Theory，Culture & Society，2002（4）：40-41.

的巨大生物风险却同时在这种全球性的技术应用中扩散开来。2018 年的“基因编辑婴儿事件”① 在全世界范围内所引起的伦理忧虑足以表明，现代性技术对于风险的空间扩展具有较强的推动作用。

主观上的风险扩展表现为风险认知在全球范围内的传播，而这种传播则主要是依靠现代化的信息技术、不断发展的传媒中介以及新兴的社交网络等途径来实现的。由计算机及信息技术革命所创造的全球互联网世界不仅加深了各国民众之间的交流沟通，也增强了人们对于风险的科学认知。建立在信息技术之上的传媒中介和社交网络则为风险的放大提供了畅通的渠道。某种关于风险的事实、观点乃至理念都通过这一渠道在不同地域、不同文化、不同阶层的人群中传播开来，现代性风险的主观构建属性也借此得到了进一步的巩固。

全球风险社会不仅通过风险的全球化得以形塑，其在具体表现形式上也存在着诸多的样态。② 其中，以三个层面的风险形式最为突出：“第一，生态危机；第二，全球经济危机；第三，（自美国“9·11”事件以来）跨国恐怖主义网络所带来的危险。”③ 在生态风险方面，气候变暖问题成为威胁人类生存的最大危机。该问题也因此成为国际法预防和控制的对象。而除了气候风险以外，臭氧层破坏、生物多样性减少、酸雨蔓延、森林锐减、土地荒漠化、大气污染、淡水资源枯竭与污染、海洋污染、城市垃圾污染等诸多环境问题都日益演变为人类社会不得不防控的全球性生态风险。在经济的风险方面，历次全球金融危机的爆发都对诸多国家的经济状况造成严重冲击，由此所带来的则是经济的衰退和萧条、大规模的失业现象以及国家之间的贫富悬殊加剧。尽管人们试图通过各种国际机制对其进行干预和防治，但全球经济风险自身的系统性和复杂性都加剧了对其进行风险管控的难度。在恐怖主义风险方面，自美国“9·11”事件以来，全

---

① 《科学技术部关于对“基因编辑婴儿事件”调查结果的回应》，中华人民共和国科学技术部网站，http：//www. most. gov. cn/kjbgz/201901/t20190121_ 144856. htm。

② 根据贝克的描述，至少有五个相互关联的社会进程对“基于民族国家的简单、线性、工业的现代化”提出挑战：全球化、个性化、性别革命、就业不足、全球风险（例如，生态危机和全球金融市场崩溃），这些进程构成了全球风险社会的基本特征和样态。See JARVIS. Risk, Globalisation and the State：A Critical Appraisal of Ulrich Beck and the World Risk Society Thesis［J］. Global Society, 2007（1）：25.

③ ［德］乌尔里希·贝克：《“9·11”事件后的全球风险社会》，王武龙译，载《马克思主义与现实》2004 年第 2 期。

球恐怖主义的阴影开始在世界各地蔓延。共同抵御恐怖主义威胁成为世界各国进行反恐安全合作的价值基础。但随着恐怖主义自身性质和种类的演变，在全球恐怖主义治理中也逐渐出现了价值破碎化的现象。① 以宗教、无政府主义、反殖民、新左派等各类恐怖主义为代表，"基地组织""伊斯兰国""博科圣地"等恐怖组织的活动构成了当前恐怖主义风险的基本表现形式。

二、变动中的国际法社会基础：面向全球风险的国际社会

国际法的社会基础是国际法得以发展的根基，国家间交往互动所形成的国际关系以及整个国际社会存在构成了其基本内容。自由霸权秩序所主导的国际秩序在制造全球性风险的同时，又造成了国际关系风险化的后果。在此基础上，国际法的社会基础也逐步迈向全球风险社会之中。

（一）国际法的社会基础

回顾人类法律的发达史可以发现，一切法律的产生都必须以特定的社会基础为前提。不是彰显了人类理性的法律创造了人们赖以生存的社会秩序，相反，是具体的社会生活实践塑造了法律的形式与内容。诚如马克思所言："社会不是以法律为基础的。那是法学家的幻想。相反的，法律应该以社会为基础。"② 毋庸置疑，社会构成了法律得以生长的土壤，法律的社会基础在某种意义上决定了法律的品格与面貌。人类法律的历史演进总是紧跟人类社会的变革潮流，社会的变迁与转型也必然导致法律的进化与革命。

古典自然法所构建的社会契约理论为诠释法律与社会及国家之间的关系提供了理论框架。在各种版本的社会契约论中，法律都被描述为对于人类进入政治国家所达成的规范和约束彼此权利义务的社会契约的体现和保障。但从法律社会学的观点看来，这种对于法律起源的自然法式理性构建却并未能真实地反映法律与社会之间的内在关联。在马克思看来："人的本质不是单个人所固有的抽象物，在其现实性上，它是一切

---

① 曾向红、邹谨键：《反恐与承认：恐怖主义全球治理过程中的价值破碎化》，载《当代亚太》2018 年第 4 期。

② ［德］马克思、恩格斯：《马克思恩格斯全集》（第六卷），人民出版社 1961 年版。

社会关系的总和。"[①] 这意味着，作为法律终极主体的人本身在某种意义上也是社会关系的产物。一个人的社会不成其为社会，也毫无法律存在的必要。在孤岛中生存的鲁滨逊不需要法律，而两个人的世界也没有法律生长的空间。只有当众多人集结在一起生活的时候，法律作为定分止争的理性第三方才开始逐步萌芽。群体的社会生活是法律的栖身之所。"一个社会联合体是这样一群人，他们在相互关系中，承认一些行为规则具有约束力，并且至少在通常情况下，实际上按照这些规则来调节他们的行为。"[②] 法律在人们的彼此交往中日渐成型，人与人之间的社会关系构成了法律的调整对象。

国内法缘起于国内社会中人与人之间的交往与互动，国际法同样诞生于主权国家之间的往来与沟通。以《威斯特伐利亚和约》为标志，国家主权原则的确立成为国际法得以问世的前提。主权原则赋予各个国家进行平等交往的基本资格，正是在国家间的交互作用下，国际社会才初具规模，国际法才有了逐步发展的可能性。中世纪时期，在以基督教文明为一统的欧洲封建割据社会中，各封建王国之间存在着某种程度的往来，但这种微观层面的交往缺乏相互间独立平等的法律人格作支撑。所有封建贵族的世俗统治都裹挟在基督教的神学统辖之中，教会的权力凌驾于王权之上，政教合一的权力格局使得国际法毫无生存的空间。随着宗教改革的推进以及世俗权力的扩张，教会的权力逐步衰落，而专制王权日益崛起。经过"三十年战争"（1618 年至 1648 年）的冲突与斗争，封建专制王国终于享有了独立的主权。由此，在欧洲大地上国家之间的相互交往成为常态，以欧洲国际社会为基础的传统国际法获得了新生。因而，在此意义上，"国际法产生和发展的社会基础，是众多主权国家同时并存、彼此进行交往与协作而形成的各种国际关系和整个国际社会的存在"。[③]

如果说国家间的并存与交往构成了国际法的社会基础，那么晚近以来，以加速国家间交流沟通的全球化则成为当代国际法得以发展的根基。"全球化可以指那些变化的时空过程，它们通过把不同区域和大陆的人类

---

① ［德］马克思、恩格斯：《马克思恩格斯选集》（第一卷），人民出版社 1972 年版。

② ［奥］尤根 · 埃利希：《法律社会学基本原理》，叶名怡等译，中国社会科学出版社 2009 年版。

③ 梁西：《国际法的社会基础与法律性质》，载《武汉大学学报（人文科学版）》1992 年第 4 期。

活动联系在一起，并且扩大这些活动，从而为人类事务组织的变革提供基础。”[①] 在客观层面上，全球化以经济全球化为主要表现形态。它在形塑全球市场和全球机制的同时，通过跨国经贸往来的物质渠道，对人们社会生活的方方面面进行了某种程度的时空压缩。借助信息技术和互联网工具，一国之内民众的日常生活与千里之外他国的生产活动勾连在了一起。全球化在世界各国的物质生活中加剧了彼此的联系，将国家间的并存与交往推进到了一个更为紧密联系的阶段。

与此同时，作为国际法的社会基础，国际社会以及从中所形成的国际关系也在主观构建的层面上，被全球化塑造为一种“世界主义”的政治文化形态。在国内社会中，国家就是一种由民族意识和属地意识所构建的“想象共同体”。[②] 在一个幅员辽阔、人口众多的社会中，民族国家的构建除了物质生活的地缘联系外，更依赖于政治文化的精神建设。中国从古代“文化共同体”意义上的“中华文明”到当代“政治共同体”意义上的“中华民族”就遵循着这一逻辑。而国际社会除了具体实在的国家间政治经济互动外，更多地表征为一种“国际共同体”（International Community）的意味。康德很早就在其《论永久和平》中表达了对于建立一种“世界主义”国际共同体的“理想主义”期许。[③] 格劳秀斯也在其《战争与和平法》中提出了制定一种代表众多国家最大利益的“万国法”的主张。[④] 对于国际社会是否形成了某种意义上的国际共同体仍存在着诸多争论。但从国际法的制度及实践来看，国际强行法（Jus Cogens）理论[⑤]和国家对世义务（Obligations Erga Omnes）概念[⑥]的产生与发展，都在一定程度上与国际共同体概念存在着某种内涵上的暗合。1969 年《维也纳条约法公约》第五

---

① ［英］戴维·赫尔德等：《全球大变革：全球化时代的政治、经济与文化》，杨雪冬等译，社会科学文献出版社 2001 年版。

② ［美］本尼迪克特·安德森：《想象的共同体：民族主义的起源与散布》（增订版），吴叡人译，上海人民出版社 2016 年版。

③ ［德］伊曼努尔·康德：《永久和平论》，何兆武译，上海人民出版社 2005 年版。

④ ［荷］格劳秀斯：《战争与和平法》（第二卷），［美］弗朗西斯·W. 凯尔西等英译，马呈元等译，中国政法大学出版社 2016 年版。

⑤ WEATHERALL. Jus Cogens：International Law and Social Contract ［M］. Cambridge：Cambridge University Press，2015：1-3.

⑥ ［英］莫里齐奥·拉佳齐：《国际对世义务之概念》，池漫郊等译，法律出版社 2013 年版。

十三条的规定也从国际法规则层面肯定了对于国际共同体整体利益的维护。[①] 中国近年来提出的“人类命运共同体”的理念[②]更在价值观层面丰富了国际共同体在主观构建维度上的深层意蕴。国际共同体作为全球化所塑造的“世界主义”政治文化形态，与物质层面的经济全球化一并构成了当代国际法不可或缺的社会基础。这一社会基础更在风险全球化的过程中逐步呈现出“全球风险社会”的发展趋势。

（二）风险社会：国际法社会基础变迁的新趋势

经济全球化构成了当代国际法据以存在的社会基础，而风险全球化则表征着国际法社会基础发生根本性变迁的新趋势。在全球范围内，各国在政治地位上的不平等以及在经济发展上的不均衡，都显示出以美国为主导的自由霸权秩序所蕴含的全球政治风险。而以民粹主义浪潮为代表的逆全球化趋势，在“美国优先”对外政策理念的催化作用下，更增加了国际秩序走向冲突与混乱的可能性。国际关系作为国际法社会基础的具体表现形式，正逐步迈入充满不确定性的全球风险社会之中。

由国家间交往互动而形成的国际关系与整个国际社会的存在共同构成了国际法的社会基础。国际社会是国际法社会基础的整体存在本身，而国际关系则构成了国际法社会基础的具体表现形式。从全球社会学的观点来看，全球化时代的国际社会指的是时空概念的变化、文化互动的增长、共同问题的出现、国家间的相互联系与依存、跨国行为体和跨国组织的活动等全方位的一体化现象。[③] 不同于这种社会学的宏大叙事，国际政治学视野中的国际社会更多地指向一种国家间处于无政府状态的理论假定。在此基础上，国际关系集中表现为国际法规范制约下各主权国家间的权力分配结构。[④] 这种规范要素与权力要素并存的国家间关系，实际上呈现为一种作为事实状态而存在的国际秩序。

---

① 根据《维也纳条约法公约》第五十三条的规定，条约如在条约缔结时与一般国际法强行规则相抵触，是无效的。就本公约而言，一般国际法强行规则指国际社会作为整体接受并承认为不得背离且只能由发生在后而具有同一性质的一般国际法规则予以更改的规则。

② 2017 年 1 月，习近平主席在联合国日内瓦总部发表了《共同构建人类命运共同体》的主旨演讲，阐释了构建人类命运共同体的中国方案。

③ ［英］罗宾·科恩、［英］保罗·肯尼迪：《全球社会学》，文军等译，社会科学文献出版社 2001 年版。

④ ［澳］马丁·格里菲斯、［澳］特里·奥卡拉格汉、［美］史蒂芬·罗奇：《国际关系关键概念》（第二版），朱丹丹译，北京大学出版社 2015 年版。

在国际社会的政治决策和经济发展方面，英美等西方发达国家在某种程度上具有极为强势的话语权和影响力。冷战后的国际关系在一定程度上表现为美国作为世界霸主所主导的自由霸权秩序。正是在这种自由霸权秩序的支配下，促使并加剧了现代性风险在全球范围内的扩散与传播，造成世界各国在政治地位上的不平等和经济发展中的不均衡。延续“资本主义经济体制对世界空间主宰”[①] 的逻辑，经济全球化在某种意义上也可以被视为美国利益世界化的过程。由经济全球化所衍生的风险全球化则是美国霸权在世界范围内无限扩张的后果。以气候变暖、经济危机、恐怖主义为主要内容的全球性风险，究其根源，就是英美等西方发达国家在推动经济全球化过程中所产生的“潜在的副作用”。

在美国自由主义价值观的主导下，经济全球化的无节制发展在拓展美国国家利益的同时，也导致了生态环境的过度开发与破坏、世界各地区的贫富两极分化、权力不受监督与制约等诸多“竞争的极限”。[②] 制造和管控诸多全球性风险的美国自由霸权秩序自身也成为全球政治风险的源头。国际社会所面对的全球性风险是由美国主导的国际秩序经过制度化组织决策的“人为风险”。对于这种“人为风险”进行界定、选择、分担、规制的过程同样又制造出新的风险——自由霸权秩序所带来的全球政治风险。美国对世界经济秩序的主导权加剧了世界各国在经济上的贫富差距，而它对全球性风险的控制权则试图将风险转移到第三世界国家。全球制造业中心转移的事实表明，原本已经遭受着贫困威胁的第三世界国家又面临着工业制造与生产所带来的生态环境风险。这正是由全球政治风险所导致的新的国际不平等。

此外，就美国所主导的自由霸权秩序自身而言，美国国内近年来出现的民粹主义潮流与反建制主义倾向更在国际层面使得逆全球化趋势不断加深。这种逆全球化的趋势则在某种意义上与全球化的负外部性作用合流形成了全球政治风险的新形态。逆全球化不仅引发贸易保护主义旗帜下的贸易战争，还导致大国之间对抗与冲突的加剧。内含其中的民粹主义浪潮更

---

① ［法］雅克·阿达：《经济全球化》，何竞等译，中央编译出版社 2000 年版。

② ［美］里斯本小组：《竞争的极限：经济全球化与人类的未来》，张世鹏译，中央编译出版社 2000 年版。

扩大了风险在国际社会的主观放大效应。① 与此同时，透过逆全球化现象的表象凸显而出的，是自由霸权秩序内部合法性危机的本质。由于自由霸权秩序从地方性走向全球性的过程中缺乏必要调整，使得自身在全球化的扩展中失去了内在平衡。这不仅激化了既有的矛盾，更制造了全新的问题，引发了当前的国际秩序危机。② 这一系列复杂的风险现象无不表明当前国际关系日趋风险化的事实，国际社会更在这种风险化的国际关系支配下迈入全球风险社会的新阶段。

① 曹帅、许开轶：《逆全球化浪潮下"全球风险社会"的治理困境与中国方案》，载《理论探索》2018 年第 6 期。

② 陈拯：《失衡的自由国际秩序与主权的复归》，载《国际政治科学》2018 年第 1 期。

第四章

国际法价值体系的逻辑重塑：全球风险社会的价值回应

将国际法价值体系置于风险社会理论中考察后不难发现，对于既有国际法价值体系危机的化解，在某种程度上有赖于国际法价值体系的重塑。而“法律价值体系也是发展的，它根植于社会发展的需要，存在于人的生活场景。当人的生活时空发生转化，社会的法律需求变化时，法律价值体系的要素会相应地消逝、凸现或重组”。[①] 随着国际法社会基础的变迁，国际法的价值体系也必然会随之产生变革，这是由国际法价值的历时性特征所决定的。然而，如何在全球风险社会治理的维度上合理地重塑既有的国际法价值体系，进而促成全球风险社会治理价值共识，则成为有效回应全球风险社会的关键所在。基于此，国际法的价值体系必须在根本结构上进行彻底的转变，这种结构性的转变必然要求凸显风险社会语境中国际法安全价值的主导性。因为，对于风险的规制从根本上对应着对于安全的保障。现代性风险的主客二维性、时间上的未来性和空间上的延展性，都与安全尤其是非传统安全的主客观属性、不确定性和无边界性形成较高程度的映射关系。风险社会视域下国际法价值体系的重塑，就其本质而言，是以国际法的安全价值为主导，对其核心价值——自由、平等与安全在价值序位上的改变与重构。

第一节　全球风险社会治理与国际法的价值体系

由经济全球化负外部性所引发的风险全球化，在美国自由霸权秩序的推波助澜作用下，使得国际关系日益风险化进而形成了全球政治风险。由

① 李炳烁：《法律价值体系之内的自由与和谐》，载《法制与社会发展》2006 年第 4 期。

此，国际法的社会基础也从全球化时代的国际社会逐步朝向全球风险社会的阶段过渡。"伴随着全球化而来的是全球问题的出现，特别是全球风险社会的出现，任何一个国家都无力独立解决全球问题，任何一个国家的政府也不能仅通过国内的治理来解决全球问题，全球治理已成为必然。"① 在风险社会的语境中，全球治理在某种意义上演变成为全球风险社会治理。有效的全球风险社会治理以充分反映了国际社会价值共识的全球治理价值观为前提，国际法作为全球治理的规则依据和制度支撑，在规范意义上也与全球治理的价值共识形成了高度的融合。因此，国际法的价值体系就成了全球风险社会治理的价值之维。

一、全球治理与全球风险社会治理

全球治理是风险全球化时代国际社会的必然选择。在国际法的视域中，全球治理被视为兼具治理要素与权力要素的国际社会治理，风险全球化的现实也使得全球治理演变为全球风险社会治理。

（一）全球治理与国际社会治理

全球治理的概念缘起于治理理论的发展。某种意义上，全球治理可以被视为治理的分析框架在全球层面的应用。治理就是"对公共事务的处理，以支配、影响和调控社会"。② 治理的概念最初发端于国内社会政府的统治与管理。随着全球化时代的到来，含有政府对于社会自上而下式、权威式管理意蕴的统治概念发生了根本性的转变。权威不再以政府作为唯一的主体进行依附，社会中非政府的公共机构与私人机构成为了权威的主体来源，权威的基础也从国家的强制转向了公民自愿或认同。与此同时，权力输出的方式经由自上而下的单向模式转变为上下往返的互动模式，而管理的范围则从主权所辐射的民族国家发展到了跨越领土边界的全球层次。③ 正如福山所指出的，治理概念"具有三个最重要的含义：各种在国家体系之外的非主权主体的国际合作（即国际治理）；作为公共管理的治理（善治）；通过社会网络和其他分等级制的机制来规范社会行为（即没有政府

---

① 张劲松：《论全球治理过程中的中西价值冲突及其消解》，载《学海》2008 年第 4 期。
② 徐勇：《GOVERNANCE：治理的阐释》，载《政治学研究》1997 年第 1 期。
③ 俞可平：《全球治理引论》，载《马克思主义与现实》2002 年第 1 期。

的治理)”。[①] 由此可见，治理就其本意来说，指向的就是某种初级形态的全球治理。

全球治理在内容构成上包含了价值、机制、主体、客体、效果等基本构成要素，[②] 在基本类型上存在着规范与实证之别。[③] 全球治理在历史演进中经历了工具理性治理、价值理性治理与制度主义治理的三个发展阶段，[④] 在基本范式上也从以布雷森顿体系和联合国为中心的旧范式朝向基于多方治理主体和多元治理机制的公共管理范式进行转变。[⑤] 就其治理过程而言，全球治理以解决全球性问题为目标，以提供全球公共产品为路径。在克服集体行动难题的过程中，各治理主体具有博弈者的特性，并根据自身的利益攸关度计算治理成本与收益，最终达到治理的均衡。[⑥] 概言之，“所谓全球治理，是以人类整体论和共同利益论为价值导向的，多元行为体平等对话、协商合作，共同应对全球变革和全球问题挑战的一种新的管理人类公共事务的规则、机制、方法和活动”。[⑦]

相较于国际政治学意义上的全球治理，国际法视域中的全球治理则侧重于强调以主权国家为中心的国际社会治理。它“主要是指通过国家间的合作而对国际社会重要领域或重大事项进行统筹安排”。[⑧] 换言之，国际社会治理的重心并不在全球范围的治理多层次性上，而在于主权国家间的权力运作与责任分配。它更强调全球治理的“社会”内涵，所指向的是国家间的关系。这种以主权国家为中心的国际社会治理，在某种程度上与全球

① FUKUYAMA. Governance：What Do We Know, and How Do We Know It? [J]. Annual Review of Political Science，2016 (19)：6.3.

② 刘勇、王怀信：《全球治理的构成要素评析》，载《学术论坛》2017 年第 4 期。

③ 实证意义上的全球治理侧重于现实维度上经验性和分析性的现状描述，而规范意义上的全球治理则强调对于实存的全球治理状况进行规范矫正和政治批判从而设定理想目标，前者亦被称为“作为一项政治工程的治理”、“扭曲的治理”和“现实存在的全球治理”，而后者则被称为“作为一种可预见现象的全球治理”、“真正的治理”和“理想的全球治理”。参见谢来辉：《从“扭曲的全球治理”到“真正的全球治理”——全球发展治理的转变》，载《国外理论动态》2015 年第 12 期。

④ 赵海月、王瑜：《全球治理与和谐世界》，载《理论与改革》2010 年第 5 期。

⑤ 薛澜、俞晗之：《迈向公共管理范式的全球治理——基于“问题—主体—机制”框架的分析》，载《中国社会科学》2015 年第 11 期。

⑥ 张宇燕、任琳：《全球治理：一个理论分析框架》，载《国际政治科学》2015 年第 3 期。

⑦ 蔡拓：《全球治理的中国视角与实践》，载《中国社会科学》2004 年第 1 期。

⑧ 车丕照：《国际社会契约及其实现路径》，载《吉林大学社会科学学报》2013 年第 3 期。

治理的国家中心模式[①]有相似之处。但是，国际社会治理的真实意图并不在于将治理的主体局限于主权国家，而在于限定治理概念的边界与范围，突出“权力”要素在全球治理中的主导性和现实性。因为，诚如有学者所批评的，诸多对于治理理论的阐述实际上都是一种规范性的主张，缺乏实证性的根基。当治理的概念包罗万象、囊括四海之时，治理也就沦为一个毫无独特内涵而言的“空洞的能指”。[②]

全球治理与国际社会治理在概念上存在诸多差异。前者侧重于治理在空间维度上的层次性和治理主体的多元性，它所指称的治理范围不仅涵盖了主权国家内部的国家层次以及国家之间的国际层面，还囊括了跨越主权国家边界的全球市民社会层次。在治理主体上，它也不仅局限于主权国家，还将全球市场和诸多全球市民社会实体纳入其中。而后者则更多地强调主权国家在治理上的核心地位。它承认治理所包含的多维度和多层次等根本要素。但从国际社会无政府状态的现实角度出发，这种不同层级的治理以及不同的治理主体无不依赖于主权国家的权力运作与实施。因此，如果说全球治理的“全球性”体现了治理在全球层面的多维性和多元性，那么国际社会治理的“国际性”则彰显了治理的国家权力属性。脱离了主权国家的权力支撑，全球治理只能蜕变成一种缺乏权威性、强制性、规范性和影响力的全球自治。而在国际社会朝向全球风险社会的转型过程中，这种脆弱的自治机制也会被各种全球性风险逐步瓦解，最终导致全球治理失灵进而引发国际社会的秩序崩塌。当然，国际社会治理虽然强调主权国家在全球治理过程中的主导地位，并在事实上反映了全球治理的现实状况，但这并不意味着“存在即合理”的逻辑将继续延续下去。全球治理的风险转向必然要求全球治理在其价值维度上，应从维持现状治理朝向变革现状治理进行转变。[③]

实际上，就治理的基本内涵而言，有学者在福柯“治理术”的概念基础上给出较为准确的界定：“在其最普遍的含义上，‘治理’一词被用以指

---

① 全球治理在其基本模式上存在着国家中心治理、国际机制治理、超国家中心治理和多层次全球治理的区分。参见王金良：《全球治理的内在逻辑与模式》，载《比较政治学研究》2015 年第 1 期。

② 王绍光：《治理研究：正本清源》，载《开放时代》2018 年第 2 期。

③ ［日］星野昭吉：《全球治理的结构与向度》，刘小林译，载《南开学报（哲学社会科学版）》2011 年第 3 期。

称在一个国家、组织或地区等他者范围内控制、调节、塑造、掌握或行使权威的一切策略、战术、过程、程序或计划。"[①] 由此可见，治理就其本质而言，表明了一种权力或者说领导力的实施与运作的过程。在此意义上，以治理为核心的权力或者领导力则意味着"为一般性问题提供解决方案或者围绕如何完成一系列目标给出解决方法，并运用他人的力量来实现这一行动过程"。[②] 因此，如果将这两种围绕治理与权力的概念综合应用到全球治理层面，那么国际法维度上全球治理的基本含义就在于：为解决全球性问题提供方案，并围绕该方案所设定的一系列目标，在各主权国家之内、之间、之上控制、调节、塑造、掌握或行使权威的一切策略、战术、过程、程序或计划。

（二）全球风险社会治理：全球治理的风险转向

如果说全球治理的根本动因在于对全球性问题的解答，那么国际社会的风险社会转型则决定了全球治理在整体上朝向全球风险社会治理转向的趋势。风险的全球化必然导致国际社会对于全球性风险的防范与管控，而这种风险导向的治理范式必将导致全球治理在治理范式上的风险转向。

不同时期的全球性问题对应着不同的全球治理模式。传统的国际治理所要着手解决的是维护国际和平与安全。它旨在防止国家之间因为彼此间的利益冲突而引发战争及武力冲突，并使国际社会基本上处于一个较为稳定有序的状态之中。随着全球化趋势的日益加深，经济全球化的负外部性逐渐凸显，为了谋求经济高速发展而带来的全球环境破坏和全球资源消耗成为威胁人类生存的全球性风险。与此同时，核能的开发与利用、互联网信息技术、生物基因工程等各领域的新兴科技在造福人类的同时也造成了各式各样潜在的风险。恐怖主义更是借助这些发达的科技手段衍生出互联网恐怖主义的新形态。传统的国际治理模式显然已经无法应对这种跨越国界、充满不确定性和无法预知的风险问题。因而，在全球性风险无限扩展和广泛传播的情况下，"全球正在进入具有高度不确定性的'风险社会'时代，风险成了现代社会的重要特征，并正在改变现代社会的运行逻辑与规则，人类社会的价值观念、行为方式正在被系统化地重构，全球治理演

---

① ROSE. Powers of Freedom: Reframing Political Thought [M]. Cambridge: Cambridge University Press, 1999: 15.

② KEOHANE. Thinking about Leadership [M]. Princeton: Princeton University Press, 2010: 19.

变为‘全球风险社会’治理”。①

全球治理的这种风险转向根源于全球性问题的本质嬗变。如果说传统意义上的全球性问题仍然可以被人为地进行区分和甄别，那么在全球风险社会的背景下，风险导向的全球性问题则在某种意义上集结成为一种“牵一发而动全身”的系统性风险。风险无处不在无时不在，某一特定类型的风险也会触发其他类型风险，而各种不同风险之间也往往存在着千丝万缕的联系。现代性风险的传动机制常常表现为：某一特定国家或地区内的人为风险，通过级联反应的传动作用往往会蔓延至全世界各个角落，进而引起大规模的威胁或灾害。现代性风险的这种复杂性和系统性势必要求全球治理机制与模式都必须以风险为中心，围绕风险的选择、甄别、预防、控制等各个方面构建全新的全球治理范式。这不仅仅要求风险主体的多元参与和风险规制的多层面实施，更在根本上促使原本涵盖范围较为宽泛的全球治理朝向全球风险社会治理的方向集中。由此，以“风险”作为核心要素重构全球治理的根本意涵，对其进行风险维度上的目的性限缩，使得其治理的目标更为明确，治理的对象更为具体，从而避免全球风险社会的治理失灵。

二、国际法的价值体系：全球风险社会治理的理念之维

全球治理以国际法为规范依据，国际法也在全球治理中发挥着重要的作用。国际社会日趋风险社会的转型使得全球风险社会治理的合法性和有效性成为关键议题，而合法有效的全球风险社会治理依赖于全球治理价值共识的达成。国际法的价值体系作为国际社会的价值指南，其在风险社会视域下的变革必然有助于全球风险社会价值共识的实现。

（一）全球治理视域中的国际法

全球治理与国际法具有极为密切的关联性。全球治理在某种程度上必须以国际法为价值准绳和规范依据，而国际法的价值实现与制度实践都依赖于全球治理的有效实施。与此同时，全球治理也并不局限于国际法的规范架构。全球治理自身兼具了规范与实证的属性。因此，在全球治理的实

① 范如国：《“全球风险社会”治理：复杂性范式与中国参与》，载《中国社会科学》2017年第2期。

施过程中也依托于国际政治尤其是大国政治的运作。但即便是在现实层面上，全球治理具体实施的过程也会受到国际法基本原则乃至于国际强行法的约束。

在全球治理委员会发布的《我们的全球之家》中，国际法尤其是国际法治被认为是全球治理不可或缺的重要环节。并且，“在国家社会化过程中法治曾起到巨大的开化作用，因此必须在全球范围内拓展法治”。[①] 而《联合国千年宣言》更强调了国际法对于全球治理的规范约束力。它指出，“在国际和国家事务中必须加强对法制的尊重，特别是确保会员国在涉及它们的任何案件中依照《联合国宪章》遵守国际法院的判决”。[②] 全球治理至少在两个层面需要受到国际法的规范约束。其一，由于全球治理的主体以主权国家为主，虽然国际组织和诸多国际市民社会实体都参与到全球治理的活动之中，但主权国家仍然占据着治理主体的核心位置。因而，在此意义上以约束主权国家行为为基本内容的国际法自然也会对全球治理的实施起到规范作用。其二，由于全球治理必须依靠特定的国际机制来推动实施，而国际机制的运作则必须在国际法的规则体系内得以实现。因此，一切正式或非正式的全球治理国际机制也同样需要在遵守国际法基本原则和国际强行法的前提下进行活动，这也是其合法性和正当性的规范基础。[③]

此外，从全球治理的具体内容而言，全球治理有效实施的前提是建立在国际法所维系的稳定国际秩序基础之上的。全球治理以解决全球性问题为基本导向。全球性问题的内容极为丰富，不仅涉及国际政治层面的国际安全，而且涵盖了国际环境与资源的保护、全球恐怖主义的防控、全球经济问题的解决、国际人权的保障等方方面面的问题。有效治理这些全球性问题构成了全球治理的应有之义，但治理的有效性必须以治理的合法性为前提。如果缺少相应国际法规范的约束，那么全球治理活动的实施就丧失了合法性基础。以《联合国宪章》为中心，以各类保护环境、保障人权、反对恐怖主义等国际公约为补充，以国际强行法为底线，国际法中对于各

---

① Our Global Neighborhood: The Report of the Commission on Global Governance [M]. New York: Oxford University Press, 1995: VI.

② Resolution adopted by the 55th General Assembly [EB/OL]. United Nations Millennium Declaration (A/RES/55/2), (2000-09-18) [2018-12-15]. http://www.un.org/millennium/declaration/ares552e.pdf.

③ 刘志云：《论全球治理与国际法》，载《厦门大学学报（哲学社会科学版）》2013 年第 5 期。

类全球性问题的防治实际上已经较为全面。这些国际法规范在政治、军事、经济、外交、人权、环境保护等方面都构成了全球治理的指导方针。同时，国际法所规定的诸多制裁与惩罚性措施，也成为全球治理活动中各治理主体必须遵守的强制性规范，而国际软法的发展更有助于全球治理活动的协调。①

在全球治理朝向全球风险社会治理的转型过程中，国际法更有助于提高全球治理在应对系统性、复杂性和人为性风险方面的有效性。国际法在为全球风险社会治理提供规范约束和制度框架的同时，也为凝聚全球风险社会治理的价值共识增添了明确的价值范本。由正义、秩序、自由、平等、安全、人权等国际法价值所构筑的国际法价值体系，在当前相互冲突和难以协调的全球治理价值观中扮演着价值指南的角色。风险社会视域下国际法价值体系的重塑，也必将促进全球风险社会治理价值共识的达成。

（二）全球治理的价值共识与国际法价值体系

全球治理的价值就是各个国家普遍追求和国际社会所要达到的理想目标。② 要形成有效的全球治理必然要求全球治理价值共识的达成，“全球治理的价值基础具有制约全球治理观念导向的作用”。③ 国际法在规范和约束全球治理的同时，也为国际社会达成全球治理价值共识提供了基本思路。在一定程度上，全球治理所欲追求的价值也就是国际法所欲实现的价值，两者具有高度的重合性。全球治理价值共识的达成意味着一个充分反映国际社会真实价值需求的国际法价值体系的确立。在风险社会的语境中，全球风险社会治理的价值共识更有赖于国际法价值体系对于风险社会的合理回应。因此，由全球风险社会所推动的国际法价值体系重塑就成为全球风险社会治理价值共识得以形成的基本前提。

“治理所要达到的秩序目的可以具体化为三个：选择风险、分担风险以及规避和减小风险。”④ 其中最首要的风险治理手段在于对风险的选择，而选择风险的基本要义就是将外部风险内部化的过程。通过对诸多全球性

---

① 赵骏，谷向阳：《论全球治理中的 G20 软法治理》，载《浙江学刊》2018 年第 2 期。

② 陈家刚：《全球治理：发展脉络与基本逻辑》，载《国外理论动态》2017 年第 1 期。

③ 任剑涛：《在一致与歧见之间——全球治理的价值共识问题》，载《厦门大学学报（哲学社会科学版）》2004 年第 4 期。

④ 杨雪冬：《全球化、风险社会与复合治理》，载《马克思主义与现实》2004 年第 4 期。

风险的界定与选择，将其中亟须解决和关系重大的风险内化为一种组织决策的制度化产物，从而达到有效治理风险的目的。换言之，由于风险自身具有一种主观构建的维度，因此，全球风险社会治理的基本前提就是对于风险的价值文化界定与选择。因为“问题不在于存在着抽象意义上的风险，而是人们接受风险的事实……客观风险越大，其存在越依赖价值体系”。[①] 在民族国家文化多样性和发展不均衡的基本事实面前，何种全球性风险最为紧迫和最为重要就会随着不同国家或民族文化和社会结构的差异产生分歧与争议。从全球治理的国际实践来看，当前的国际社会基本上形成了两种不同的全球治理观。在美国所主导的自由霸权秩序支配下，英美等西方发达国家对于全球治理的价值偏好基本上是以自由主义为基本导向，它表现为自由、民主等自由主义核心价值。与此同时，随着改革开放以来的不断发展，中国的综合实力与日俱增，它在当前的国际社会中也占有着越来越重要的地位。以中国为代表的广大发展中国家对于全球治理的价值取向则是以平等主义为基本导向，它表现为对于平等、公正的价值追求。[②] 尽管两种代表性的全球治理价值观存在较大差异，但究其价值内容而言均反映在国际法的价值体系之中。

全球治理的价值在最低道德接受度的层面上构成了判断全球治理机制合法性的标准之一。[③] 美国自由霸权秩序所倡导的自由主义全球治理价值观只是一种单方面的“地方性价值”，只不过借由其在国际社会的话语权和影响力被扩大为了一种事实上的全球治理价值观。这种自由主义全球治理价值观实际上对于全球治理，尤其是对于全球风险社会治理来说构成了某种程度的障碍。甚至在一定程度上，自由主义全球治理价值观反而导致了诸多全球性风险的产生。英美等西方发达国家以维护人权价值为由所进行的人道主义干预就是最佳的例证。西方发达国家在对特定国家或地区进行风险评估后，将这些国家或地区界定为严重侵犯人权地区或存在高度风

---

① EWALD. Two Infinites of Risk ［M］ //MASSUMI. The Politics of Everyday Fear. Minneapplis：University of Minnesota Press，1993：225.

② 除了以中美为代表的两种全球治理价值观外，实际上还存在着欧盟的宪制主义全球治理观，但其根本价值取向仍然是偏向于自由主义的。参见赵晨：《中美欧全球治理观比较研究初探》，载《国际政治研究》2012 年第 3 期。

③ ［美］艾伦·布坎南、［美］罗伯特·基欧汉：《全球治理机制的合法性》，赵晶晶、杨娜译，载《南京大学学报（哲学·人文科学·社会科学版）》2011 年第 2 期。

险地区，进而进行军事干涉。这最终造成了这些国家或地区长期的秩序动荡，并在此过程中造成了恐怖主义风险的滋生。从自由主义全球治理价值观的实践来看，西方国家所倡导的绝对自由和西式民主并不是全球治理的必要价值要素。福山也从反思中国改革开放成功经验的基础上强调，民主并不是有效治理的必要条件。[①] 真正的全球治理价值共识，有赖于国家间平等式的商谈，而绝不是凭借强力得以推行的"地方性价值"。在风险社会的语境下，全球风险社会治理的价值共识更有赖于全球共同体意识的培育，[②] 这种全球共同体意识的构建与实现则依赖于风险社会视域下国际法价值体系的重塑，如图 4—1 所示。

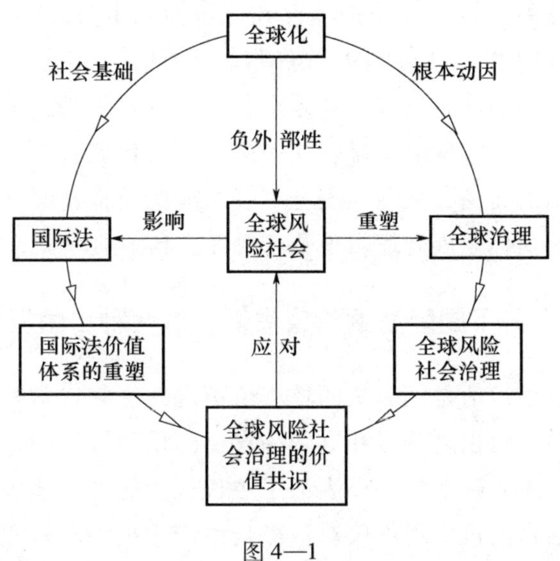

图 4—1

国际社会的风险社会转型必然要求全球治理以风险治理为中心，而要实现有效的全球风险社会治理则有赖于全球风险治理价值共识的达成。国际法作为全球治理的制度性依托，在某种意义上构成了全球治理的价值基底和制度基石。全球风险治理的价值共识在规范层面上集中体现在国际法的价值体系之中，但既有的全球治理价值观更多地呈现出"全球治理、地方价值"的理念偏差。与此同时，国际法价值体系自身也存在着"价值间

① FUKUYAMA. What is Governance? [J]. Governance: An International Journal of Policy, Administration, and Institutions, 2013 (26): 347-368.

② 胡键：《全球治理的价值问题研究》，载《社会科学》2016 年第 10 期。

的紧张与冲突以及各项价值自身的缺陷”等潜在危机。风险社会视角下国际法价值体系的重塑成为化解自身危机并达成全球风险社会治理价值共识的必由之路。

第二节 国际法价值体系的“三元悖论”：自由、平等与安全的价值博弈

国际社会逐步呈现出朝向全球风险社会发展的趋势，由此所导致的国际法社会基础的变迁也对国际法的价值体系产生某种程度上的重塑作用。但国际法价值体系的重塑并非描述性和分析性的事实叙事，从根本上讲，它仍属于一种导向性和构建性的规范阐释。因此，对于这种规范意义上的变革而言，厘清当前国际法价值体系对其可能存在的理论障碍，就成为展开变革的必要性和可行性的基础。从国际法的价值实践中可以看到，作为国际法核心价值的自由、平等与安全三者之间的价值博弈，正是风险社会视角下国际法价值体系展开逻辑重塑首要面临和亟须解决的理论难题。

一、自由主导下国际法的价值失衡：以两种自由概念为框架

国际法的自由价值是国际法的核心价值之一。它在其基本类型上存在着积极自由与消极自由之分。在这两种自由的价值实践中，美国自由霸权秩序所倡导的自由实际上是一种表征了主权权力属性的积极自由。这种积极自由的国际法自由价值观不仅对消极自由产生损害与侵犯，同时也造成自由与平等及安全之间的价值失衡。

（一）国际法视域下的积极自由与消极自由

根据伯林的两种自由概念，自由可以被区分为积极自由与消极自由。积极自由指向一种个体的自我决定和自由选择，消极自由则专指免于他人干涉与侵犯的自由状态。[①] 国际法视域下的两种自由分别为国际法上的诸多原则、规则及制度提供了价值基础。国际法的积极自由集中体现在国家的自由行动之中，具体表现为对于参与国际事务的决策及行动上的自由支配力。国际法的消极自由则集中体现在国家主权的不容侵犯和国家内政的

① ［英］以赛亚·伯林：《自由论》（修订版），胡传胜译，译林出版社 2011 年版。

不容干涉方面，具体表现为对于一国之中内部事务的排他性管辖和自主性决定。一般而言，这两种自由并不存在冲突，积极自由的行使必然以尊重他人消极自由为前提，消极自由的存在也必然以积极自由的限制为基础。

然而，在这两种自由的国际法实践中，却存在着积极自由对消极自由严重侵蚀的现象。积极自由的内涵是自我做主并实现自我，因此它在以国家为价值主体时，演变为国家主权对外权力的实施与运作。国家在国际社会中的交往互动虽然以主权平等为基调，但实际上仍然表现为国家权力之间的博弈与协调。国际关系史上对于国家间权力达成均势以及大国协调一致的国际法实践都表明，国家之间尤其是大国之间在积极自由上的平衡对于维持稳定的国际秩序具有重要的作用。现实主义视角中国际关系的权力结构则展现了另外一种逻辑：在国际社会无政府状态下，对于安全的追求意味着对于权力的扩展，只有更多的权力才能获取更多的安全。正是在这种逻辑的支配下，积极自由的实现就成为国家追逐权力的过程。国际法的积极自由在本质上演变为国家对外的权力扩张，在这种权力无限扩张的过程中，国家不受侵犯和免于干涉的消极自由就被严重损害与侵蚀。美国所倡导的国际法自由本质上是一种以维系其霸权为目的，对外无限扩张的积极自由，而这种绝对意义上的自由必然会导致对其他国家所享有的消极自由严重侵蚀。

（二）自由主导下国际法的价值失衡

“20 世纪中叶以来，在美国主导下制定的《联合国宪章》以及后来建立的绝大多数国际规范，都是以美国‘平等、民主和自由’的价值观为基础的。”① 而在以美国价值观所塑造的国际法律秩序中，自由自始至终处在了最核心的位置。包括平等、人权、民主、法治等价值在内的其他国际法价值都以自由作为其根本的出发点与最终的落脚点。在一定程度上，以美国霸权政治为支撑从而形成的自由主导的国际法价值体系，在相当长一段时期和相当广泛的范围内都占据了主流的地位。正是这一美国式自由主导的国际法价值体系，造成了国际法上积极自由对于消极自由的侵犯，同时也使得自由与平等及安全之间形成了严重的价值失衡。

以自由尤其是积极自由为主导，国际法实践的方方面面都呈现出霸权

---

① 阎学通：《公平正义的价值观与合作共赢的外交原则》，载《国际问题研究》2013 年第 1 期。

国家自由的无限扩张和发展中国家平等价值的严重贬损。在绝大多数国际机构中，美国等西方发达国家拥有极大的支配力。并且，由美欧等西方国家组成的地区性国际组织的实际影响力远远超过其他非西方国家的区域性国际组织。2010 年以来，中国要求提高本国在国际货币基金组织（简称 IMF）中的投票权比重。但美国国会却长期不批准 IMF 的改革方案，中国因对 IMF 改革长期不能得以通过不满，所以才启动了亚洲基础设施投资银行。与此同时，西方国家组成的地区性国际组织所具有的影响力超越了欧洲地区，比如北约和欧盟。发展中国家组成的区域性国际组织所具有的影响力却仍然局限在本区域之内，比如东南亚联盟、非洲联盟、阿拉伯联盟、上海合作组织等。

与此同时，以自由主导的国际法价值体系也导致了安全价值在实现上的困难。美国主导的自由霸权秩序意味着，由美国通过单边的军事力量支撑为国际秩序提供安全保障。由此，《联合国宪章》中的“维持国际和平与安全”演变为美国霸权支配下对于国际安全事务的支配与控制。此时，对于国际安全的保障成了对于美国国家安全的维护，美国成了各个国家和地区眼中的“世界警察”。国际法的安全价值也蜕变为由美国自主决定和自由选择的对象。任何其他国家的行为有悖于美国利益时都会受到来自美国的制裁或惩罚。海洋法领域中美国对于“海洋自由”的维护对于沿海国而言就是一种安全的威胁。美国所实施的旨在“保障人权”的人道主义干预，对于被干预的国家或地区而言更是一种持久的安全灾难。

二、平等主导下国际法的价值矫正：以国家主权原则为中心

在美国自由霸权秩序的支配下，以自由为主导的国际法价值体系在价值实践中所出现的价值失衡不仅使得自身的合法性与正当性受到质疑，同时也引发了广大发展中国家的反抗。以国家主权原则为中心，平等主导下的国际法价值体系及其实践是对于自由主导模式的价值矫正，但这种矫正正义下的价值纠偏也存在着诸多困难和局限。

（一）国家主权原则的双重意蕴：自由与平等的价值博弈

相对于其他国际法基本原则而言，作为现代国际法的法理支柱，国家主权原则在某种意义上具有毋庸置疑的先在性和不可替代的重要性。现代国际法律体系及其制度安排都以国家主权原则为起点，各国的国际法实践

也无不以国家主权原则为根本。从其概念外延来说，国家主权原则实际上包含了双重的意蕴：一是侧重于强调国家不受干预并享有自主决定权的主权独立原则；二是侧重于强调国家之间享有国际法上平等法律地位的主权平等原则。前者在某种意义上是国际法自由价值的体现，而后者则是平等价值的表征。

如果进一步对主权的这两种意蕴进行理论挖掘，那么主权的两种价值向度实际上根源于国家主权在国际关系中所具有的双重属性。主权除了在对内社会的维度上具有至高无上的权威外，其在对外交往中也形成了一种以国家实力为支撑的对外控制力。此即为主权的对外权力属性。与此同时，以主权平等原则为依据，国家主权在参与国际实践过程中则显示出一种体现相互间平等法律地位和资格的平等权利属性。

由此，国际法的自由价值对应着国家主权对外的权力属性，而国际法的平等价值则对应着国家主权对外的平等属性。由主权双重属性所映射的国际法自由与平等价值，在具体的实践中呈现出彼此间的互动与博弈。在国际法实践的各个方面，都或多或少地体现出这种自由与平等的价值博弈。在国家间交往中，发展中国家强调主权国家间的平等参与权，美国等发达国家强调其在国际事务中的自由主导权。在国际争端解决中，发展中国家诉诸第三方居中裁判而争端各方权利平等的法律解决方法，美国等发达国家通过“程序霸权”试图影响国际司法或仲裁的裁判结果。这些都无不反映出国际法上自由与平等两种价值理念在现实中的交锋。

（二）平等主导下国际法的价值矫正及其局限性

美国的自由霸权秩序促成了自由主导的国际法价值体系及其价值失衡，平等主导的国际法价值体系则反映了广大发展中国家希望对前者进行价值矫正的意愿。

积极自由强调的是西方发达国家自身国家利益的实现。但从积极自由价值实现的历史中可以看到，这种积极自由主导下的利益维护实际上是通过资本主义市场的扩张、资本的掠夺甚至殖民主义的实践获得的。从正义原则体系的历时性维度来看，其所包含的自由价值的满足是以一种不平等的方式来展开的。广大发展中国家当前在国际社会政治上的不平等与经济上的落后局面，在某种程度上正是由西方发达国家过度追求其自由价值所导致的。因此，平等主导的国际法价值体系及其实践就意味着一种“补偿性正义”的彰显，也就是亚里士多德所指称的“矫正正义”[①] 的体现。在这种矫正正义的原则下，广大发展中国家是作为历史中的受害者而存在，西方发达国家则成了某种意义上的侵害者。由此，基于矫正正义，受害者有充分的资格和正当的理由要求侵害者给予补偿，以实现真正意义上的平等。然而，这种由平等所主导的国际法价值体系存在着难以克服的困难与障碍。它不仅在其实践过程中可能会导致“价值失灵”的情况发生，它所欲实现的矫正正义也存在着难以满足的价值局限性。

无论哪种国际法的价值均依赖于特定时空的国际秩序，而作为事实状态而存在的国际秩序往往与理想中的国际法秩序存在着较大的差距。无论是历史上的国际联盟还是当前的联合国，都在某种意义上受到大国政治的影响。国际秩序的现实性造成了矫正正义下平等价值获得充分实现的困难。在理想主义的支配下，第一次世界大战之后组建而成的国际联盟在某种意义上可以被视为平等主导的国际法价值体系的初步实践。但历史的经验表明，平等价值主导下的全体一致原则却在较大程度上导致了国际联盟的解体。在实力不均的国际社会中，所有国家协调一致地强调主权平等的同时，导致了各国在决策权力分配上的“平均主义”。原本实力较弱的小国拥有与实力强大的大国同样的决策权，这不仅造成了“搭便车”的现象，同时也引发大国的不满，进而最终导致了国际联盟的解体。[②]

由此可见，理想主义影响下过度追求平等价值所导致的是一种“价值失灵”：当平等主导的国际法价值体系无法满足霸权国家的自由价值需求时，霸权国家便会选择退出相应的国际机制，从而使得平等价值失去价值实现的制度性依托。反观当下，美国频繁退出各种国际条约或组织的情况，在一定程度上也反映出平等作为主导价值的局限性。国际法的平等价值固然是最重要的价值目标之一，但以其作为主导的国际法价值体系却存在着难以克服的价值实现障碍。

---

① ［古希腊］亚里士多德：《尼各马可伦理学》，廖申白译，商务印书馆 2003 年版。

② SOBEL. The League of Nations Covenant and the United Nations Charter：An Analysis of Two International Constitutions［J］. Constitutional Political Economy，1994（5）：173-192.

三、国际法价值体系的“三元悖论”及其化解：安全价值主导下的均衡与变革

在美国自由霸权秩序的支配下，以自由为主导的国际法价值体系由于它积极自由的过度扩张引发了自由、平等与安全之间的价值失衡。与此相对，广大发展中国家所欲实现的平等主导的国际法价值体系在既有国际秩序中也存在着价值失灵的困难与障碍。以国际社会逐步转向全球风险社会的社会背景为契机，着眼于克服自由主导模式与平等主导模式的价值局限性，以应对全球性风险为目标的安全主导模式成为一种风险社会视域下国际法价值体系重塑的必然趋势。这种安全主导模式的变革不仅有助于缓和既有国际法价值体系所存在的危机。与此同时，它也对于国际法核心价值自由、平等与安全在价值博弈过程中所形成的“三元悖论”起到了化解的作用。

（一）国际法价值体系的“三元悖论”

三元悖论（The Impossible Trinity），亦称三难困境，是由美国经济学家克鲁格曼就开放经济下的政策选择问题所提出的。它的含义是：在开放经济条件下，本国货币政策的独立性、汇率的稳定性、资本的完全流动性不能同时实现，最多只能同时满足两个目标，而放弃另外一个目标。由这三个目标分别作顶点所构成的三角形被称为“不可能三角”，即蒙代尔三角或克鲁格曼三角。① 罗德里克在分析经济全球化治理问题时，将这一理论模型应用到国际政治领域，推衍出以“一体化的各国经济”“民族国家”“大众政治”为目标的世界经济的政治三难困境。② 国内亦有学者将其应用到全球公域治理的伦理探讨中，得出了以自由、正义、秩序为价值目标的全球公域治理伦理“三元悖论”。③ 如图 4—2 所示。

以国际经济学中的蒙代尔三角为理论模型，在国际法价值领域同样存在着一种关于国际法核心价值的“不可能三角”。此即国际法价值体系的

---

① 周晴：《三元悖论原则：理论与实证研究》，中国金融出版社 2008 年版。

② ［美］约瑟夫·S. 奈、［美］约翰·D. 唐纳胡主编：《全球化世界的治理》，王勇等译，世界知识出版社 2003 年版。

③ 韩雪晴：《自由、正义与秩序——全球公域治理的伦理之思》，载《世界经济与政治》2017 年第 1 期。

“三元悖论”：国际法不可能同时实现自由、平等、安全三大核心价值，最多只能同时满足其中任意两项价值，而放弃另外一项价值。亦即，当自由与平等价值获得满足时，安全价值就会被舍弃。当自由与安全价值获得满足时，平等价值就会被舍弃。当平等与安全价值获得满足时，自由价值就会被舍弃。无论哪种情况，自由、平等、安全三项核心价值都无法同时得到满足。由这一价值悖论所引发的价值困境则体现为：只追求自由与平等价值的国际法，最终会导致国际社会的无秩序；只追求自由与安全价值的国际法，最终会导致国际社会的不公平；只追求平等与安全价值的国际法，最终会导致主权国家的自由受限。

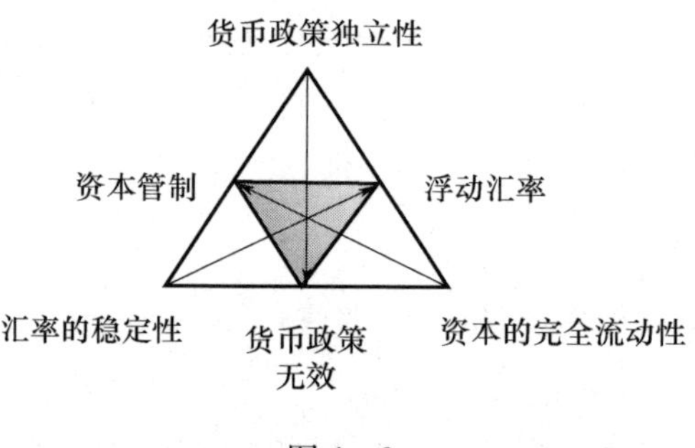

图 4—2

现有的美国自由霸权秩序，在其现实性上，既追求国家的积极自由，也在国家主权平等原则的约束下保障了各国在形式上一定的平等地位。但这种稳定的自由霸权秩序却远非一种安全的国际秩序，其是以牺牲广大发展中国家的安全为代价，最终导致的是趋向于全球风险社会的国际社会转型。与此同时，自由霸权秩序在应对其自身所导致的全球性风险时，又不得不以牺牲发展中国家所倡导的平等价值为代价。由美国所界定和选择的风险最终凭借其在国际关系中的支配性地位被转移到了第三世界国家。美国自身的自由和安全获得了满足，却在全球性风险的管控中制造了新的国际不平等和不公平。广大发展中国家要求的平等与安全具有相当的合理性，但也存在着限制国家自由发展的隐患。矫正正义下的价值纠偏虽然能够促使既有的自由霸权秩序的改革，但也可能引发价值失灵的现象发生。而强调平等与安全价值的实现，必然以限制国家的行动自由为条件。发达国家在自由受限的同时，基于平等的要求，发展中国家的自由发展也受到了限制，如图 4—3 所示。

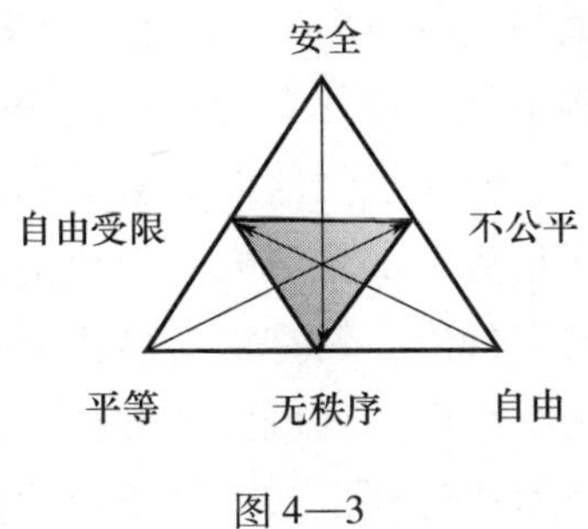

图 4—3

要化解国际法价值体系所存在的“三元悖论”，就必须从国际社会逐步迈入全球风险社会的视角出发，重申安全价值的主导地位。应当强调安全相对于自由与平等价值在逻辑上的前提性与基础性，在有效治理全球性风险的同时，为世界各国自由与平等的价值实现提供安全保障。

（二）悖论的化解：安全价值主导下的均衡与变革

由自由、平等、安全三项国际法核心价值所形成的“三元悖论”，导致了国际法价值体系难以突破的价值困境。原本平衡状态的国际法价值体系应当是自由、平等与安全三项国际法核心价值之间的相互衡平，然而在以美国为代表的霸权政治的支配下，以自由为主导的国际法价值体系及其实践不仅导致了自由价值内部对于消极自由的严重侵蚀，还使得自由与平等之间、自由与安全之间产生了严重的价值失衡。

广大发展中国家的具体实践都试图以平等价值为依据，对积极自由主导的国际法价值体系进行价值矫正，但这在根本上只是一种基于矫正正义的价值纠偏。它在一定程度内实现了自由与平等之间的短暂平衡，[①] 并使得国际法的基本价值——正义与秩序——达到了一种低水平的均衡。[②] 但与此同时，它却会导致国际法自身的价值失灵。亦即，霸权政治会选择退出相应的国际法规范体系，不再履行相应的国际法义务，从而引发相关国

① 短暂平衡，意味着自由与平等在某些特定的事件或节点上的平衡状态，并不意味着两者在整体上的真实平衡状态，从既有的国际法实践观之，自由价值在绝大多数情况下都占据了绝对优势的地位，只有在某些具体个案中，平等价值才得以彰显，其与自由的平衡状态才获得了短暂的实现。

② 为了避免将国际法核心价值（自由、平等、安全）与国际法基本价值（正义与秩序）相混同，本书使用“平衡”一词特指代国际法核心价值间的关系，而国际法基本价值间的关系则用“均衡”一词来描述。

际法规范体系的解体，最终使得国际法的价值失去制度依托。

在国际社会逐步朝着全球风险社会的转型过程中，为了实现全球风险社会治理的有效性，国际法的核心价值取向必须作出适当调整。无论是霸权政治下的自由价值，还是矫正正义下的平等价值，都应当让位于着眼预防和治理全球化风险的安全价值。只有安全价值的充分实现，才能保证国际法的秩序价值在全球风险社会中的巩固与维持。由此，各主权国家对于自由与平等价值的需求才能获得满足，正义价值才能得以彰显，国际法的基本价值——正义与秩序——才能达到一个新的高水平均衡。风险社会视角下国际法价值体系的变革，就是取代了自由价值与平等价值之间的冲突与对抗，而以安全价值为主导的国际法核心价值取向的根本性转变。

1. 平衡状态的国际法价值体系

理想中的国际法价值体系必然要求对于各项国际法核心价值的充分实现，并且各项价值之间也达到了一种平衡的状态。如果将国际法的价值体系设定为一个等边三角形，那么以该三角形的重心（平衡状态下国际法价值体系三角的重心为B点）为中心点，将该三角形的三个顶点与之相连则会形成三个面积均等的三角形。如图4—4所显示的，其中表征平等价值的三角形为E（Equality）、表征自由价值的三角形为F（Freedom）、表征安全价值的三角形为S（Security），三者共同构成了平衡状态的国际法价值体系。并且，三者之间的价值关系表示为E = F = S，以此表示各项国际法的核心价值之间达成了一种平等的状态，而各自亦获得了充分的满足。

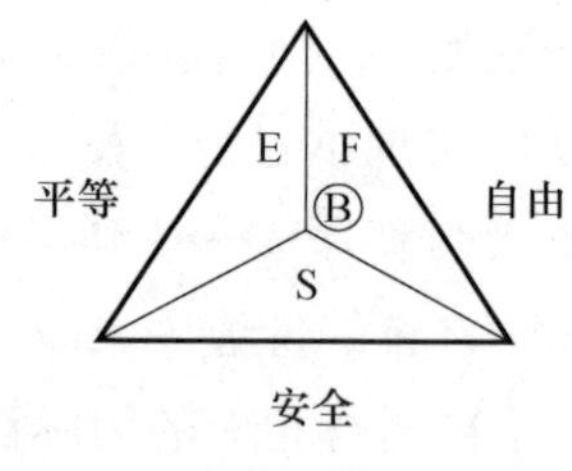

图4—4

2. 自由主导的国际法的价值体系

如果说平衡状态的国际法价值体系象征着一种理想状态，那么以自由为主导的国际法价值体系则描述了自由霸权秩序支配下国际法价值体系的现实状况。在这种自由主导的国际法价值体系中，自由价值尤其是美国所倡导的积极自由价值获得了充分的满足。而与此同时，国际法的平等价值与安全价值则被自由价值挤占了相应的空间。不仅广大发展中国家的平等诉求未能获得实现，国际法所欲实现的国际和平与安全的价值也遭受着全球政治风险的威胁。此时，正如图 4—5 所显示的，自由主导的国际法价值体系三角形的重心为 H 点，国际法各项核心价值之间的关系表示为：F > E，且，F > S。自由主导的国际法价值体系存在着严重的价值失衡。

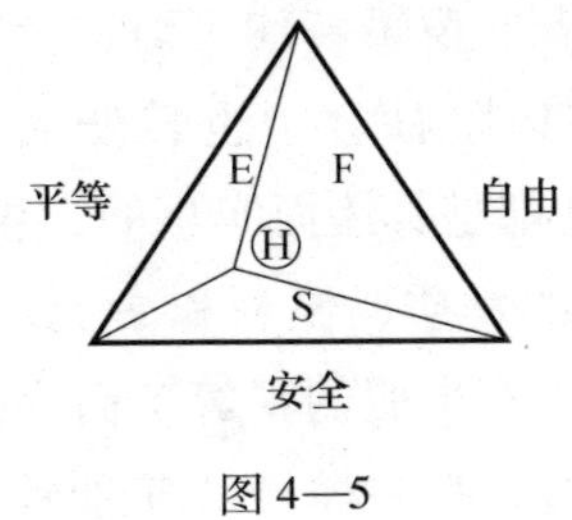

图 4—5

3. 平等主导的国际法价值体系

与自由主导的国际法价值体系形成鲜明对比的是，代表广大发展中国家平等诉求的平等主导的国际法价值体系。在以平等作为主导价值的模式中，以实现补偿性正义为内容的矫正正义原则成为主导的价值原则。在其作用下，平等的价值获得了前所未有的满足，与此同时，自由价值则相应地受到了削弱。这种自由不仅包括对于霸权国家的自由行动设定限制，同时意味着其他国家的自由也受到约束。并且，在追求平等的过程中，安全相应地保持了原有的空间。此种情况下，如图 4—6 所示，平等主导的国际法价值体系三角形的重心为 C 点，而国际法的各项核心价值之间的关系表示为：E = S > F。平等主导的国际法价值体系虽然实现了平等价值的诉求，但却对国家的自由价值形成了限制。

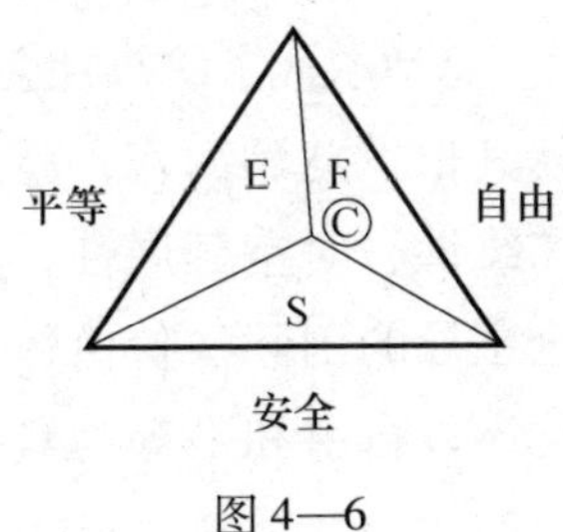

图 4—6

4. 变革状态的国际法价值体系

自由主导的国际法价值体系存在着价值失衡的情况，而平等主导的国际法价值体系则可能导致价值失灵的情形。随着全球风险社会时代的来临，以安全为主导的国际法价值体系成为国际法价值体系重塑的必然趋势。

以实现有效的全球风险社会治理为目标，无论是自由抑或是平等价值都让位于安全价值的实现。因为，在全球风险社会时代，国家的自由发展与平等诉求都有赖于对于所有不确定的、无边界的、人为制造的现代性风险的预防与管控。风险分配的逻辑替代了财富分配的逻辑。传统意义上对于资源与利益的追求，在风险社会中也转变为对于风险的规避与防范。“现代创造的各种世俗好处都是具体而实惠的，貌似立竿见影的灵丹妙药，比如各种技术进步所创造的物质、便利和享受，个人权利所保证的自由，市场化和民主化所制造的半真半假的平等，而现代产生的各种痛苦和危险却比较抽象和隐蔽，就像慢性病一样。”① 工业社会时期的全球性问题演变为风险社会时期的全球性风险，人类社会以利益为中心的旧模式逐步被以风险为中心的新模式所取代。

正如贝克所指出的，在由阶级社会向风险社会的过渡中，“两种类型的现代社会展现出截然不同的价值体系。阶级社会的发展动力与平等理念联系在一起（从‘机会平等’到各式社会主义社会模式）。风险社会与此不同。风险社会对应的规范蓝图是安全，这也是风险社会的基础和动力所在。‘不安全’社会的价值体系取代了‘不平等’社会的价值体系……阶级社会的驱动力可以归结为：我饿！反之，风险社会所触发的运动可以表述为：我怕！共同的焦虑取代了共同的需求。就此而言，风险社会标志着社会意义上的新纪元：焦虑型团结逐渐形成并构成了一股政治力量”。② 以安全为主导的国际法价值体系正是基于这种现代社会的根本性变迁而产生的。当人们用平等的价值诉求取代自由之时，全球范围内的现代性风险正悄然而至，风险社会中的安全价值体系又悄无声息地取代了阶级社会中的平等价值体系。

风险的国际法规制，就其根本意涵而言，就是对于安全尤其是非传统安全的保障，两者在主客二维性、时空延展性、人为不确定性上具有高度的概念融合性。在这种安全主导的国际法价值体系及其实践中，自由与平等的价值实现被进一步深化，以自由和平等为具体表现形式的正义价值也

① 赵汀阳：《现代性的终结与全球性的未来》，载《文化纵横》2013 年第 4 期。

② ［德］乌尔里希·贝克：《风险社会：新的现代性之路》，张文杰、何博闻译，译林出版社 2018 年版。

经由这种变革获得了实现。如图 4—7 所示，国际法的核心价值自由（F）与平等（E）整合为正义（J，即 Justice）。与此同时，由于安全价值的主导性地位，在其价值实现的过程中，安全价值（S）也经由国际法的制度媒介外化为国际法所追求的秩序（O，即 Order）。此时，国际法的核心价值获得较为充分的满足，而国际法的基本价值也获得了较为全面的实现。此时国际法各项价值之间的关系表示为：（F × E）→J，且，S→O，安全主导的国际法价值体系使得国际法的基本价值与核心价值都获得了较高水平的实现。

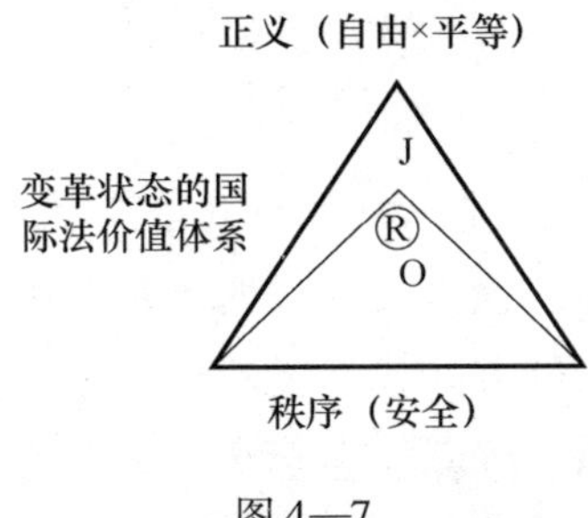

图 4—7

5. 国际法的价值曲线：以正义与秩序的价值博弈为框架

如图 4—8 所示，如果将正义与秩序两项最基本的国际法价值分别作为 Y 轴与 X 轴，用一条与 Y 轴呈 45 度夹角的直线来表示正义与秩序的价值均衡线 L，那么落在均衡线 L 上的点就是正义与秩序的价值均衡点，而落在均衡线 L 以外的点则是非均衡点。这些点各自都对应着国际秩序所处的某种状态，在不同的状态下，其所追求和实现的国际法核心价值（自由、平等和安全）各有侧重，与之相应的国际法基本价值（正义与秩序）间的均衡状态也发生着变化。连接这些均衡与非均衡点的曲线（V）就是国际法的价值曲线。

（1）N 点为自然状态点（霍布斯原点），此时，秩序价值为零，正义价值处在零点以下。以社会契约论中的自然状态为原型，国家间的关系通常被描述为一种国际社会的无政府状态。与洛克和康德相比，[①] 霍布斯所

① 根据国际政治建构主义代表人物温特的描述，虽然国际社会客观上确实存在着无政府的状态，但与之相应却有三种不同的无政府文化：将国家间关系视为敌对关系的霍布斯文化，将国家间关系视为竞争关系的洛克文化，以及将国家间关系视为友谊关系的康德文化。参见［美］亚历山大·温特：《国际政治的社会理论》，秦亚青译，上海人民出版社 2014 年版。

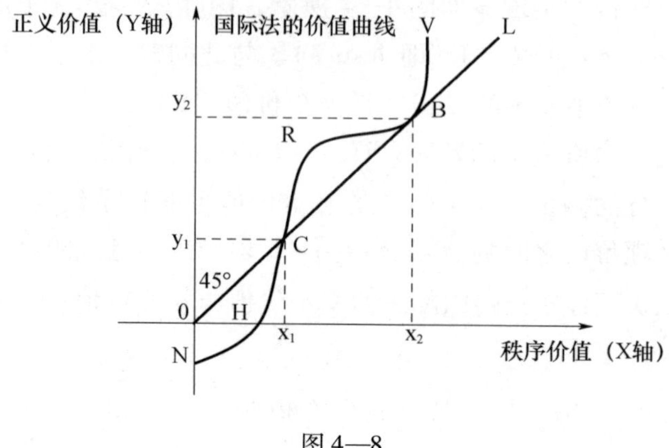

图 4—8

描述的自然状态是“一切人对一切人的战争”状态，根本毫无秩序可言，此时相应的秩序价值为零。换言之，人们正是为了避免“战争状态”下的无秩序，才通过社会契约的方式建立了政治国家，因此 N 点成为政治法律秩序发生的起始点或原点。国际社会至今仍未建立起至高无上的政治权威或世界政府。但社会契约论的观念架构为解释现行的国际法秩序提供了一种较为有力的解释：主权国家间通过国际社会契约达成约束和规范各国行为的秩序，以应对自然状态所存在的各种威胁彼此生存的风险。① 这意味着，自然状态下的正义价值是不值得讨论的。因而，此时的正义价值既不是处于零点的不正义，也不是高于零点的正义，而是处于零点以下。换言之，相对于正义与不正义而言，此时正义的观念尚未发生。在此意义上，N 点也提示了正义与秩序某种天然的内在逻辑关系：秩序是正义的必要非充分条件，只有秩序的建立，正义才得以发生。或者说，作为自由与平等的合题，正义只有在以安全为内核的秩序价值满足时才能够获得实现的可能性。

（2）H 点为霸权秩序点（自由主导点），此时，秩序价值为正，正义价值为零，有秩序而无正义。就其国际法价值而言，它所维系的是一种不平等的自由秩序，是不正义的霸权秩序。就霸权秩序的现实形态而言，早在以民族国家为中心的主权国家体系形成之前就已经有其范本。横跨欧洲大陆的帝国秩序是早期世界政治的基本特征。在民族国家诞生之后，许多

① 何志鹏：《国际社会契约：法治理念的现实涵摄》，载《政法论坛》2013 年第 3 期。

西方大国又以军事武力手段为支撑通过海外殖民和贸易扩展来巩固和维持其霸权秩序。19 世纪的英国和 20 世纪的美国都是工业革命以来最成功的霸权秩序主导者。这种周期性的霸权秩序虽然可以在某种意义上为国际社会提供安全，并维系一定程度上的稳定，但也会随着世界权力的转移而发生周期性的变革。[①] 吉尔平所提出的这种霸权稳定论与伊肯伯里的自由霸权秩序论都为美国的霸权统治提供了理论说辞。但究其实质，霸权的价值向度仍然是自由主义式的地方性价值观，它在全球层面提倡自由价值的主导地位时，实际上也被它所制造的自由市场所影响。自由主导的价值体系在塑造全球自由市场的同时，也衍生出一种“脱嵌的自由主义”。这意味着，全球自由市场在发展过程中脱离了自由霸权秩序的控制，不仅加剧了世界各国在政治上的不平等和经济上的贫富悬殊，同时也产生“潜在的副作用”——全球性风险的扩散与传播。波兰尼曾用“经济与社会的双重运动”描述这种霸权秩序的深层危机。[②] 以自由作为主导价值，霸权秩序点所彰显的是一种不正义的秩序，不仅是对平等与安全等价值的侵犯与损害，同时也引发了自身的合法性危机。

（3）C 点为低水平均衡点（平等主导点），此时，秩序价值为 x_1，正义价值为 y_1，且 $x_1 = y_1$，秩序与正义达到价值均衡。但这种价值均衡并不是一种理想的均衡，而是一种低水平的均衡，亦即此位置的国际法价值总和（$x_1 + y_1$）仍处在一种较低的水平上。尽管平等价值有所扩张，但在霸权政治的影响下，自由仍占据主导地位。在国际法价值体系内部，自由、平等与安全仍未达到理想的均衡状态。就低水平均衡点的现实性而言，它所倡导的以平等为主导的价值体系仍然只是一种短暂的节点式的价值平衡状态。这意味着，在矫正正义的作用下，平等价值在某些个别的具体的国际实践中与自由和安全达成某种平衡。但从既有的国际法来看，平等主导的价值体系从来都没有被充分实现。自由、平等与安全在个案中达成即时性的平衡之后，随即又陷入了自由主导的价值体系之中。并且，由于平等主导模式自身的价值局限性，它所导致的价值失灵现象更使得真正意义上的平等在现有的国际秩序中存在着严重的价值实现障碍。与此同时，国际

---

① ［美］罗伯特·吉尔平：《国际关系政治经济学》，杨宇光等译，上海人民出版社 2011 年版。

② ［英］卡尔·波兰尼：《巨变：当代政治与经济的起源》，黄树民译，社会科学文献出版社 2013 年版。

社会的风险社会转向则从根本上降低了平等价值作为主导价值的可能性。因为面对全球性风险的无限扩展与广泛传播，自由与平等之间的争论只在一定限度内具有重要意义。当全球风险社会时代真正到来的时候，无论是自由的发展还是平等的诉求，都已经被风险的防范与安全的保障所取代。

（4）R 点为价值变革点（安全主导点）。尽管在矫正正义的价值纠偏作用下，正义价值获得了前所未有的增长，但与之相对的秩序价值的增长却相对迟滞，由此形成了正义与秩序的再度失衡。以 R 点为界分，以安全为内核的秩序价值再次成为国际法亟须回应的价值需求。R 点作为国际法价值曲线的拐点，意味着国际法核心价值由平等主导模式朝向安全主导模式的转变。这种转变就其本质而言是一种规范性的“应然”变革，其根本动因在于国际法社会基础的变迁。与此同时，其正外部效应则指向对于既有国际法价值体系危机的化解。由于价值本身的历时性特征，价值必然随着价值主体的变化而变化，而价值主体的改变实际上就是对于其所在的社会产生变迁的反馈。因此，国际法的价值体系必然会随着国际社会的转型而发生变革。日渐迈入全球风险社会时代的国际社会，从根本上改变了既有国际法价值主体的价值需求之导向。风险社会阶段前的国际社会是以全球资源与利益的获取为导向的价值需求模式，风险社会阶段的国际社会则变革为以防范和规制全球风险为导向的价值需求模式。在前风险社会阶段，无论是主张以自由为主导价值的英美等西方发达国家，还是要求以平等为主导价值的发展中国家，它们对于自由与平等的价值诉求归根结底都是围绕财富分配的逻辑展开的。西方发达国家希望拥有更多的自由主导权，其目的在于通过对于国际秩序的主导地位获取更多的权力、利益、资源、财富。而发展中国家渴望享有更多的平等参与权，其目的同样在于通过对于国际事务的平等参与，谋求更多的发展机会以及分享更多的福利好处。因此，自由与平等之间主导价值地位的争议，其实都只是前风险社会阶段围绕财富分配逻辑的矛盾与冲突。在全球风险社会阶段，世界各国面临着共同的全球性风险的威胁。风险分配的逻辑成为国际社会生存与发展的主线，谁掌握风险的界定与分配的权力就意味着谁获得了国际社会中的最高话语权。谁若是丧失了对于风险进行选择、防范、控制和规避的参与权，则意味着谁陷入了风险的威胁之中。正如贝克所指出的，“在风险社会中，人们不再专注于获取‘好’，而是极力避免最坏。阶级社会的梦想是每个人想要也应当分享的蛋糕。风险社会的目标却是每个人都应当免受毒物之害”。[①] 因此，安全主导点作为国际法价值曲线的拐点表明，国际法价值体系在全球风险社会阶段的应然性也是必然性的变革趋势。安全尤其是非传统安全成为所有国家无可回避的价值需求。

（5）B 点为高水平均衡点（理想均衡点），此时，秩序价值为 x_2，正义价值为 y_2，$x_2 = y_2$ 且（$x_2 + y_2$）>（$x_1 + y_1$），此时秩序与正义达到新的价值均衡。亦即，此时达到了一种高水平的均衡，不仅秩序与正义再次达到新的价值均衡，并且就其价值体系内部的核心价值而言，自由、平等与安全达到理想的平衡状态。在国际社会完全置身于全球风险社会之时，以安全为主导的国际法价值体系及其实践必将实现一种有效的全球风险社会治理状态，以应对各种全球性风险的威胁。现代性风险的不确定性已经决定了未来人类社会的生存与发展都无时无处不与风险发生关联。但从人类社会的历史演进看来，人们通过理性与法律对于风险进行防范与规制的过程，都无不彰显着人类在进步与发展中所展露出的“生存性智慧”。

第三节　全球风险社会中国际法价值体系的新发展：秩序、平等与人权的价值重构

在全球风险社会的时代背景下，以安全为主导的国际法价值体系重塑对于国际法核心价值间的关系进行了结构性的重组。它对自由、平等与安全之间所形成的“三元悖论”起到了化解作用。不仅如此，它还在国际法的基本价值、核心价值与最终价值各个层次对既有的国际法价值起到了重塑的作用。其中，秩序、平等与人权价值都在全球风险社会的时代语境中有了新的发展。在全球风险社会中，构成国际法价值体系的具体价值目标——秩序、平等与人权都被风险的逻辑所重构。这些价值的新变化也同时在微观层面构成了国际法价值体系进行逻辑重塑的重要组成部分。

---

① ［德］乌尔里希·贝克：《风险社会：新的现代性之路》，张文杰、何博闻译，译林出版社 2018 年版。

一、从安全保障到风险预防：秩序价值的内涵演变

随着国际社会朝向全球风险社会阶段的发展，国际法价值体系内部的具体价值目标也必将被风险的逻辑所重构。在诸多国际法价值目标中，由于风险与安全之间所存在的天然的紧密联系，首先产生变化的是作为国际法基本价值之一的秩序价值。秩序在安全价值主导的国际法价值体系下产生了根本性的变化。基于风险与安全之间的内在逻辑关系，秩序的基本内涵从安全保障发展为风险预防。

（一）全球风险社会与国际法的秩序价值：风险与安全的内在关联

秩序是国际法的基本价值之一，《联合国宪章》所规定的“维持国际和平与安全”构成了国际法秩序价值的基本内容。安全成为秩序价值的概念内核。对于国际法秩序价值的重构，是以安全价值为指标，透过风险与安全之间的内在关联对其进行内涵上的扩展与改变。风险与安全不仅在基本概念上均具有主客观两种向度，也在基本特征上存在着某种相通之处，更在基本表现形式上形成了高度的融合状态。

其一，风险与安全的概念均具有客观实在性与主观构建性两个维度，并且在每个维度的内涵界定上两者都呈现出一种逻辑上相互对照的映射关系。现代性风险就其本质而言是一种概念化的产物。不同的风险社会理论对于风险概念的界定存在着差异。现实主义者眼中的风险是一种客观实在的危害、损害、危险及威胁。它在感性经验上能够对事物产生破坏作用和消极影响。主观上的风险认知也只是客观风险刺激下的产物。“风险文化”理论中的风险则被视为一种完全由主观构建起来的概念化结果。这意味着，没有什么事物在本质上是风险，现实中根本不存在风险。现实主义所谓的客观实在之风险就其表现形式而言也只是风险现实化的实际损害后果，只不过经过事后的理性认知将那些可能再次导致这种实际损害后果的事件“规定”为风险。与此同时，任何事物都可能是风险，风险的存在与否完全取决于人们如何分析危险。贝克与吉登斯所主张的制度主义风险社会理论在某种意义上综合了前两者的看法。在制度主义者看来，风险既是一种客观上实际存在的损害或威胁，又与人为的科学认知和主观构建密不可分，现代性风险就是建立在客观实在基础上的人为建构风险。与风险的这种现实与构建的二维交织形成鲜明对照，安全同样也存在着

主客两个维度。并且，安全在每个维度上的含义都或多或少指向了风险的反面，并与风险形成逻辑上相互对照的映射关系。安全作为人的基本价值需求，首先表现为客观上不存在危险或威胁的现实状态，这与风险在客观上可能导致危险或威胁的含义形成对照。此外，在主观层面，安全指向一种没有恐惧或不确定性因素的心理状态，这同样与风险在主观上导致人产生恐惧与不确定性的含义再次形成对照。因此，尽管风险与安全是两种不同的概念，但在其主客二维性的内涵界定上却存在着互为正反的概念映射关系。

其二，风险与安全在基本特征上具有一定的相通之处，两者均呈现出主体客观性的共同特点。由于风险与安全均具有客观与主观两种概念维度，因此就其基本特征而言，两者均具有一种主体客观性的共同特点。这意味着，风险与安全都是一种客观存在，并不以具体某个人的认知而发生变化，但同时风险与安全又随着主体的价值需求变化而发生变化。早期人类社会对于风险的认知以及对安全的价值需求都主要限定为自然风险以及免于自然风险的状态。随着社会的变迁，人们对于风险与安全的界定发生了变化。社会内部的战乱与动荡成为人们主要面临的风险，而此时的安全也指向了对于避免战争状态与秩序混乱的价值需求。到了风险社会阶段，以组织化、制度化的人为风险为基本形态的现代性风险，同样对应着作为防范与规制这种现代性风险的安全价值。因此，“风险与安全都有一个共同的特性，那就是同主体的感知与认识相关，但又不完全依赖主体的感知和认识而存在”。①

其三，风险与安全在基本表现形式上也存在着较高程度的融合性，两者均以“传统”为参照，发展出了具有某种时代性的新形态。如果说风险存在着从自然风险及社会风险转向现代性人为风险的历史演变，那么安全同样也经历了从传统安全到非传统安全的形态变迁。在某种意义上，两者均与人类社会的发展与转型息息相关。亦即，在特定社会阶段就会出现相应地能够反映彼时社会时代特征的风险类型与安全类型，而当前所存在的现代性风险在某种意义上与非传统安全形成了一种较高程度的概念融合。这并不是说两者在概念内涵上具有共同性，而是表明两者所凸显

① 林国治：《人类安全观的演变及其伦理建构》，中国社会科学出版社 2015 年版。

的新形态都体现当前国际社会转向风险社会的时代性趋势。现代性风险在时间维度上具有未来性，在空间维度上具有延展性，在性质上表现出一种无法预知甚至难以计算的不确定性，而在程度上则是一种潜在的具有较大破坏力的威胁。与此相对应，非传统安全则同样具有一种指向未来的特性。它跨越了国家与地区间的边界，同时也难以对其进行精确估计和准确控制，更在安全威胁的程度上表征着一种普遍性和全球性的特点。在具体内容上，现代性风险和非传统安全存在着交叉与重合之处。对于现代性风险的防控同时也是对于非传统安全的维护，全球经济危机、生态危机、恐怖主义等诸多现代性风险都与非传统安全威胁的外延存在着包含的关系。①

（二）从安全保障到风险预防：风险全球化的价值反馈

从风险与安全之间的内在逻辑关联可以看到，风险在其概念界定、本质特征和表现形式上都与安全存在着紧密的联系。非传统安全与现代性风险之间的某种融合性更显示出两者在国际法的秩序价值实现上的相互贯通性。从根本上讲，秩序价值的实现是对于安全的维护，同时也是对于风险的预防与控制。但在全球风险社会的语境中，维护国际法的秩序价值并不能止步于安全保障，而更应当将重心落在对于现代性风险的预防上。因为，安全保障实质上也只是对于“国际和平与安全”的一种维持状态。它所达成的国际法秩序停留在一种最低限度的有序性上，而风险全球化的逻辑则无时无处不对这种最低限度的有序性构成威胁。因此，将安全保障转化为风险预防就成为国际社会应对风险全球化的价值反馈。这意味着，人们不仅要保障传统安全与非传统安全，更要防患于未然，将对于现代性风险的威胁预防在其现实化之前。这种事前的风险预防所要实现的国际法秩序则是一种更高程度的国际社会有序性。它并不局限在保障安全的层面，而是将巩固和提升国际社会的安全感作为更高层次的目标。

严格意义上，现代性风险所覆盖的范围远大于非传统安全威胁的外延。它不仅包含以防范政治军事威胁为内容的传统安全，也包含预防非军事威胁的非传统安全，更涵盖了传统与非传统之外的所有现代性人为风

① 通过对风险概念的认知与辨识，人们也扩张了安全的内涵与外延，风险分析与安全研究在某种意义上具有共同的经验主题。See PETERSEN. Risk Anaylsis—A Field within Security Studies? [J]. European Journal of International Relations，2011（4）：693-717.

险。由此，现代性风险也在一定程度上不断扩展和丰富着国际法安全价值的内涵。对于现代性风险的预防意味着对于传统安全的维护，亦即，维持一个稳定有序的国际社会秩序，避免国家间的战争及武力冲突。与此同时，预防现代性风险还意味着对于非传统安全的维护。亦即，防范跨国间的非国家行为体所带来的非军事安全威胁，更表明了对于其他一切组织化、制度化的人为风险的规制。

风险预防的原则和理念不同于传统意义上的风险规制，它更侧重于一种风险实现之前的事前预防。从国内法和国际法对于风险规制实践可以看到，国内法中对于风险的规制更多地表现为一种事后的对于风险责任分配。换言之，无论是民法中对于损害赔偿责任的设置，还是刑法中对于行为与危害后果之间的责任归属判断，都着眼于一种风险实现之后的责任追究问题。亦即，对于风险现实化的结果——民事损害事实或刑法中的危害后果进行追责，通过损害责任的承担和刑罚的处罚来预防相同风险的再次出现。它的基本作用在于威慑和警示，它的基本功能在于规范人们的行为，使人们不再从事引发风险的相关活动。与此不同，国内行政法倾向于通过一种事先的预防措施来提前规避风险的发生。欧盟行政法、WTO/SPS协定以及国际环境法中的风险预防原则也同样遵循了这样的思路：先借助科学技术的手段认知和评估所要预防的风险，设定相关的允许风险值，划定法律所需要规制的风险边界，再将超出允许风险值的风险纳入法律规制的范围，从而完成对于风险的预防。①

此外，风险预防的具体实践仍然需要以安全价值的实现为中心进行构建。尽管风险预防表征着一种高于安全保障的更高目标，但就其现实性而言，风险预防则具体化为一种积极意义上的安全合作。亦即，通过一种事前的风险防范机制的建立来保障安全并提升安全的实现程度，这种安全合作实际上也体现了风险预防的基本原则。具体而言，安全合作可以分为积极的安全合作与消极的安全合作，这分别对应着风险的积极预防与消极预防。② 积极的安全合作适用于处于友好状态以及具有伙伴关系、同盟关系的国家之间。这类国家之间相互具有友好关系，因此各国之间可以通过商

---

① PEEL. Science and Risk Regulation in International Law [M]. Cambridge: Cambridge University Press, 2010: 171-263.

② 阎学通：《对中美关系不稳定性的分析》，载《世界经济与政治》2010年第12期。

谈或协议达成一种安全合作机制，对潜在的风险进行事前的预防，并通过各种措施提升各自的安全状态。消极的安全合作则适用于处于孤立或敌对关系的国家之间，同时敌对国之间的安全状态一直处于紧张和冲突之中。因此，积极意义上的安全合作在此完全无法实现，但仍可以在敌对国之间进行一种消极意义上的风险预防。这意味着，各敌对方在避免战争及武力冲突这一点上具有共同之处。因此，各方通过消极的不作为方式也可以在没有建立互信的前提下避免矛盾的计划，减少乃至避免风险的实现。

二、从形式平等到实质平等：平等价值的实质转向

风险的全球化会促使国际法秩序价值的内涵从安全保障转变为风险预防，从而为秩序增添新的时代性内容。风险社会中风险分配的逻辑则将全面取代工业社会中财富分配的逻辑，从而在根本上扭转平等价值的含义：从形式平等到实质平等。平等价值的实质转向，就是风险社会时代背景下以财富为中心的发展模式被以风险为中心的发展模式逐步取代的过程。

（一）国际法平等价值的深层法理：财富分配的逻辑展开

从价值的根本属性出发，价值总是以实现人的主体性为宗旨。而人的主体性就其现实性而言，归根结底是在其所生存的社会中获得一种“自由而全面的发展”。使人作为“人”从而成为“人”就是对于人的主体性的实现。与此同时，人是“一切社会关系的总和”，人的主体性必然发生于其所存在的社会之中。人通过法律所欲实现的价值也必然具有一定的社会性和时代性。抽象意义上的正义、秩序、自由、平等、安全及人权等诸价值，都是在人类社会不断进步与发展中沉淀出来的“善”，而任何一项价值只要被人们珍视为一种“善”则同样是社会历史的产物。因此，平等价值与自由一样都是现代社会赋予人的不可或缺的“善”。现代性原则更承诺：个体的自由与平等生来不受限制。[①] 但这种原则性的承诺却在现代化的社会分工中被割裂开来，自由与平等在真实的历史中从来只被分配给一部分人：男性、白种人、青壮年、中产阶级等。标榜着文明与理性的现代

---

① ［德］乌尔里希·贝克：《风险社会：新的现代性之路》，张文杰、何博闻译，译林出版社 2018 年版。

工业社会，一面在各种宪章、宣言、宪法、法律中反复重申自由与平等的规定性，却又一面在现实中不断凭借强权与武力将自由与平等限定在有限范围内。工业社会的这种两面性表明：一个真实的现代社会，总是表现为一半的工业社会和一半的等级社会。

在这种半工业、半等级的社会中，所有人的生活都围绕着财富以及财富的分配而展开。自由意味着个体在社会中获取利益与资源的无限可能性，而平等则意味着个体通过这种可能性实际获取财富的机会与概率。在罗尔斯所构筑的正义二原则中，平等的基本自由权原则是对于自由的分配，它使得每个人都拥有一种不可让渡的基本自由权。公平的机会平等原则则是对于机会的分配，它使得每个人都拥有参与社会生活实践的资格。最终的差别原则则是对于收入和财富的分配，它构成了罗尔斯正义理论的最终落脚点——即便是社会中最低期望的收入阶层（最少受惠者）也能获得最大的收益。与之相近，无论是功利主义的效用平等论，还是德沃金的资源平等论，都无不围绕着现代工业社会中财富分配的逻辑进行展开与构建。在某种意义上，平等价值的实现就是为了达成个体对于资源、利益、福利等各种财富的公平获取。不平等意味着个体在财富分配中处于劣势的地位，这使得其在达成自身所欲实现的目标时受到阻碍。

国际法的平等价值同样遵循着这种逻辑，国际法通过赋予各主权国家以平等参与国际社会实践的资格，实现各国对于全球资源与利益的分享权。国际关系中各国展开交往以谋求各自经济发展的机会，均彰显了财富分配的逻辑下平等价值对于实现国家主体性的重要作用。国际法平等价值的内涵也按照现代工业社会的根本逻辑来构建，这是平等作为价值所固有的时代属性。

（二）从法律前的平等到风险前的平等：风险分配的逻辑展开

在一个半工业、半等级的现代社会中，财富分配的逻辑支配了平等价值的基本内涵，平等总是围绕着资源与利益而展开。国家主权原则赋予各国的平等法律地位是使各国拥有一种参与财富分配的公平资格与机会。就其实质而言，这种机会平等或者说起点平等只是一种形式平等，它在实质性上的缺失构成了自身难以克服的价值缺陷。国际社会朝向风险社会发展的趋势为克服平等价值的形式局限提供了契机。全球风险社会时代的来临使得支配平等价值的财富分配逻辑发生了根本性的转变。“稀缺社会的财富分配逻辑开始向发达现代性的风险分配逻辑转变”，① 而风险分配的逻辑将从本质上改变平等价值的实质性缺失。

在工业社会中，资源的稀缺性构成了经济生产活动的基本前提。据此，对于财富的分配就成了社会生活的基本法则，工业革命与科技革新在某种意义上可以被视作对于这种资源稀缺社会的某种革命性标志。由此所带来的社会生产力的极速增长不仅是对于资源稀缺性的改善，同时也推进着社会的进步与发展。在马克思所构想的共产主义社会中，生产力高度发达，人民的物质生活财富极为丰富。因此，资源的稀缺性不再构成问题，每个人都不再以劳动作为谋生的唯一手段。而在资本主义的工业社会中，正是由于资源的稀缺性，不可能所有人都完全占有充分的财富。因此，法律才将人们参与社会资源分配的平等权规定为一项法律所保障的不可或缺的权利。据此，“法律面前的人人平等”成为人们在财富分配逻辑下获取社会资源与利益的制度保证。

然而，法律面前人人平等的规定仍然只是一种形式的平等。法律体系试图通过各种特殊性的条款和特别性的单行法，来矫正这种形式平等以实现实质意义上的平等。但这种制度性的价值矫正并未脱离以财富为中心的时代性背景。在风险社会中，风险分配的逻辑替代了财富分配的逻辑，这使得支撑平等价值的社会基础发生了改变。

风险不同于财富，如果说财富存在着有形与无形之分，那么风险则超越了有形与无形的区别。在某种程度上，风险公开接受社会的界定与建构，它可以演变为任何一种对人们造成危险或威胁的形态，渗透在现代社会的方方面面。风险分配的逻辑完全迥异于财富分配的逻辑。从表面上看，风险处境的不平等似乎与财富处境的不平等并没有什么差别。在金融投资领域，风险甚至可以被理性的经济人拟制为一种“负资产”。霸权国家可以把工业生产制造所存在的风险转移到第三世界国家。掌握社会权力的人甚至可以通过政治上的主导权将风险转嫁给弱势群体。这种风险的转移看上去似乎和财富分配的逻辑并无二致。因为，在阶级社会中，财富就是通过权力的运作集中到了少数人手里。国际社会的现实也表明，富国和穷国的贫富悬殊越来越大。

---

① ［德］乌尔里希·贝克：《风险社会：新的现代性之路》，张文杰、何博闻译，译林出版社 2018 年版。

但是，意料之外的是，风险的转移与分配却在实际效果上出现了与财富分配截然不同的逻辑：现代性风险迟早会冲击风险的制造者或受益者。现代性风险具有一种独特的“回旋镖效应”，[①] 它瓦解了阶级社会固有财富分配逻辑，生态风险、经济危机、恐怖主义向来无视国界的存在。美国主导的自由霸权秩序在制造风险和转移风险的同时，也同样面临着风险的威胁。全球制造业中心转移到第三世界国家的同时，美国民众的日常生活也不得不依赖第三世界国家的工业制造品，这其中就包含了潜在的风险威胁。阿拉伯世界在遭受英美等西方发达国家的人道主义干预之后，美国同样也遭受了“9·11”的恐怖袭击。发达国家在享受财富带来的丰富物质生活的同时，也同样要面对全球变暖的生存威胁。在现代性风险面前，所有的国家都是风险的来源和去处，所有生活在地球上的人都不得不忍受风险的存在。被全球性风险所重塑的世界正表明了风险分配的基本逻辑：风险面前，人人平等。

当风险分配的逻辑替代了财富分配的逻辑，平等价值的内涵才真正转向了实质意义上平等。风险社会中的平等价值不再仅仅指向财富的获取，而更多地趋于风险的防范，风险全球化的趋势以及现代性风险的“回旋镖”效应都将促使国际社会对于国际法上的平等价值进行反思。仅仅维持一种形式意义上的平等势必难以应对全球风险社会时代的降临，只有充分实现世界各国间的实质平等，才能够有效地应对无视国界的现代性风险。

三、从霸权政治到协商民主：人权价值的程序限制

在风险分配的逻辑重塑国际法平等价值的同时，它对于人权价值的实现也产生了根本性的影响。在某种意义上，美国人道主义干预的国际法实践所导致的人权价值的功能扭曲，可以被视为一种对于风险界定权的滥用。在美国主导下的风险界定与分配充分反映了其人权外交的霸权本质。在全球风险社会时代，人权保障的合法性基础应当是对于风险界定权的程序性限制。强权压制下的风险分配势必导致人权价值的危机，而经由国家间协商民主的风险界定与分配的方案才能够真正充分地实现国际法的人权价值。

---

① ［德］乌尔里希·贝克：《风险社会：新的现代性之路》，张文杰、何博闻译，译林出版社 2018 年版。

（一）风险界定权的滥用与人权外交的霸权本质

在风险社会中，风险分配的逻辑逐步取代财富分配的逻辑，人类社会生活的方方面面都被风险重新赋予了意义。预防风险成为人们社会生活中必不可少的核心主题。不仅自由与平等的价值要围绕预防风险的安全价值来构建，人权价值的实现也要以对于风险的界定与选择为前提。“在一定程度上，风险公开接受社会的界定和重构。风险界定的地位和途径由此在社会政治中居于关键位置。”① 国际法人权价值的实现在国际法上是通过设定国家对于人权保护的法定义务来完成的。就其实际状况而言，当国家无法履行这种人权保护的义务时，国际社会则可以依据国际法对严重侵犯人权的国家进行制裁，迫使其履行国际义务。在现实中，也存在着对于人权灾难地区的跨国性人道援助与解救，更存在着基于人道主义干预而实施的国家间军事干涉。以人权高于主权为基调，英美等西方发达国家所展开的人道主义干预不仅造成了人权价值的功能性扭曲，更给受干预的地区或国家带来了持久性的秩序混乱与生存风险。

美国的人权外交所实施的人道主义干预在某种意义上就是对于风险界定权的滥用。通过自由主义价值观的标准将特定的国家或地区予以标签化，美国一方面通过扶持民主化国家中不同的政治派别来培养政治代理人。另一方面，美国借由该国家或地区存在着严重侵犯人权的事由对其进行人道主义干预，从而达到维持和巩固自身霸权的目的。在这种和平演变的过程中，风险成为一种政治工具，人权灾难区也被霸权国界定为“风险区域”（Risky Zones）。② 被标签化的专制暴政、被怀疑的大规模杀伤性武器、人民物质生活的匮乏以及社会秩序的动荡等诸多特征都被界定和选择为一种政治风险。这些被霸权甄别出来的“风险区域”同时被认为是地区性的风险源，它对其所处的地区乃至于国际社会都有一种跨越国界的安全威胁。而其他类似情况的国家或地区则通过风险的评估被认为是一种“失败国家”（Failed State）。③ 因为这些国家或地区不符合霸权国的自由主义

---

① ［德］乌尔里希·贝克：《风险社会：新的现代性之路》，张文杰、何博闻译，译林出版社2018年版。

② CLAPTON. Risk and Hierarchy in International Society ［J］. Global Change, Peace and Security, 2009 (21): 19-35.

③ CAEMENT, GAZO, PREST. Risk Assessment and State Failure ［J］. Global Society, 2007 (21): 47-69.

价值观，缺乏西方式的民主制度和法治实践，对人权构成了极大的威胁。于是，基于所谓的人道主义和人权保护的正当理由，英美等西方发达国家就开始对这些由其所界定和选择而出的“风险区域”进行军事干涉，试图减少、降低甚至消除该国家或地区的风险。然而，从这种人权外交的历史实践中可以看到，这些所谓的“风险区域”经由西方发达国家所实施的一系列规制风险的干预行为，不但没有降低原本存在的生存风险，反而导致了更为灾难性的后果——一种持久性的政治风险被现实化。战后的阿富汗、伊拉克、利比亚、叙利亚、埃及等国家或地区都被秩序重建问题所困扰。当主权秩序被人道干预以风险的名义摧毁之时，带有抽象的道德光环的人权保障早已经褪色变质。这些地区或国家的人权状况不但没有得到应有的改善，保障人权的主权秩序也遭受了破坏。这一切在某种意义上都可以被视为霸权国家对于风险界定权的滥用，是其人权外交霸权本质的反映与体现。

（二）从强权压制到协商民主：风险社会中的人权保障

以西方的自由主义价值观为标准，美国的人权外交透过其对风险界定权的支配与控制，将不符合自由、民主等“地方性价值”的国家或地区标签化为“风险区域”。美国通过人道主义干预下的军事干涉，试图消除这些国家或地区的人权风险，但实际上却造成了更为严重的人权灾难，并进一步制造了秩序混乱及生存危机等新的风险。从这种霸权主导下对于风险界定权的滥用中可以看到，在全球风险社会时代，掌握着风险的界定与分配的权威实际上就意味着一种新的霸权形态的生成。因为，在风险社会中，国际社会的方方面面都离不开对于现代性风险的防范与规制。国家间的交往活动更受到风险的影响，各国不仅关注财富的分配问题，更注重风险的分配对其带来的不利后果。

然而，从历史的经验中可以获知，美国霸权支配下的人权外交实践在界定并试图消除风险的同时，也引发了风险的“回旋镖”效应。在美国对所谓的属于“风险区域”的国家或地区进行军事干涉之后，全球恐怖主义以另一种方式将风险转移回了美国，其对美国本土进行了自杀式的恐怖袭击。英法等欧洲国家近年来所发生的恐怖袭击事件也同样印证了“风险面前人人平等”的基本逻辑。这一系列风险界定、消除、重生、转移的过程无不表明，在强权压制下的人权保障不仅无法实现真正的人权价值，更会滋生更多的人权灾难和安全风险。如韦伯所指出的，政治就其本质而言是强者对弱者的支配。但在风险社会时代，这种恃强凌弱的政治现实正逐渐被现代性风险的分配逻辑所重构。阶级社会中强权对弱势的压迫或许可以通过财富分配的逻辑予以巩固和维持。然而，在风险社会，以强欺弱的后果却并不是强者的胜利，而是一种双输的结局。并且，在风险的界定与分配的过程中，赢家和输家的身份总是处于变动不居的状态，权力会随着风险所附着的事项不同而发生转移。或许西方发达国家可以在政治风险界定权上处于优势地位，但生态风险以及恐怖主义风险的控制与支配却未必总受到霸权国家的操纵。现代性风险的复杂性和不确定性使得所有国家在风险面前无一幸免。

基于风险社会的诸多特殊之处，全球风险社会时代的人权保障也必将作出根本的改变。强权压制下的人权保障实践已经无法实现人权原本的价值，更会带来更多的现代性风险。如果从契约的观点审视既有的人权实践，美国霸权支配下的国际法人权保障实际上可以被视为一种“弱契约”。在自由霸权秩序的作用下，自由主导的国际法及其价值体系都呈现出一种“命令—压制”的法律结构，国际社会在这种“弱契约”的约束下始终处在法律的被动接受者的位置上。从根本上而言，这种“弱契约”反映的是一种“主客二分”的世界观和“符合真理观”的认识论。[①] 这意味着，国际法的价值、原则、规则、制度及实践都是强权压制下权力输出的产物。世界各国对于这种“弱契约”意义上的国际法的遵循与服从，只是一种基于利益计算的被迫接受。换言之，美国自由霸权秩序之所以能够在国际法实践中占据主流位置，根本上源自各国基于国家利益考虑的默认和容忍。这种自由主导的国际法秩序并不正义也未反映国际社会的真实意愿，但就其现实性而言，没有任何一个国家会因此完全摒弃这种现存的不完美的秩序。因为，反对或不接受这种“弱契约”就意味着自身国家利益的损失。

现代工业社会中，由霸权所支配的国际法及其价值体系表现为一种利益可接受性基础上的强权压制型“弱契约”。在风险社会中，这种“弱契约”的法律范式将被风险所重构。因为，“当阶级社会还在以民族国家的

① 谢晖：《从弱契约、利益可接受性证成法律之为制度修辞》，载《政法论丛》2018 年第 2 期。

方式来组织的时候，风险社会已经催生出客观的‘危险共同体’，这个共同体最终只能在世界社会的框架中加以理解”。[①] 这意味着，阶级社会中那种依靠利益与财富的盈亏计算来构建的“弱契约”式法律结构，将在由现代性风险所塑造的“危险共同体”中重新被改造。风险分配的逻辑表明，霸权国家依靠“弱契约”的强权压制已经无法支撑其对于国际社会的主导地位。围绕风险界定的输赢随时会产生反转，而世界各国也无法单纯依赖于利益计算来遵循这种“弱契约”意义上的国际法秩序。规避风险成为各国所不得不面临的新的主题。一种协商民主的“强契约”必将取代强权压制的“弱契约”。在这种“强契约”的法律结构中，国际法的可接受性不再是利益计算的被迫服从，而演变为一种“商谈—共识”的逻辑。它反映的也不再是基于“主客二分”世界观的“真理符合论”之“客观实在”，而是一种基于“主体间性”的“商谈真理观”之“主观共识”。[②]

由此，风险社会中的人权保障的基本前提意味着世界各国对于人权价值的充分辩论与商谈，而人权保障的实践也相应地建立在一种基于协商民主的程序性限制之上。霸权国家将不再以强权为据单方面推行西方的“地方性价值”。大国政治的实际运作仍然会在较长的历史时期对这种“强契约”意义上的国际法及其价值体系产生影响。但是，由现代性风险所构筑的“危险共同体”也同时会引发霸权国家对于自身所主导的“弱契约”式国际法秩序的深刻反思。国际社会对于国际法人权保障的机制及实践的可接受性，也不再仅仅局限于国家利益的得失计算。基于商谈的主体间共识成为国际法人权保障的观念基础。

---

① ［德］乌尔里希·贝克：《风险社会：新的现代性之路》，张文杰、何博闻译，译林出版社 2018 年版。

② 谢晖：《从强契约、商谈可接受性证成法律之为制度修辞》，载《法学评论》2018 年第 2 期。

第五章

国际法价值体系重塑的实践路径：全球风险的共同应对

国际法社会基础的变迁使得国际法价值体系的重塑得以可能。在全球风险社会阶段，以安全为主导的价值取向构成了这一逻辑重塑的理论内核。在安全主导的国际法价值体系中，国际法的秩序价值从对安全的保障转变为了对风险的预防。国际法的平等价值也经由风险分配逻辑的塑造被赋予了实质性的价值内容。国际法人权价值的实现更在现代性风险的影响下增添了一种民主协商意义上的程序限制。风险社会视角下国际法价值体系的重塑，不仅是国际法对于国际社会朝向风险社会转型的价值回应，也在理论上有助于化解既有国际法价值体系的危机。然而，要充分实现这种必要的价值重塑，需要在现实维度上寻求一种与之相适应并切实可行的实践路径。从风险社会的理论语境出发，能够有效地实现国际法价值变革的路径必然是指向于风险分配的逻辑，并同时回应既有的国际社会现状。由此，从价值重塑所需的主体条件、主观条件和客观条件三个层面对之进行探索可以发现：大国政治对于霸权政治价值观输出的有效遏制是其重塑顺利进行的主体性前提。开放平等的国家间交往理性观念是其重塑得以展开的主观观念基础。对于国际司法能动主义与克制主义之间的平衡则是其重塑充分实现的客观法律保障。

第一节　霸权政治价值观输出的遏制：价值重塑的主体条件

交往理性观念的共同塑造使得国际社会的公共性得以构建。在实践理性观念朝向交往理性观念过渡的过程中，国家间以主体性原则为依据的交往模式被以主体间性为导向的交往模式所取代。这种交往理性观念不仅成为国际法价值体系重塑得以实现的理念前提，也有利于国际社会有效应对全球性风险的威胁。除了对于理念的塑造能够促进价值体系重塑以外，国际政治中大国政治的力量更从价值实现的层面上有助于遏制霸权政治的价值观输出。据此，它为风险社会视域下国际法价值体系的重塑提供了政治基础。

一、国家主权的权力属性与霸权政治价值观输出的运作逻辑

国际法的价值体系在某种程度上就是国际法规范的价值表征，各类国际法渊源都作为国际法价值的客体承载着国际法的价值内容。因此，对于实证国际法规范起到塑造作用的大国政治就成为变革国际法价值体系不可替代的现实推动力。而大国政治对于实证国际法规范的塑造作用体现在国际法与国际政治的互动过程中。当大国政治的极端形态——霸权政治主导实证国际法规范的产生与形成时，蕴含了国际法价值的实证国际法规范就成为了霸权政治价值观的输出对象。国际法的价值体系由此被霸权政治的价值观所主导。美国自由霸权秩序支配下的自由主导式国际法价值体系就是霸权政治价值观输出的产物。有效遏制霸权政治价值观就成为实现国际法价值体系重塑过程中必须予以达成的目标，而厘清霸权政治价值观输出的运作逻辑则是遏制霸权政治价值观输出的基础与前提。

从国际法的历史实践可以看到，无论是早期的《威斯特伐利亚和约》，还是晚近的《联合国宪章》，都是由战胜国主导所完成的实证国际法规范。大国政治对于实证国际法的塑造作用集中体现了国家主权的权力属性。从国内社会的视角进行考察，国家主权对内具有至高无上的权威性，国内法律秩序的顶点就是一国的主权。国家主权在外方面也同样具有独立自主的平等性，一国在国际社会中的平等法律地位是由国家主权原则所确立的。但如果从国际社会的视角进行考察则会发现，国家主权在对外方面除了具有一种平等的权利属性外，还呈现出一种权力的属性。一国以其国家实力为支撑对外拥有一定程度的控制力和支配力，其政治实力的表现形态影响和推动着实证国际法规范的形成与确立。国家主权的权力属性表征着政治实力较强的国家对于国际法规范的主导权。从实践层面来看，国家主权平等原则赋予了世界各国平等的法律地位。但在现实中，少数大国在国际关系中所享有的支配权力却在客观上主导着国际法实证规范的设立，并影响

着实证国际法规范的实效。由此，大国政治对于实证国际法的塑造作用正是由国家主权的权力属性所决定的。

大国政治表现为以国际法为行动框架，在维护自身利益的基础上通过国际支配力维护国际公共利益的大国特权。而作为大国政治的极端形态——霸权政治则表现为将国际法作为追求自身利益的工具，并以国家实力为支撑单方面影响和操纵国际关系的大国霸权。[①] 因而，在此意义上，大国政治不仅有助于实现国际法的价值，也积极推动国际法的发展。霸权政治则恰恰相反，其对于国际法价值的实现实际上表现为通过对实证国际法的主导权单方面地输出自身的价值观。换言之，霸权政治所塑造的实证国际法规范体现的仅仅只是自己单方面的国际法价值观。通过这种价值观的输出，这种“地方性价值”偏好便通过国际法的规范获得了实证意义上的普适性和实效性。

从这种霸权政治价值观输出的实践中也可以看到这种逻辑，拥有国际秩序主导权的霸权国家对于既有的基础性国际法规范的塑造深刻地体现出了其价值观输出的效应。就现有的国际法价值体系而言，它所包含的正义、秩序、自由、平等、安全、人权等诸多价值目标在某种意义上被认为具有一定普适性。但这种普适性的价值实际上仍然是“地方性价值”观的体现，中国儒家传统中的和谐价值在诸多基础性的国际法规范中都未体现。现代国际法的诸多价值仍然是由西方发达国家的地方性价值所扩张而来的。除此以外，在其他双边或多边的国际条约中，主导国在塑造相关国际法规范的同时，也注入了自己的单方面价值偏好。在关涉国际社会的安全维持、资源保护、人权保障、反恐怖主义等诸多方面，美国都无时无处不借助其实际的主导权推行其价值观。再者，在习惯国际法的规范方面，霸权政治更是直接通过自身强大的军事机动能力强行推广其所主张的价值目标。在海洋法领域，美国以其海军力量所构筑的“航行自由行动”就是输出其所主张的绝对自由价值的具体措施。该行动通过将沿海国家的合法正当诉求设定为所谓的“过度海洋主张”，并通过外交及军事行动来针对性地抗议这种主张，从而达到维护航行自由以及海洋自由的价值目标。

---

① 江河：《人类命运共同体与南海安全合作——以国际法价值观的变革为视角》，载《法商研究》2018 年第 3 期。

二、大国政治的行为规范原则与霸权政治价值观输出的遏制

霸权国往往在国际秩序中占据着主导性的地位，面对霸权政治的这种价值观输出，负责任的大国只有遵循规范原则的大国政治实践才能对其进行有效的遏制。从国际秩序的主权地位而言，霸权政治与大国政治均享有一定主导权，两者在主导权的享有程度上不相上下。两者最大的区别就在于霸权国常常滥用其主导权肆意地对国际法实证规范进行单方面的塑造，以便于输出其地方性价值观。但是，大国政治则运用其主导权合理地促进了国际社会价值观的实证国际法规范的形成。与此同时，在实证国际法的实践方面，霸权政治所奉行的是一种实力原则。这意味着，霸权政治通过其对于国际秩序的主导权，将其所主张的价值观直接规定为实证国际法规范。只要存在着不服从的情况，霸权国家会运用自身的国家实力对不服从其规范的国家进行惩罚或制裁。例如，1990 年伊拉克违反《联合国宪章》的基本原则——禁止使用武力及武力威胁原则对科威特实施了军事行动，并在事实上破坏了其主权及领土完整。随后，美国在 1991 年发动了海湾战争，对伊拉克进行了惩罚。由此，美国以实力原则的实施维护了其所主导的实证国际法规范之实效，并实现了其所倡导的国际法自由价值。

除此以外，在诸多实证国际法规范的历史实践中，霸权政治则又呈现出一种双重标准。[①] 一方面，对于与其处于友好关系的伙伴或盟友国家采取规范原则。亦即，通过其主导权对国际法规范进行塑造并输出有益于自身及盟国的价值观，这种规范由于体现霸权国家与其盟国的共同价值观，因此，对于盟国而言，遵守并支持这类国际法规范就使得该规范的实效获得增强。另一方面，对于与其处于敌对关系的敌对国家则采取实力原则。亦即，通过其主导权制定反映其自身价值观的实证国际法规范，当敌对国家违反这类规范时则通过国家实力对其予以惩罚或制裁，以维护其规范的实效性。例如，在由美国所主导缔结的《不扩散核武器条约》中，就反映了这种双重标准原则。一方面，依据实力原则决定是否拥有核武器，因此其不禁止有核国家继续持有核武器。但另一方面，又依据规范原则禁止非核武器国家拥有核武器，而无核国家自愿缔结该条约即表明了对这一规范

① 阎学通：《世界权力的转移：政治领导与战略竞争》，北京大学出版社 2017 年版。

的支持。因而，该规范的实效获得了维持和巩固。

对于霸权政治在价值观输出方面所表现出的实力原则和双重标准，同样拥有一定主导权的大国政治则可以通过其行为的规范原则之实施来遏制霸权政治的价值观输出。不同于霸权政治在实证国际法规范塑造过程中所表现出的实力原则和双重标准，大国政治的行为规范原则体现为：大国通过其主导权促成相关实证国际法规范的形成，这种国际法规范同时反映了国际社会的共同利益。并且，大国在实践过程中严格遵循该规范，从而带来一种规范遵守的示范效应，由此促成其他国家对这种严格遵守规范的行为进行模仿和回应。[①] 从根本上讲，大国政治的行为规范原则体现的是一种“条约必须信守”的基本原则，彰显的是一种诚信履约的德性，这完全区别于霸权政治通过奖励盟友国家或惩罚敌对国家的实力原则及双重标准。

有效遏制霸权政治的价值观输出，并不在于遵循权力政治的逻辑。当霸权国家输出其所偏好的价值观时，其他具有主导权的大国同样借助其对实证国际法规范的主导作用来输出符合自己价值偏好的观念。这种做法实际上是无效的。原因在于，当特定大国采取了与霸权国家同样的行为逻辑时，该大国的属性也会发生改变。当特定大国模仿霸权国家采取奖励或惩罚的手段来维护其所主导规范的实效及价值观时，该大国的行为就与霸权国家的行为并没有什么根本上的差异。有效遏制霸权政治的价值观输出，依靠的是遵循行为规范原则的大国政治实践，而不是同样遵循霸权逻辑的大国行为。

第二节 国家间交往理性观念的形塑：价值重塑的主观条件

有别于半工业社会半等级社会的现代国际社会，全球风险社会时代国家间的交互往来将不再仅局限于财富分配逻辑的支配。风险的全球化在一定程度上将重构世界各国围绕资源与利益而展开的互动模式。国际社会既有的世界观与认识论因风险分配的逻辑而发生改变，以主客二分为基础、

---

① 阎学通：《世界权力的转移：政治领导与战略竞争》，北京大学出版社 2017 年版。

以主体对客体的单向度实践为内容的实践理性观念将逐步淡出国家间的互动舞台。以主体间性为基础、以多主体间协商共识为内容的交往理性观念必将重新塑造国际社会的公共性，并为国际法价值体系的重塑提供强有力的理念前提。

一、国际社会公共性的重新塑造：从实践理性到交往理性

实践理性源自康德的主体哲学，在其三大理性批判中，以主客二分的世界观为基础，康德不仅为理性划定了界限，同时也将理性区分为理论理性与实践理性。前者指称的是作为主体的人以外的对象所存在的普遍规则，后者则指向的是作为主体的人自身在其自由意志支配下行动所必须遵循的普遍法则。[①] 换言之，所谓实践理性就是人作为意志自由的个体为自己制定行动规则并按照规则规范自己行动的能力。在康德看来，实践理性优于理论理性，其优越性体现为：实践理性可以作为个体意志自由的承担者，从而决定个体进行道德选择和自我决定的权利。[②] 由此，它就能够为人们的行动制定普遍法则并以此作为行动规范协调人们之间的关系从而实现社会的整合。在这种理性启蒙之前，人类社会的公共性或者说人类法律的正当性基础都必须诉诸非理性的巫术、暴力、血缘、传统、信仰等各种对象化的客体。在中世纪时期，人们正是通过基督教的神圣信仰联合在一起，上帝的意志和理性为人类的行为提供规范依据。正如马克思所指出的，上帝并不是一种人格化的神，而是规范人们思想和行为的根据、标准和尺度，是人们心中的警察和宪兵。但上帝在成为维持传统社会的规范依据的同时，也成为桎梏人类心灵的精神枷锁。经由康德理性的启蒙作用，人类社会从一个蒙昧的时代走进一个理性的时代，人的主体性逐渐从各种对象化的客体中解放出来。如韦伯所说，西方社会理性化的过程就是一个不断除魅的过程。人与人之间的联合、现代社会的整合都建立在了理性基础之上，法律的正当性基础同样也从各种非理性的事物转向了人类的理性。

然而，实践理性在确立人的主体性的同时，却同“它扎根于其中的文

---

① 王晓升：《从实践理性到交往理性——哈贝马斯的社会整合方案》，载《云南大学学报（社会科学版）》2008 年第 6 期。

② ［德］哈贝马斯：《在事实与规范之间：关于法律和民主法治国的商谈理论》（修订译本），童世骏译，生活·读书·新知三联书店 2011 年版。

化的生活形式和政治的生活秩序脱离了联系”。[①] 由实践理性所构筑自由主义式社会契约理论仅仅只是一种理论假定和思想实验，它忽视了社会历史的地位和作用。更为根本的原因在于，主客二分的世界观虽然将人确立为主体，但同时也造成一种主体对客体的单向度的独断。实践理性的确可以使人为自己制定行动规范，但这种规范并不能直接推动人的真实行动。人的理性为自我立法是一回事，人遵循这种立法去行动则又是另一回事。归根结底，实践理性所推动的社会整合只是为人们社会生活的行为规范提供的标准，却难以弥合“实然”与“应然”、“事实”与“规范”之间的鸿沟。

在这种实践理性观念的支配下，现代社会确立了人的主体性原则。国际法上的国家主权原则同样是在法律的层面为国家拟制了一种主体性。如同国内社会中人通过其社会实践不断丰富和满足自身的主体性一样，国际社会中的主权国家同样在国家间交往中以实现自身的主体性为目标。实践理性所确立的主体性原则成为人类社会不断进步与发展的重要推手，它鼓励人不断实现自我，不断超越自我。在某种意义上，现代工业社会生产力的极速增长以及科学技术的高度发达都源自人不断实现自身主体性的过程。然而，主体性原则同时也导致了现代性的危机，并制造了现代性的人为风险。主体性意味着人作为主体对于世界作为客体的理性征服，其所衍生出的人类中心主义不仅造成了对于自然界的破坏，引发了威胁世界各国的全球性生态风险，同时也加剧了各个国家之间的利益冲突。因为主体性就是作为主体的个人（国家）实现自我价值的过程，在国际社会，每个国家都遵循并实践着这项原则。由此，在财富分配逻辑的支配下，不同主体之间围绕国家利益之间的相互冲突和彼此斗争就在所难免。在此意义上，国际法也被诠释为一种“反映了各国在追求利益的行动中所出现的合作规范”。[②] 以美国为代表的霸权政治就是从这种背景中产生并壮大的。美国所主导的自由霸权秩序正是以实践理性观念为基础最大化体现自身主体性的现实写照。过度强调主体对于客体单向度的理性支配与控制，绝对化的主体性原则成为了国际社会各国行为的规范依据。它在促使各国追求财富与利益的同时，也撕裂了国际社会的公共性。国际社会的无政府状态成为这

---

① ［德］哈贝马斯：《在事实与规范之间：关于法律和民主法治国的商谈理论》（修订译本），童世骏译，生活·读书·新知三联书店 2014 年版。

② ［美］埃里克·A. 波斯纳：《全球法律主义的危险》，韦洪发译，法律出版社 2016 年版。

种国际社会非公共性的真实描述。由此，霸权国家由于它行动能力的强大而不断追求自由价值的实现，发展中国家由于自身实力的弱势而不断追求平等价值的满足。国际法的价值体系就在这种实践理性的观念中发生了相互间的价值紧张与冲突，进而引发了根本性的危机。

在某种程度上，国际社会朝向全球风险社会的发展趋势为重塑国际社会的公共性提供了契机。由现代性风险所塑造的“危险共同体”使得人们开启了对于实践理性观念的反思：是否存在一种新的理性观念来构筑国际社会的公共性，减少甚至避免国家间基于主体性原则的权利斗争和利益冲突？哈贝马斯在其所构建的法律商谈理论中所提出的交往理性为改善既有的实践理性观念提供了有益的思路。区别于实践理性的“主客二分”世界观，交往理性以“主体间性”为基础，摒弃了主体对客体单向度的独断。通过“语言”的中介将主体与客体联结在一起，弥补了实践理性所忽视沟通主体与客体的中介环节——话语的力量。由此，通过语言的非强制性，交往理性为人们的实践活动提供一种“有确定内容的导向”。它不同于实践理性直接为人们的行为提供规范依据，它只是揭示社会行为规范的来源：人们只有在接受规范所蕴含的具有说服力的理由时才会依据规范展开行动。此时，社会规范的有效性就建立在主体间的普遍同意的基础上，由此将处于分裂状态中的现代社会予以整合。

在这种非强制性的交往理性观念下，国际社会的无政府状态将会获得改善，而既有的国家间的权力斗争与利益冲突模式也必将得到扭转。交往理性观念的塑造使得国际法从一种强权压制模式的“弱契约”转变为一种民主协商模式的“强契约”，国家间基于利益往来的关系模式将朝向基于商谈共识的关系模式转变，国际社会的公共性也将在这种共同塑造的交往理性观念中获得重塑。那种被夸张描述为“丛林社会”的国际社会状态会逐渐消退。在全球风险社会不断临近的时刻，被交往理性观念所整合的国际社会能够更有效地应对各种全球性风险的威胁，而风险社会视域下国际法价值体系的变革也以此为理念前提而获得实现。

二、国家间交往模式的观念重构：从主体性到主体间性

从实践理性转变为交往理性的过程中，国际社会的公共性得以重塑。与此同时，国家间的交往模式的观念基础也发生了根本性的变化。实践理

性支配下国家对于自身主体性的绝对性和无限制的满足与实现，转变为交往理性支配下各个国家之间就有效应对全球性风险进行商谈并达成主体间互为主观的共识。

在实践理性所确立的现代社会的主体性原则之下，国家间的交往遵循的仍是以财富分配为中心的利益得失计算模式。获取更多的资源与利益成为国家间相互往来的根本动因，同时也构成了国家行为的规范依据。在这一模式下，国际关系成为现实主义权力政治学派眼中的利益争夺。国家想要获得更多安全和更大的利益，就必须获取更大的权力。美国所主导的自由霸权秩序就是这种模式的集中体现，在其支配下的自由主导式国际法价值体系同样是这种国家间交往模式的产物。

主体性原则的世界观是一种主客二分的结构，其在认识论上又呈现为一种真理的符合论。因此，主体性原则作用下的国际法规范必然以追求终极真理和确定性的普遍规律为目标。一旦霸权国家对既有的国际法秩序产生了主导性的支配力，那么，其就会排斥任何他者的存在而逐渐蜕变为霸权国家价值观的载体。任何反对这种主导秩序及价值观的不同意见都将遭到否定，静态意义上的国际法价值体系沦为一种霸权话语和僵化教条。究其根源，主体性原则支配下的国际法秩序实际上是一种单向度的自上而下式的权威输出过程，由国际法所调节的国家间关系也因循了这一逻辑。当霸权国家在事实上通过政治影响力主导国际法的秩序时，规范和约束国家行为的规则就成为了一种以霸权国为主体的独断，其他各国的意见和观点不再构成国际法规范的基础和理由。由此，国际社会共同的行为规范成为了霸权国家的强制性权威命令。

在交往理性所塑造的国家间行为模式中，主体性原则被主体间性所取代。国际法对于霸权国家作为单一主体性的满足演变为对于世界各国作为多元主体性的实现。如果说主体性原则强调的是人（国家）作为单一主体对于作为客体的经验世界的理性征服，那么主体间性则侧重于指称作为主体的人（国家）在实践活动中与同样作为主体的他人（其他国家）的相关性和关联性。这正是应对全球性风险社会所必需的一种主体间生存模式。由风险所塑造的“危险共同体”使得世界各国面临着共同的安全威胁。在主体性原则之下，国家间的生存模式只是指向于个体（单个国家）的排他性的存在。在现实中，这就表现为以霸权维系和巩固为唯一指向的自由霸权秩序。

在主体间性原则之下，国家间的生存模式却是一种强调每个个体（每个国家）相互关联乃至命运与共的“共在”关系。它能够有效地联结国际社会的每个成员并实现国际社会的公共性，达成关于国际法规范的价值共识。由此，它便可以形成一种对于国际社会“危险共同体”的化解。

第三节 国际法实践中能动主义与克制主义的衡平：价值重塑的客观条件

交往理性观念的塑造在理念层面提升了国际法价值体系重塑的可行性，对于霸权政治价值观输出的遏制则在政治层面增强了国际法价值体系重塑现实的可能性。就法律层面而言，交往理性的观念和大国政治的实践同样都在国际法的立法及实践上，为国际法价值体系的重塑减少了诸多法律障碍。但就国际法价值的实现而言，以达成个案正义为目标的国际司法，则通过其固有的规则构建功能为国际法价值体系的变革提供了法律保障。这种价值实现的法律保障则具体化为对于国际司法能动主义与克制主义之间的平衡过程。

一、国际法实践中的价值实现：以国际司法为中心

就国际法价值实现的途径而言，在国际法的实践层面一般包含了国际立法、国际执法、国际司法三个基本环节。然而，从更为广泛的国际法运行论范畴观之，国际法价值的实现实际上涵盖了国际法运行论的方方面面：国际条约的创制、国际习惯的形成、国际法的实施以及国际争端的解决。①

就国际立法而言，在国际法的运行论范畴内，国际条约与国际习惯一方面构成了国际法的主要渊源。与此同时，它们制定与形成的过程也成为国际立法的主要内容，国际法价值体系中许多价值目标都是在国际立法过程中被具体化、原则化和规范化的。无论是《联合国宪章》中对秩序、安全、平等、人权等价值的直接规定，还是《联合国海洋法公约》中对于海洋自由价值的规范性重申，国际立法对于国际法价值的确立和实现具有不可替代的作用。然而，从国际立法的历史流变中可以看到，不同于民主政

---

① 江河：《国际法的基本范畴与中国的实践传统》，中国政法大学出版社 2014 年版。

治引导下的国内立法模式，国际立法尤其是以联合国为中心的国际法创制，在很大程度上受到大国政治运行逻辑的支配。晚近以来，《联合国海洋法公约》的制定过程更多地表现为大国政治与小国政治之间的相互博弈和相互妥协。但以军事实力为支撑的海洋大国，在许多海洋法规则上仍然占据着优势的话语权和解释权。[①] 并且，在联合国内部，在数量上具有普遍代表性的联合国大会与联合国安理会之间，日益形成一种国际立法上理想主义与现实主义的对照。从联合国多年来的立法活动可以看到，大多数具有前瞻性的国际法价值宣言及倡导性提议，都出自联合国大会带有理想主义色彩的决议之中。与此相对，联合国安理会在许多国际法议题上的态度和立场都更趋向于现实主义。以《禁止核武器条约》为例，2017 年 7 月 7 日，联合国大会通过了全球首份全面禁止核武器的多边条约。一共有 124 个国家参与了该条约的谈判，最终除了 1 票反对和 1 票弃权外，共有 122 个国家表示赞成。[②] 在此之后，2018 年 10 月，俄罗斯、中国、美国、英国和法国 5 个联合国安理会常任理事国发表了联合声明，表示不接受联合国大会通过的《禁止核武器条约》。[③] 抛开诸多复杂的政治因素，单从国际法价值实现的层面进行审视，不难发现，联合国大会与联合国安理会实际上分别代表两种价值实现的方式和途径。联合国大会在追求国际法价值的过程中更多地表现出一种理想主义甚至激进主义的倾向。尽管从国际社会的现实性角度看，这种理想主义的倾向往往并不会获得国际法上的实效，但它对国际法价值的实现实际上是具有促进作用的。与之相比，联合国安理会则在相关国际法价值的实现过程中始终表现出理性的审慎态度。它在根本的价值诉求上其实与联合国大国并无本质分歧，[④] 只是在价值实现的手

---

① 以美国“航行自由行动”为例，直至今日，美国作为海洋大国仍然可以依靠强大的海军力量来实施相关国际法规则的实践活动，以此来逐步重塑《联合国海洋法公约》有关航行自由权的应有含义，使之朝着有利于自身国家利益的方向进行解释。

② 联合国通过禁止核武器条约，包括五常在内 40 多国未参与谈判。［EB/OL］. 环球网，(2017-07-08)［2018-12-25］. https：//world. huanqiu. com/article/9CaKrnK3X7L。

③ 联合国五常发联合声明，反对《禁止核武器条约》。［EB/OL］. 环球网，(2018-10-30)［2018-12-25］. https：//world. huanqiu. com/article/9CaKrnKecsk。

④ 根据联合国五个常任理事国的联合声明，五国的基本立场更准确的表述应当是：我们并不反对“无核的世界”，而只是反对《禁止核武器条约》。参见中俄美法英突然一致反对禁止核武器条约，另有原因。［EB/OL］. 央视网新闻，(2018-10-30)［2018-12-25］. https：//baijiahao. baidu. com/s？id = 1615709288281760113&wfr = spider&for = pc。

段和方式上更为务实和现实。概言之，要实现国际法价值体系的重塑，必然要依靠国际立法的实践路径。但从国际立法的客观现实来看，真正意义上的价值重塑，也只能在联合国大会与联合国安理会之间所形成的理想主义与现实主义的张力中获得实现。

就国际执法而言，从现实的视角来看，由于国际法缺乏国内法那样垄断国家暴力的权威机构，国际法的实施就表现为依赖于大国政治的国际法执行过程。又因为国际法价值体系中的各项价值目标实际上大都涵盖在《联合国宪章》之中，并且《联合国宪章》是国际社会最重要的造法性公约。所以，在很大程度上，以国际法价值实现为导向的国际执法主要集中于最具代表性的《联合国宪章》之中。从《联合国宪章》所创设的相关法律规范可知，对于其首要宗旨——维护国际和平及安全的实现，主要是联合国执行机构——安全理事会的职责所在。故而，大国政治在此意义上就决定了国际法秩序（安全）的实现程度和水平。与此同时，《联合国宪章》所赋予的“双重否决权”更使得安理会在涉及国际和平与安全等关键议题上拥有高度的主导权。在此意义上，作为国际法价值体系重塑的另一个重要的实践途径，国际执法在各方面都受到了大国政治的深刻影响。因此，这必然要求联合国安理会的常任理事国担负起大国的责任，遵守大国政治的行为规范原则，避免和遏制霸权政治对国际执法活动的负面影响，并在国际法的框架内合理实施国际法的相关法律规则。

由于国际立法和国际执法都在不同程度上受到国际政治的影响，因此，从国际法实践的独立性而言，重塑国际法价值体系的国际法实践路径集中在国际司法的层面。基于此，以国际司法为中心来探讨国际法价值实现的实践路径成为一种更为可行的方式。广义上的司法是指通过适用具体的法律规范解决特定争议或纠纷的一种专门活动。狭义的司法则专指法律适用的过程，亦即国家司法机关及其司法人员依照法定职权和法定程序具体运用法律处理案件的专门活动。

一般而言，立法的过程是将法律价值普遍化和具体化在法律规范之中，司法的过程则是通过一个个特定的具体的案件的法律适用来满足和实现蕴含在法律规范中的法律价值。在一定程度上，司法具有一种价值实现的功能，“努力让人民群众在每一个司法案件中都感受到公平正义”。这意味着，司法裁判的过程不仅是一个解决纠纷和化解争议的过程，同时通过实现具体个案的正义价值向社会输出某种特定的价值倾向。司法具有实现特定法律价值的功能。尽管司法裁判的结果在某种意义上只适用于特定的具体的当事人之间，但在判例法国家，这种个案裁判所体现出的某种价值取向就会渗透到整个法律体系之中。大陆法系国家通过具体个案的审理与裁判，同样将法律规范中的法律价值彰显在法律判决之中。案例指导制度的实践也使得这种个案中的价值倾向获得了某种意义上的普遍性。

与国内法中的司法存在较大差异，国际司法严格意义上是指国际关系中通过司法机制解决国家与国家之间纠纷与争端的一套组织与程序。随着国际司法机制逐步向非国家主体开放，以仲裁为代表的争端解决方式之作用在国际争端解决领域与日俱增。因此，如果从较为宽泛的角度对国际司法进行理解的话，它指的就是为解决涉及主权国家的争端由第三方依照制度化的程序作出有拘束力裁判的争端解决机制。[①] 在国际社会，由于缺乏中央权威的世界政府，国际司法不可能像国内司法那样依靠国家强制力保证实施。国际司法虽然也同样是作为理性的第三方居中裁判国家间的争端，但其司法的权威以及司法裁判结果的拘束力却来自争端当事方的同意。因此，国际司法的裁决结果并不能像判例法国家内部的司法制度那样被普遍化为整个法律体系的一般性规则。但从国际司法的历史实践来看，诸多习惯国际法规则以及一般法律原则都是通过国际司法的具体裁判所构建和塑造的。“比起国际司法在定分止争方面的有限效果，其解释和发展国际法的意义更大、影响更深远和广泛。国际法的很多原则和规则正是通过国际私法才得以确立和发展的。”[②] 换言之，国际司法除了解决具体争端功能外，在一定限度内还能够提供一般性的争端解决国际法规范，并通过这种规则构建的方式满足和实现特定的国际法价值。

二、国际司法中能动主义的价值功能错位

尽管国际司法具有一定限度内的价值实现功能，但这种价值实现的功能却在国际司法的实际运作过程中呈现出两种不同的司法哲学——司法能动主义和司法克制主义。从概念的历史维度进行考察，无论是司法能动主

---

① 曹兴国：《南海仲裁案视角下的国际司法：扩张性、局限性及中国参与》，载《太平洋学报》2018 年第 10 期。

② 何志鹏：《国际司法的中国立场》，载《法商研究》2016 年第 2 期。

义还是司法克制主义都在某种意义上来自以美国为代表的英美法传统。司法能动主义是实用工具主义法学在美国司法实践中的产物。[①] 如果从判例法国家的法律传统而言，司法原本就应当是一种中性的被动的居中裁判的角色，它应当是一种严格地遵循先例或者说严格地适用法律的过程。但在实用主义哲学的影响下，法院通过能动的司法行为也获得了更多地对社会需求予以回应的权力。这使得法官不再局限于遵循先例的原则或者成文法的约束，而是根据社会公共政策、实质正义的要求来为社会不公提供司法救济。如卡多佐所言，“司法过程的最高境界不是发现法律，而是创造法律”。[②] 因此，就司法能动主义的根本内涵而言，它指的就是法官审理案件中偏离既定成文法或既有先例的规定，以政治信仰或公共政策为指导，扩大公民权利范围以实现社会公平的过程。[③]

司法能动主义虽然在英美法的实践中对于法律价值的实现能够起到积极的推动作用，但在国际层面的运用却存在着极大的隐患。原本司法能动主义在其产生与发展过程中就是对于变化过快的社会生活需求的积极回应，它突破了司法应有的被动性和中立性本质。在某种意义上司法能动主义只能是特定政治共同体内部社会极速发展的阶段性产物，在文化趋于同一的民族国家内部具有相当的合理性。但是，国际法层面的司法能动主义则完全不同于国内社会中的司法能动主义。国际社会是一个文化多样性特征更为复杂的存在，世界各国的语言、民族文化、政治制度乃至法律传统都存在极大的差异性。因而，在此意义上，如果将司法能动主义完全地贯彻在国际司法的实践之中，那么就会出现因文化差异性而导致的价值实现功能的错位。

在国际司法的现状中也可以看到，国际法院的法官一般都来自不同的国家或地区，代表了不同国家或地区的法律文化。并且，各个国家或地区的法官在成员结构上还会保持一定的均衡，以最普遍地反映国际社会的各大法律传统为宜。正是基于这种均衡且多元的法官组织结构，国际法院才能够适应于差异且共存的国际社会之变化。由于国际争端本身天然地带有

---

① ［美］罗伯特·S. 萨默斯：《美国实用工具主义法学》，柯华庆译，中国法制出版社 2010 年版。

② ［美］本杰明·卡多佐：《司法过程的性质》，苏力译，商务印书馆 2003 年版。

③ ［美］克里斯托弗·沃尔夫：《司法能动主义——自由的保障还是安全的威胁?》（修订版），黄金荣译，中国政法大学出版社 2004 年版。

国别性或者地域性，如果不考虑各国政治社会文化的差异而过度运用司法能动主义，必将导致裁决结果的不公正，从而带来法律价值实现过程中的偏差。欧洲法院的能动司法确立了欧盟法的优先性和直接效力等基本法律原则。但这种区域性的司法能动主义得以实现的有效前提是某种意义上文化政治共同体的成熟与发达，而现实中欧盟宪法性条约已经发展成为某种“自成一类”的法律体系。① 显然在这种情况下，欧洲法院借由司法进行价值实现的功能具有正当性。与之相反，在中菲“南海仲裁案”中，南海仲裁的域外司法能动主义带来的后果是裁决结果的严重不公。无论是裁决的程序问题还是实体结果都无法有效回应真实的法律诉求。由于争端本身在地域上处在亚洲范围内，因此相应的法官成员结构也理应反映与该争端相适应的法律文化传统。法官成员结构的地区性和法律文化上的代表性则都有助于国际争端在解决过程中的事实认定和法律适用。但是，从“南海仲裁案”仲裁庭的成员结构②中可以看到，其成员中完全缺乏与该争端相匹配的人员组成，其代表的仅仅是一种西方法律的地方性文化传统。从司法的价值实现功能而言，其裁决结果中所反映的毋庸置疑仅仅是西方的地方性价值观，而根本不存在任何亚洲国家的价值因素。由此，这种域外的司法能动主义使得司法价值实现的功能发生了严重的错位。

三、国际司法中能动主义与克制主义的调和

与司法能动主义相对，司法克制主义强调的是法律的安定性。在某种意义上保持司法克制是司法被动性和中立性的基本要求。“法官保持克制主义是法制本质中的应有之义；是保障法律自身意义安全性需要”“没有严格的规则主义就没有法制，没有司法者等对权力行使的克制就不可能有法律秩序”。③ 显然，司法克制主义的基本内涵指的是法院和法官对既定法律规则及立法机关和行政机关应当保持尊重和谦抑姿态。它要求法院和法

① 曾令良：《欧洲联盟法总论——以〈欧洲宪法条约〉为新视角》，武汉大学出版社 2007 年版。

② 仲裁庭的五位法官分别为：托马斯·A. 门萨（加纳籍）、让-皮埃尔·科特（法国籍）、斯坦尼斯瓦夫·帕夫拉克（波兰籍）、阿尔弗雷德·H. A. 松斯（荷兰籍）、吕迪格·沃尔夫鲁姆（德国籍）。从五位法官的国籍分析，除加纳外，其余四国均处于欧洲大陆，仲裁庭成员在文化背景上深受西方法律价值观的影响。

③ 陈金钊：《法官司法缘何要奉行克制主义》，载《扬州大学学报（人文社会科学版）》2008 年第 1 期。

官对含义明确的法律条文必须无条件遵守，对含义模糊的法律条文应采用严格主义的解释方法，不应掺入个人理解。并且，它还要求法院和法官对于自由裁量权的使用应当自我抑制，尽量避免介入存在争议的社会政治问题。①

国际司法层面的克制主义同样应当遵循这一逻辑。从国际司法的社会基础来看，世界各国多元文化的差异和政治制度及法律传统的不同都使得司法克制主义在争端解决方面更优于司法能动主义。在缺乏与争端特性相适应的司法能动主义作用下，国际司法的价值实现功能将会出现严重的偏差。但是，这并不表明在国际司法实践中就应当倡导司法克制主义而反对司法能动主义。尽管司法能动主义在实践过程中会出现一定的功能错位，但单纯局限于司法克制主义的国际司法同样会存在价值实现功能上的局限性。根本原因在于，司法克制意味着对于法律规范的严格适用。然而，对于国际法而言，民族文化的多元性，世界性宪法的缺失以及国际法价值的多元化解读都使得这种司法克制主义无法真正获得实现。因此，从国际法价值变革之法律保障的角度来看，在国际司法能动主义与司法克制主义之间保持一种适度平衡应当是一种更优的选择。面对国际社会朝向全球风险社会发展的趋势，一个处于司法能动与司法克制之间的国际司法必然会有利于化解因风险的全球化而导致的各种国际争端，并在这种国际司法的法律适用和争端解决过程中实现国际法价值体系的重塑。

---

① 程汉大：《司法克制、能动与民主——美国司法审查理论与实践透析》，载《清华法学》2010 年第 6 期。

第六章

国际法价值体系重塑的中国方案

从宏观的国家实践层面观之，国际法框架下的大国政治对霸权政治价值观输出的有效遏制，构成了国际法价值体系重塑得以实现的主体条件。在国际社会中逐步倡导开放平等的国家间交往理性观念，则构成了重塑该体系的主观条件。在国际法实践中平衡好能动主义与克制主义的关系，则构成了重塑该体系的客观条件。除了这种一般性和普遍性的实践路径外，处在新时代蓬勃发展过程中的中国也必然为世界提供自己所独有的中国方案。尤其是随着近年来综合国力的增强和国际地位的提升，中国的和平崛起使得自身在国际体系中的身份发生了根本性的变化，这必将对实现国际法价值体系的重塑起到积极的推动作用。从中国的国际法价值观及其实践中可以看到，渊源于中国传统文化中的和谐价值观构成了重塑国际法价值体系的中国底蕴。中华人民共和国成立初期所提出的和平共处五项原则为中国国际法价值观的基本定位确立了方向。新近以来，中国政府积极倡导的推动构建人类命运共同体的命题，则进一步成为新时代背景下重塑既有国际法价值体系的中国理念。“一带一路”倡议及其具体行动更是对实现这一中国理念的初步探索和重要实践。

第一节　中国的和平崛起与国际法价值体系的中国底蕴

改革开放以来，中国的经济增长速度不断加快。在人民生活水平日益提高的同时，中国的综合国力也与日俱增。和平崛起不仅成为中国21世纪发展战略的高度概括，同时也成为中国通过和平手段达成崛起目标的客观写照。在中国国际地位不断攀升的同时，美国所主导的自由霸权秩序开始逐渐衰落，国际格局呈现出多极化的发展态势。由此，中国基于其崛起国身份而应承担的国际责任开始凸显。与责任相匹配的，则是中国在新时代背景下为完善全球治理体系提供的新思路和新方案。在此意义上，具有深厚中国传统文化渊源的和谐价值观不仅构成了国际法价值体系的中国底蕴，同时也成为全球风险社会时代对国际法价值体系进行重塑的重心。

一、中国的和平崛起与世界权力的转移

自1978年中国实行改革开放政策以来，中国的经济开始了高速增长，中国的综合国力相应提升。在"发展是硬道理"和"以经济建设为中心"等重要指导思想的引领下，中国社会经历了史无前例的变化。以2001年中国加入世界贸易组织（WTO）为标志，中国作为世界上最大的发展中国家，开始逐步从世界舞台的边缘走向中心。中国的身份也从一个国际法规则的被动遵守者朝向国际法规则的主动塑造者转变。然而，就在中国创造着世界经济奇迹的同时，国际社会中少数人所鼓吹的"中国威胁论""中国崩溃论"等论调也随之而来。究其原因，这是国际政治中现实主义观点的逻辑必然。将国际社会的运作单一地理解为权力政治的产物，因而中国的崛起势必在某种意义上改变了既有的权力分配结构，因此，它被认为是一种所谓的威胁。基于此，"和平崛起"的说法就旨在回应这种论调。一方面，"和平崛起"是对"中国如何崛起"这一问题的理论解答。另一方面，"和平崛起"也是近几十年来中国和平发展走向文明富强的现实写照。正是在这样的背景下，中国走和平崛起道路的战略理念便应运而生。

从最基本的概念层面出发，中国的和平崛起至少包含了两个层面的意蕴。其一，就其理念意蕴而言，和平崛起不仅是对国际上少数质疑中国崛起声音的有力回应，同时也构成了全球化时代背景下中国继续稳步发展的战略选择。就其基本含义而言，崛起是目标，和平是条件，和平崛起的根本宗旨在于阐明中国在发展过程中走和平道路的决心。因此，和平崛起的逻辑重心就在于和平。① 作为一种价值目标，和平最终指向的是安全与秩序。中国坚持走和平发展的道路无疑表明了其对安全价值的不懈追求。这既符合中国一直以来所阐述和倡导的国际秩序观念——崇尚和奉行多边主

---

① 在2011年《中国的和平发展》白皮书中，与"和平崛起"相近的官方措辞表达为"和平发展"，这也更进一步凸显了和平与发展作为时代主题的重要意义。参见中国的和平发展，[EB/OL]. 国务院新闻办公室网站，(2011-09-06)[2018-12-15]. http://www.scio.gov.cn/zfbps/ndhf/2011/Document/1000032/1000032_1.htm。

义的、以联合国为核心的、以国际法为基础的、体现国际公平正义的国际秩序。与此同时，这种对于国际法安全价值的偏好也有利于中国妥善处理好与其他国家间的关系，以确保和平的崛起条件。其二，就其现实意蕴而言，和平崛起在一定程度上也可以被视为中国近几十年来高速发展的现实写照。自 2010 年超过日本成为世界第二大经济体以来，中国作为崛起国的身份便开始为国际社会所关注。作为霸权国的美国更是加大了对中国的研究和考察，并且持续不断地在美国政府的核心战略文件中更新和调整着对中国的定位。[①] 因此，在和平崛起的现实面向上，中国更应当意识到自己在发展过程中所出现的身份转换。这种身份自觉在很大程度上影响着未来中国在处理大国关系时的基本立场。与此同时，中国处在崛起国的位置，更应当合理调整其与美国霸权之间的关系。

从国际政治学的视角来看，世界权力转移的现象在国际社会的发展史上并不罕见。而传统理论对该现象的解释，则更多地旨在维护美国作为权力主导国的霸权地位。传统理论认为，崛起国必将冲击现有的国际格局并与权力主导国发生冲突或战争，从而落入所谓的“修昔底德陷阱”之中。[②] 然而，这种观点却陷于权力政治逻辑的片面性，忽视了崛起国自身的主观能动性，低估了道义因素在权力转移过程中的作用。实际上，根据道义现实主义的观点，崛起国可以通过提高自身的政治领导力和战略信誉来实现权力的转移。[③] 换言之，如果中国在崛起过程中不断提高和完善自身的政治领导力和战略信誉，那么便可以增进中国与其他国家间的关系，从而改变国际格局，建立新的国际规范和秩序。并且，正如有学者所指出的，“只有中国崛起带来国际格局和国际规范两个方面的改变，才可能促成国际体系的转变”。[④] 这意味着，单一的国际格局变化并不必然带来世界权力的转移。只有在国际格局发生转变的同时，国际行为体所遵循的国际规范

---

① 2017 年 12 月 18 日，美国白宫发布了特朗普任期内第一份《国家安全战略报告》，其中美国政府将中国定位为大国竞争的对手之一，并且基于近年来对于中国的观察和偏见，将中国指称为所谓的“修正主义国家”。而早在 2010 年 5 月 27 日，在美国奥巴马政府出台的《国家安全战略报告》中，则表示寻求与中国建立积极的、建设性的、全面的伙伴关系。显而易见，随着中国在国际社会的地位越来越突出，美国对中国的态度与立场也发生着调整和变化。

② ［美］约翰·米尔斯海默：《大国政治的悲剧》（修订版），王义桅等译，上海人民出版社 2015 年版。

③ 阎学通：《世界权力的转移：政治领导与战略竞争》，北京大学出版社 2017 年版。

④ 阎学通：《权力中心转移与国际体系转变》，载《当代亚太》2012 年第 6 期。

也产生变革，才是真正意义上完成了国际体系的改变。基于此，中国作为崛起国在一定限度内对既有国际法价值体系进行合理的重塑，成为改造和完善全新国际规范和秩序的关键所在。

如果从另一角度进行审视，面对中国的和平崛起，美国必然会采取相应的措施来进行遏制，以此来巩固和维持自身既有的霸权国家地位。因而，除了在综合实力方面与中国在各种议题上激烈竞争以外，美国对自由主义国际法价值体系的守护成为必不可少的选项。有学者认为，美国应当改善自己对于国际法一直以来不屑一顾的态度，转而积极遵守国际法及相关国际组织的约束和要求。因为当美国的实力开始衰落时，面对日益强大的中国所带来的挑战，国际法及相关国际组织能够为其提供一定程度的保护。[①] 更有学者指出，美国主导的国际秩序在中国日益强大的背景下可以继续保持下去，但前提是加强自由主义。[②] 然而，从美国政府近年来对于相关国际机制所采取的态度和行动中可以看出，美国似乎并不愿意承担应有的大国责任。多次退出相关国际条约及国际组织的客观事实[③]足以表明，美国政府已经不再寄希望于既有的国际机制，而更愿意采取单边行动来实现自身利益的最大化。相比之下，中国对于国际法的遵守以及对国际组织的参与则越来越深化。无论是在自由贸易问题上，还是在气候变化问题上，甚或在防止核扩散的国际法议题上，中国都致力于维持和加强多边国际机制的有效性。并且，中国也一直在国家实践中通过亲身参与来不断强化自身对于国际法及国际组织的支持。

“对国际组织的参与度和认同度的高低以及对全球规范的遵守与否，是判断一个国家融入现有国际体系程度、衡量其国际话语权以及是否为负责任国家的重要指标。”[④] 对比中美在遵守国际法以及参与国际组织等各方面的情况可知，无论是美国在国际机制内占据主导地位，还是采取退出相关国际机制的行为，中国都不为所动并一直坚持多边主义的立场。中国长

---

① POSNER，YOO. International Law and the Rise of China［J］. Chicago Journal of International Law，2006，7（1）：1-15.

② JOHN. The Rise of China and the Future of the West［J］. Foreign Affairs，2008，87（1）：23-37.

③ 2017 年 1 月 23 日，美国退出《跨太平洋伙伴关系协定（TPP）》；2017 年 6 月 2 日，美国退出《巴黎气候协定》；2017 年 10 月 13 日，美国退出联合国教科文组织；2018 年 5 月 8 日，美国退出伊朗核问题协议；2018 年 6 月 20 日，美国退出联合国人权理事会。

④ 余珍艳：《权力转移理论与中美关系》，载《国际关系研究》2018 年第 2 期。

期以来都积极争做国际法的遵守者和国际组织的参与者及建设者。并且，中国也始终是以负责任大国的姿态在展开相关的国际法实践。随着中国更进一步的发展，中国的和平崛起这一命题在某种意义上就升华为对于中华民族伟大复兴中国梦的实现。而“至今，中国已开始显现的、很可能具有世界史意义的一个价值创新趋向，是‘和平崛起’观念体系，连同它包含的‘和谐世界’理念”。[①] 毋庸置疑，中国要变革既有的国际规范，就必然需要通过自身所独有的“和谐”价值理念来对既有的国际法价值体系进行重塑。

二、和谐价值观：国际法价值体系的中国底蕴

和谐作为一种价值观念，不仅具有深厚的中国传统思想渊源，在当今的时代背景下也被视为是对西方自由主义价值观的某种扬弃。和谐价值观构成了国际法价值体系的中国底蕴，而建设“和谐世界”的理念更是以和谐价值观作为基础的当代国际法价值的一种中国表达。塑造和构建以和谐价值观为底蕴的国际法价值体系，是新时代背景下中国基于身份自觉而对国际规范及国际主导价值观的改造。

不同于西方自由主义价值观对于“正义”价值的终极追求，中国传统法律文化将“和谐”视为其根本的价值取向。如果从和谐的语义学视角进行分析，“和”与“谐”便呈现出一种由“和”至“谐”的动态意蕴。故而，和谐价值的本意在于通过某种程度的“和而不同”来实现“谐”的实质性目标。因此，倘若将世界理解为一种差异共存的状态，那么，和谐的要求就意味着“在差异中建立相互利益最大化的彼此协调”。[②] 这使得各价值主体对自身主体性的实现建立在对方主体性实现的基础之上，由此在彼此的博弈中形成某种意义上的互惠均衡。换言之，和谐实际上是不同价值主体之间的相处之道，更是不同价值之间的共存之法。和谐要解决的是“我者”与“他者”的关系问题，它所指向的是一种整体的“我们”的主体间性，而并非单一的“我”的主体性。基于此，和谐在一定程度上具有整合不同国际法价值的功能。将和谐作为国际法价值体系的基底，不仅在

① 时殷弘：《美国权势、中国崛起与世界秩序》，载《国际问题研究》2007 年第 3 期。
② 赵汀阳：《关于和谐世界的思考》，载《世界经济与政治》2006 年第 9 期。

宏观的制度性价值上有助于化解正义与秩序之间所存在的价值紧张，同时也有助于实现微观层面上自由、平等与安全价值之间的高水平均衡。因为，倡导和谐就意味着构建一种有序且符合正义的社会制度，并在这种制度的运作过程中不断实现人的自由、平等与安全。不仅如此，和谐在推动国家的主体间性的同时，也使得“人类”的主体性得以加强，[①] 最终实现人与人、人与群体以及人与自然各层面的和睦相处。

如果说构建“和谐社会”是中国国内社会建设过程中的重要战略任务，那么构建“和谐世界”则构成了21世纪中国对于国际社会发展的一种国际秩序观。[②] 相比于国内社会通过自上而下的法律规范系统来推动“和谐社会”的建设，国际社会对于“和谐世界”的构建与实现就显得更为艰难。因为，国内社会或许会由于民族文化的某种同质性而更易于形成相互和谐共处的政治共同体。但是，在国际社会中塑造一种“和谐世界”则意味着在一个主体多元化和行为方式互异的世界里创造一个彼此协调、各得其所的状态。[③]西方自由主义价值观所欲塑造的世界是一个以个体主义为基础的、以实现个人价值最大化为目标的共同体。因此，在美国所主导国际法价值体系中，自由价值始终占据着核心的支配地位。发展中国家长期以来对于平等与安全的价值诉求不过是美国为了维持和巩固自由霸权秩序所必需的道德点缀。本质上，自由主导的国际法价值体系最终导向的是一个独占的、排他的和唯我的威权社会，所有的“他者”都被排除在价值主体之外。在这里只有作为个体的“我”的主体性，其他人的主体性被视为一种自我价值实现的妨害或阻碍。

相比之下，中国以和谐作为国际法价值体系的底蕴就必然要求“我者”与“他者”的互利共生。他人的主体性不仅不是实现自我主体性的负担，反而成为实现自我主体性的基础和前提。在“和谐世界”中，各个国家之间相互依存、利益交融，并逐步形成一个你中有我、我中有你的命运共同体。“建构和谐世界或命运共同体理念，其实质就是要将一个相互竞争的世界转变成为一个共同建构的世界。”[④] 换言之，世界在客观上其实并

---

① 江河：《国际法的基本范畴与中国的实践传统》，中国政法大学出版社2014年版。

② 王公龙：《“和谐世界”：国际秩序的新构想和新范式》，载《现代国际关系》2007年第3期。

③ 何志鹏：《国际法治：和谐世界的必由之路》，载《清华法学》2009年第1期。

④ 崔立如：《中国崛起与国际秩序演变》，载《全球秩序》2018年第1期。

无任何差异，但西方自由主义所塑造和倡导的世界观却促使人们将彼此看作是竞争者。在这种逻辑支配下的国际社会虽然看上去似乎有一套现代文明的法律规范和价值体系，但实际上仍然实行着传统国际社会中残存的“丛林法则”。而中国所提出的“和谐世界”价值理念则让人们看到，“人”区别于动物“生存法则”而独有的“生活规范”——“人内在所固有的尺度”。在以和谐为底蕴的国际法价值体系支配下，各个国家更多地认识到彼此之间的共同性和相互依存性，而不再仅仅局限于彼此之间相互冲突和矛盾。国际法在这种环境中也不再局限于各国逐利竞争过程中所产生的合作规范，① 而发展成为各国在合作过程中的共进规则。② 概言之，国际法层面上的“和谐世界”实质上就是在国际法意义上构建和谐的国际关系，这便意味着在不同的国际法主体之间维持一种和谐的法律关系。而这种法律关系以确保国际法的基本主体——主权国家之间平等地和平共处为前提。③

实际上，在古典中国社会，和谐意味着对于伦理道德所维持的等级社会秩序的维护。和谐因此也可以看作是秩序价值的某种深化。然而，从中国社会的历史演变中可以看到，这种侧重强调家国一体的和谐价值，实际上仅仅只是一种集体主义的极端化观念。它在某种程度上阻碍了人作为价值主体的主体性实现。因此，虽然和谐价值有助于弥补自由主义所倡导的个人主义之局限性，避免主体性原则的绝对化，但和谐自身仍有待于通过个体权利意识的构建来完成现代性的转向。而经由现代化的和谐价值则成为社会秩序和实质正义的合理结合。它不仅有助于个体权利的实现，更有助于调整人与人、人与社会以及人与自然间的关系。在即将到来的全球风险社会时代，倡导和发扬现代和谐价值必将有助于化解国际法的价值体系危机。而以和谐作为国际法价值体系的基底，则更进一步地有助于实现全球风险社会时代国际法价值体系的重塑。以建设“和谐世界”为目标，通过和谐理念的传播和应用，必将有助于遏制自由主义的极端化发展趋势，同时也能够促进国际社会公共性的形成。与此同时，和谐理念也有助于加强国家的主体间性以及整个人类的主体性，以应对全球风险的扩散，实现有效的全球风险社会治理。

---

① ［美］埃里克·A. 波斯纳：《全球法律主义的危险》，韦洪发译，法律出版社 2016 年版。
② 易显河：《向共进国际法迈步》，载《西安政治学院学报》2007 年第 1 期。
③ 曾令良：《当代国际法视角下的和谐世界》，载《法学评论》2008 年第 2 期。

第二节　和平共处五项原则：中国国际法价值观的基本定位

中国的和平崛起使得其在国际社会中的身份发生了一定的角色转换。基于这种身份自觉，中国将以和谐作为基本的底蕴在新时代背景下重新塑造既有的国际法价值体系，进而在国际社会构建一个人与人、人与群体以及人与自然各个层面均和睦相处的“和谐世界”。如果说现代和谐价值是中国优秀传统文化的智慧结晶，那么和平共处五项原则就构成了中华人民共和国成立后中国政府对于国际法价值的基本立场和根本观念。作为国际法价值的中国解读，这五项原则在很大程度深化了国际法价值的内在意蕴，在规范层面补充和发展了《联合国宪章》的原则性规定。和平共处五项原则在国际法价值体系中增添了亚洲文化的要素。并且，反映于和平共处五项原则之中的“相互性”，进一步提升了国际法价值在国家间交往关系中的利益融合及政治互信理念。

一、和平共处五项原则与国际法价值的中国立场

中华人民共和国成立后，中国外交翻开了新的一页。掌握了自己国家命运的中国人民，从自己及亚洲人民长期遭受殖民主义侵略和压迫的痛苦经验中深切地体会到捍卫国家主权、争取和平环境、建设自己国家的重大意义。而要达成这一目的，就必须从发展同周边国家的睦邻友好关系开始。[①] 在这种历史背景下，和平共处五项原则应运而生。它不仅是现代中国早期外交实践的产物，更是中国对现代国际法价值体系发展过程的深度参与。对于自产生时起就一直受西方价值观念影响的国际法价值体系而言，中国所提出的和平共处五项原则无疑是一种特殊的带有亚洲文化因素的智识贡献。

回顾近代国际关系史可知，和平共处五项原则的提出并非一蹴而就，而是中国近代以来尤其是 1949 年以来在外交实践过程中不断摸索和尝试的产物。和平共处五项原则的基本要旨，最早是在 1953 年由中国、印度和缅

① 郑瑞祥：《和平共处五项原则产生的历史背景和时代意义》，载《当代亚太》2004 年第 6 期。

甸三国联合倡导确立的。它的具体内容包括：互相尊重主权和领土完整、互不侵犯、互不干涉内政、平等互利、和平共处。[①] 这五项原则在当时的历史背景下并没有立刻受到国际社会的普遍认可与支持。但是，在中印缅三国的积极推动下，国际社会也逐步开始承认甚至赞同这五项原则的基本内容，许多国际决议和宣言都将它采纳了进来。[②] 作为中国早期外交实践的重大突破，和平共处五项原则在某种意义上是具有里程碑意义的。并且，这五项原则也是中国对现代国际法价值及其基本原则的理论创新。它不仅具有不同于以往国际法基本原则的独特含义，更在既有国际法基本原则的基础上展开了进一步的拓展和深化。

其一，和平共处在五项原则之中，其首要强调的价值就是国际法上的平等价值。和平共处五项原则的第一项提出了“互相尊重主权和领土完整”，将“主权和领土完整”放在了最高的位置。对于平等价值的诉求是中国在近现代以来的历史发展中最为迫切的价值需求。中国近代史中丧权辱国和不平等条约的历史实践都使得平等在中国的国际法价值观中占据了最重要的主导地位。这种对于主权平等的价值诉求，不仅深刻反映了和平共处五项原则提出时中国在外交实践中获得尊重和认可的迫切需求，同时也成为中国对于国际法价值一以贯之的基本立场。[③]

其二，和平共处五项原则所规定的“互不侵犯”和“互不干涉内政”则体现了国家主权的独立属性。就其反映的价值目标而言，“互不侵犯”和“互不干涉内政”应当与国际法上的消极自由相对应。它的根本要旨在于：主权国家免受其他国家的侵犯与干涉，并对自己国家内部的事务具有排他性的权力。这两项原则实质上仍然是在重申对于“主权”的维护。换

---

① 1954 年中国与印度之间签订的《关于中国西藏地方和印度之间的通商和交通协定》，在序言中载入了和平共处五项原则的基本内容，同年的《中印两国总理联合声明》和《中缅两国总理联合声明》则进一步重申了这五项原则。参见当代中国研究所：《中华人民共和国史编年（1954年卷）》，当代中国出版社 2009 年版。

② 1955 年万隆会议通过的十项原则是对和平共处五项原则的引申和发展，20 世纪 60 年代兴起的不结盟运动把五项原则作为指导原则，1970 年第 25 届联合国大会第 2625 号决议通过的《关于各国依联合国宪章建立友好关系及合作之国际法原则之宣言》和 1974 年第六届特别联大第 3281 号决议通过的《关于建立新的国际经济秩序宣言》，都明确把和平共处五项原则包括在内。

③ 通过对中国外交部发言人历次的发言和问答进行不完全统计可以获知，“主权和领土完整”作为关键词出现的频率极高，并且相关措辞也极为严正且一以贯之，例如，“坚决捍卫国家主权和领土完整”“涉及中国核心利益”“不能触碰的红线”等，统计信息来源：中华人民共和国外交部网站，https：//www. fmprc. gov. cn/web/。

言之，尊重主权、尊重领土的完整、互不侵犯、互不干涉内政这几项原则归根结底都侧重于对国家独立性和自主性的保障，它们的法理基础是主权。相比于西方国家动辄以人权高于主权的论调在国际社会一些重大问题上恣意妄为，和平共处五项原则对于主权的强调决定了中国对于价值主体优先性的立场：主权国家才是国际法价值的基本主体，维持国家间和平的主权秩序乃是国际法首要的价值目标。

其三，和平共处五项原则所提出的“平等互利”，是主权在国际交往中的进一步体现。亦即，国家具有平等的法律人格和参与机会，并在平等参与的前提下以协商民主的方式寻求共同的利益。[①] 显然，平等互利的原则同样是在强调平等价值的重要性，但在平等基础上的互利则彰显了和平与发展的时代主题。换言之，“平等”与“互利”具有不可分割的关系。两者结合在一起的表述充分说明“平等互利”中的平等并非局限于一种形式上的平等资格，而是以机会平等为前提最终实现平等主体之间的共同利益。这种“平等互利”的国家间交往模式从根本上改变了西方价值观所塑造的国家间竞争性关系，它使得国家之间的交互往来成为一种建立在彼此尊重基础上的“礼尚往来”。

其四，和平共处五项原则所提出的“和平共处”在某种意义上是前几项原则的终极指向，并且也是基于主权原则所呈现的国际关系的必然状态——国际和平及安全价值的充分实现。换言之，国家之间的“共处”要达到“和平”的状态，各国就应当按照平等价值的要求做到彼此尊重对方的独立人格、平等尊严，并做到互不侵犯、互不干涉内政以实现国际法上的消极自由价值。如此为之的结果是维持国际秩序的基本和平状态。世界各国就可以在这种前提下“共处”，最终形成一种“共生”的关系。

从和平共处五项原则的基本内容及其特定含义中可以看到，和平共处五项原则中所包含的“主权”、“领土完整”、“不干涉”、“平等”以及“和平”等要素均与《联合国宪章》中的相关规定具有紧密的关联。《联合国宪章》中所规定的宗旨和原则与和平共处五项原则具有天然的联系。[②]

---

① 何志鹏、孙璐：《国际关系的现实主义维度——和平共处五项原则的立场探究》，载《吉林大学社会科学学报》2014 年第 6 期。

② 王铁崖主编：《国际法》，法律出版社 1995 年版。

《联合国宪章》第一条第二款、第二条第一项和第四项，以及第七十八条的规定[①]都与“互相尊重主权和领土完整”在实质上具有相同的意蕴。《联合国宪章》第二条第四项和第七项，以及第五十一条则为“互不侵犯、互不干涉内政”原则提供了价值基础，而“平等互利、和平共处”原则也能在《联合国宪章》中找到直接或间接规范依据。

与此同时，和平共处五项原则又在《联合国宪章》相关规定的基础上有所拓展和深化。一方面，从整体上而言，和平共处五项原则虽然是在重申《联合国宪章》的基本宗旨和原则，但通过对主体间关系进行“互”和“共”的限定，五项原则极大地增强了国际法基本原则的实际可操作性。它将原本高度抽象的法律原则具体化和经验化，“和平共处五项原则生动反映了联合国宪章宗旨和原则，并赋予这些宗旨和原则以可见、可行、可依循的内涵”。[②] 另一方面，强调“互利”和“共处”在某种程度上体现了深受儒家文化影响的亚洲地域因素。不同于西方价值观所描述的竞争性国际关系，生活在亚洲地区的人们“历来崇尚仁爱、慈善、和平等价值观”，[③] 他们对国家之间相处之道的理解接近于中国传统文化中“和为贵”的理念。因此，比起从消极意义上维系国家间竞争性关系的国际法原则，“互利”和“共处”则从积极意义上使国家之间的交往更具有一种合作性和共进性。总而言之，和平共处五项原则不仅与《联合国宪章》的相关规定具有一致性，同时也是对《联合国宪章》的补充和发展。[④]

二、和平共处五项原则的相互性：国际法价值的中国解读

作为中国对于国际法价值及基本原则的特殊贡献，和平共处五项原则在其内容上反映了中国对于平等、自由及安全等国际法核心价值的序位排列。近代史的感性经验使得中国将平等放在了首要的位置。而免于干涉的自由以及和平共处的安全则都被排在了平等价值之后。与此同时，从和平

---

① 《联合国宪章》第一条第二款规定了“人民自决权”，第二条第一项和第四项分别规定了“尊重主权”和“领土完整或政治独立”，第七十八条则规定了“主权平等”。

② 习近平在和平共处五项原则发表60周年纪念大会上的讲话（全文）.［EB/OL］. 中央政府门户网站，(2014-06-29)［2018-12-15］. http：//www.gov.cn/xinwen/2014-06/29/content_2709613.htm。

③ 习近平在和平共处五项原则发表60周年纪念大会上的讲话（全文）.［EB/OL］. 中央政府门户网站，(2014-06-29)［2018-12-15］. http：//www.gov.cn/xinwen/2014-06/29/content_2709613.htm。

④ 赵建文：《和平共处五项原则与〈联合国宪章〉的关系》，载《当代法学》2014年第6期。

共处五项原则的内在逻辑来看，它还在某种程度上体现国际法价值的中国解读：国家间关系的“互”性共生。

从和平共处五项原则的内容可以看到，“互相尊重主权和领土完整”原则中有“互相”。“互不侵犯、互不干涉内政”原则中有“互不”。“平等互利”原则中有“互利”。“和平共处”原则中有“共处”。这些都表明了国家间关系在平等、自由及安全价值实现上的“互”性特征。这是对国际法基本原则的重大发展。从国际法各项基本原则的具体内容对比中可知，《联合国宪章》中对于国际法基本原则的表述仅仅陈述了平等、自由及安全价值的具体规范内容，并没有突出价值主体在实现价值目标过程中的相互关系。在此意义上，和平共处五项原则中所体现的“互”性特征突出和强调了作为价值主体的主权国家间关系对于价值实现的重要性。“和平共处五项原则中包含 4 个‘互’字、1 个‘共’字，既代表了亚洲国家对国际关系的新期待，也体现了各国权利、义务、责任相统一的国际法治精神。”① 这意味着，在追求平等、自由及安全等国际法价值的过程中，国家并非各自为政的单一存在，而是相互间负担着义务与责任。正因为这种权利与义务彼此对等的约束，才能够更高水平地实现国际法的各项价值目标，由此才能够达成国际关系的法治化以及国际社会的良序发展。

实际上，从某种角度来看，和平共处所强调的有关价值实现的“互”性特征，正是对主体性原则下国际法价值实现所存在的局限性的改进。如果认为国际法的基本原则是对于国际关系的规范与调整，以及对国家行为的限制与约束，那么“维持国际和平与安全”“保障人权”“主权平等”等诸多原则的要求就是对于作为个体的主权国家而言的。换言之，单纯地将价值实现的具体行为要求列为国际法基本原则之时，这些原则就仅仅指向了单个的国家，而并未对国家间的相互关系作出直接规范。亦即，它只规定了国家遵守并按照国际法基本原则展开具体的国际实践。这种缺乏“互”性的原则性规范所遵循的逻辑仍然是寄希望于主权国家自身的自律与守约。当每个国家都遵循着“条约必须信守”的要求并按照基本原则的具体内容展开行动的时候，国际法的基本原则就得以落实，而国际法的价值也就获得了实现。但是，这种模式却忽视了作为价值主体的国家与同样

① 习近平在和平共处五项原则发表 60 周年纪念大会上的讲话（全文）。[EB/OL]. 中央政府门户网站，(2014-06-29) [2018-12-15]. http://www.gov.cn/xinwen/2014-06/29/content_2709613.htm。

作为价值主体的其他国家之间的相互关系。强调国家间“互”性特征的和平共处五项原则，则在每一项具体原则中凸显了价值实现过程国家间交往模式的主体间性。在这种“互”性特征的作用下，国际法价值的实现不再是单个国家对于国际法基本原则规范的遵循，而演变为国家与国家之间就达成某项国际法价值所进行的协商共识。在此意义上，和平共处五项原则实现了国际法基本原则从实践理性观念朝向交往理性观念的转变，将国际法价值的单一主体性原则转化为更有利于价值实现的主体间性原则。因而，国际法规则的适用与运行也不再是单一霸权国家的独断论，而演变为多元化国际法主体之间的平等协商。基于这种“互”性的原则规范，无论是大国还是小国、发达国家还是发展中国家都在实质意义上享有真正的平等。①

进一步而言，除了有关国际法价值实现的“互”性特征外，构建一种国家间交往的“共生”关系构成了和平共处五项原则的另一重要组成部分。“共生是人与人、人与社会、人与自然、国家与国家关系维系的基本价值。”② 和平共处五项原则的“互”性特征和“共处”模式都蕴含了这种“共生”要素。并且，从“和平共处”到“和平共生”③ 实际上反映的是国际法社会基础的根本变动，是经济全球化趋势日益加深的时代表征。它不仅凸显了全球化时代背景下国家间越发密切的“复合相互依赖”关系，同时也表明了维持和平秩序的基本内涵正发生着变化：从霸权稳定论逻辑下的和平秩序到具有共生关系的国家间和平秩序发展。换言之，西方自由主义价值观支配下的和平秩序在本质上仍然是一种竞争性和平，甚至在特定的历史阶段异化为一种“恐怖性和平”。④ 国家之间交往的逻辑起点是彼此间的不信任，处在这种交往模式下的国际社会处处设防、草木皆兵，长达半个世纪的美苏冷战无疑是其最好的例证。相比之下，无论是“和平共处”还是“和平共生”都在不同程度上强调了国家之间利益共同

① 江河：《人类命运共同体与南海安全合作——以国际法价值观的变革为视角》，载《法商研究》2018 年第 3 期。

② 苏长和：《和平共处五项原则与中国国际法理论体系的思索》，载《世界经济与政治》2014 年第 6 期。

③ 学者杨洁勉曾指出，中国从大国走向强国的外交理论准备由低到高包括和平共处、和平共生与和谐共生三个重要阶段。参见杨洁勉：《中国走向全球强国外交理论准备——阶段性使命和建构性重点》，载《世界经济与政治》2013 年第 5 期。

④ 蔡亮：《共生国际体系的优化：从和平共处到命运共同体》，载《社会科学》2014 年第 9 期。

性。正因为彼此之间所具有"共"性才能够使各自取得相互间的信任及合作，和平才具有"持久性"。要想真正达到康德所指称的"永久和平"，就需要进一步构建国际关系的"和谐共生"。因为，"和平共处"中所蕴含的"共生"关系实际上也正是"和谐"价值在法律原则层面的逻辑必然，而"和谐共生"[①] 则成为重塑以和谐为底蕴的国际法价值体系的题中之义。

更为重要的是，和平共处五项原则在国际社会上的广泛传播与普遍认同，在一定程度上为中国在新时代背景下推动构建"人类命运共同体"提供了成功的经验范本。这为进一步深化国际法价值体系的重塑奠定了实践基础。和平共处五项原则之所以能够成为中国对于国际法价值体系的重要智识贡献，根本原因在于和平共处五项原则自身的"适时性"，它"精准因应了时代发展的主脉"。[②] 和平共处五项原则提出的时代背景是第二次世界大战之后，当时国际社会对于和平秩序的诉求空前高涨。并且，和平共处五项原则最早是由地处亚洲的中、印、缅三国所提出，亚洲人民在某种意义上作为战争的最大受害方无疑对于和平共处的国家间关系最为渴望。这些时代和地缘因素对于和平共处五项原则适时性的影响，无疑进一步印证了国际法价值所具有历时性的根本特征。和平共处五项原则所蕴含的国际法价值理念顺应了当时国际社会的价值取向，契合了彼时各国的价值需求，因此，和平共处五项原则才能够顺利地被国际社会大多数国家所接受。与之相近，在国际秩序充满不确定性的当下，生态危机、金融危机和恐怖主义等全球性风险在时空压缩的"地球村"肆意蔓延。由此带来的一系列复杂多变的全球问题使得全球治理进入瓶颈期。如何在理念层面上有效地回应这种"大发展大变革大调整时期"，成为新时代背景下国际法价值体系进行合理重塑的关键。而中国近年来所提出的推动构建"人类命运共同体"的理念正延续着"和平共处五项原则"的基本立场。它以宏大的理论叙事把握着深度全球化的时代脉搏，并以崇高的道德理想关切着全球风险社会阶段人类可能面临的挑战。人类命运共同体向全世界展现了重塑新时代国际法价值体系、构建新型国际关系的中国理念。

---

① 习近平寄语世界青年：推动不同文明和谐共生．［EB/OL］．新华网，（2019-08-13）［2019-08-25］．http：//www. xinhuanet. com/video/2019-08/13/c_ 1210240412. htm。

② 范宏伟：《推动构建人类命运共同体——中缅确立"和平共处五项原则"的经验与启示》，载《首都师范大学学报（社会科学版）》2019 年第 3 期。

第三节 人类命运共同体：国际法价值体系重塑的中国理念

表征着国家间“相互性”和“共生性”关系的和平共处五项原则体现了国际法价值的中国立场和中国解读。旨在建设一个持久和平、普遍安全、共同繁荣、开放包容和清洁美丽世界的人类命运共同体则给出了新时代国际法价值体系重塑的中国理念。从具体内涵而言，人类命运共同体所强调的“人类”“命运”“共同体”三个关键词都与全球风险社会时代国际法价值体系亟待改进的主要方向紧密对接。而人类命运共同体的“新安全观”更从共同、综合、合作、可持续等多个维度丰富和拓展了国际法安全价值的根本意涵。这必将有助于构建以安全为主导的国际法价值体系，从而全面实现全球风险社会时代国际法价值体系的合理重塑。

一、人类命运共同体的国际法价值诠释

推动构建人类命运共同体作为一项深刻反映世界发展新方向的时代命题，它的提出经历了由国内到国际层面自内而外的传播过程。从最初国内社会的政治理念与法律规范，到国家领导人在国际社会上的倡导与呼吁，再到诸多国家的赞同与认可，人类命运共同体不断被写入国际决议之中。这充分表明，人类命运共同体所蕴含的理论创见在很大程度上契合了当前国际社会的发展趋势。与此同时，人类命运共同体理念在国际法层面显示出了极为丰富的意蕴。尤其是在国际法价值的维度上，人类命运共同体所倡导的“共同体意识”更增进了价值实现的主体间性，为凝聚全球风险社会治理的价值共识奠定了公共理性的伦理基础。

（一）人类命运共同体的国际法内涵解析

人类命运共同体的概念并非一次成型，其基本内涵的形成经历了一个逐渐丰富和日益深化的阐释过程。对于这一重要概念的理解和诠释，也分别沿着“人类”“命运”“共同体”三个关键词的展开而不断发散。对人类命运共同体概念的产生进行历时性的梳理有利于把握其概念内涵的时代特征，依据“人类”“命运”“共同体”三个关键词来对其进行深度解析则更能够清晰地挖掘其概念谱系的渊源脉络。

在国内层面，中国首次提出“命运共同体”的概念是在2011年国务院新闻办公室发布的《中国的和平发展》白皮书之中：“经济全球化成为影响国际关系的重要趋势。不同制度、不同类型、不同发展阶段的国家相互依存、利益交融，形成‘你中有我、我中有你’的命运共同体。”[①] 而中国政府正式提出“人类命运共同体”意识则是在2012年中共十八大的报告里，中国共产党面向全世界郑重宣告：“合作共赢，就是要倡导人类命运共同体意识，在追求本国利益时兼顾他国合理关切，在谋求本国发展中促进各国共同发展，建立更加平等均衡的新型全球发展伙伴关系，同舟共济，权责共担，增进人类共同利益。”[②]由此，人类命运共同体作为一项重要的政治理念在国内外广泛传播开来。在2018年3月11日，人类命运共同体进一步由政治理念落实到了国家法律规范的体系之中，在第十三届全国人民代表大会表决通过的《中华人民共和国宪法修正案》中，“推动构建人类命运共同体”被写入宪法，成为具有最高法律效力的宪法规范。

在国际层面，人类命运共同体概念的基本内涵及核心要旨经由国家领导人的倡导和呼吁逐渐为国际社会所认识和理解。并且，这一概念也随着全球化进程的深化而不断被赞许和认可。在诸多国际会议的主题及国际组织的决议中都载入了“构建人类命运共同体”的新时代命题。2013年3月，习近平主席在莫斯科国际关系学院发表演讲，第一次向世界传递对人类文明走向的中国判断：“这个世界，各国相互联系、相互依存的程度空前加深，人类生活在同一个地球村里，生活在历史和现实交汇的同一个时空里，越来越成为你中有我、我中有你的命运共同体。”[③] 2015年9月，在联合国成立70周年系列峰会上，习近平主席全面论述了打造人类命运共同体的主要内涵：“我们要继承和弘扬联合国宪章的宗旨和原则，构建以合作共赢为核心的新型国际关系，打造人类命运共同体。建立平等相待、互商互谅的伙伴关系，营造公道正义、共建共享的安全格局，谋求开放创

---

① 《中国的和平发展》，国务院新闻办公室网站，http://www.scio.gov.cn/zfbps/ndhf/2011/Document/1000032/1000032_1.htm。

② 《胡锦涛在中国共产党第十八次全国代表大会上的报告》，中央政府门户网站，http://www.gov.cn/ldhd/2012-11/17/content_2268826_7.htm。

③ 《国家主席习近平在莫斯科国际关系学院的演讲》，中央政府门户网站，http://www.gov.cn/ldhd/2013-03/24/content_2360829.htm。

新、包容互惠的发展前景，促进和而不同、兼收并蓄的文明交流，构筑尊崇自然、绿色发展的生态体系。”① 2017 年 1 月，在联合国日内瓦总部，习近平主席在万国宫出席“共商共筑人类命运共同体”高级别会议，并发表题为《共同构建人类命运共同体》的主旨演讲，阐释了构建人类命运共同体的中国方案。② 2017 年 2 月，联合国社会发展委员会第五十五届会议协商一致通过“非洲发展新伙伴关系的社会层面”决议，首次写入“构建人类命运共同体”理念。③

正如和平共处五项原则最终被国际社会普遍认可为中国对国际法发展的重要智识贡献一样，人类命运共同体的理念也正逐步被国际社会所接受为中国对于全球治理体系变革所贡献的中国智慧。从习近平主席对人类命运共同体主要内涵的阐释中可以看到，人类命运共同体理念的提出，正是中国在深刻把握当前国际社会复杂多变的形势基础上所作出的准确回应。就当前国际社会的现实情况而言，随着经济全球化趋势的不断加深，世界各国在某种程度上呈现出经济高速增长和物质生活日益丰富的繁荣景象。然而，与此同时，各个国家却受到经济全球化负外部性的影响而面临着全球性风险的威胁。全球范围内的生态危机、金融危机、恐怖主义以及霸权政治所诱发的全球政治风险，使得全人类面临着前所未有的生存危机。因此，基于对当前人类社会生产生活状况的高度关注和深切忧虑，“人类命运共同体”理念在其概念构成上分别沿着主体、客体以及主体间性的基本范畴形成了“人类”“命运”“共同体”三个关键词。

首先，“人类”作为构成人类命运共同体概念的首要成分，不仅凸显了超越于主权国家之上的人类的主体性，也顺应了国际法人本化以及国际社会本位的发展趋向。与此同时，它更预示了对于全人类共同利益的关注及保护在当下及未来国际社会发展中的重要性。

将“人类”作为命运共同体的核心主体，对于以主权国家作为基本行

---

① 《携手构建合作共赢新伙伴，同心打造人类命运共同体》，《联合国大会第七十届会议第十三次全体会议 A/70/PV. 13》，https：//documents-dds-ny. un. org/doc/UNDOC/GEN/N15/292/64/PDF/N1529264. pdf？OpenElement。

② 习近平：《习近平谈治国理政》（第二卷），外文出版社 2017 年版。

③ 《非洲发展新伙伴关系的社会层面》《联合国经济及社会理事会社会发展委员会第五十五届会议 E/CN. 5/2017/L. 5》，https：//documents-dds-ny. un. org/doc/UNDOC/LTD/N17/034/61/PDF/N1703461. pdf？OpenElement。

为体的现行国际秩序而言，至少包含了两个层面意蕴。

其一，“人类”强调的是作为整体性存在的全人类。它侧重于对全人类共同利益的关注及保护，并且它还预示了现代国际法律体系从“主权国家本位”向“国际社会本位”发展的历史趋势。① 随着经济全球化程度的不断加深，由商品、资金、人员和劳务四大自由流通所形成的世界市场，使得主权国家之间的相互关联越发紧密。曾被认为具有绝对排他性的主权概念也开始呈现出相对化的特点。从历史上的欧洲共同体到当下的欧洲联盟，近代国际法中国家主权的不可让渡性在区域一体化的过程中被逐渐软化。在全球化的进程中，“地球村的社会状态及其时空压缩与人们之间的复合性相互依赖，都使人类的主体性和主体间性日益显现”。② 与此同时，在经济全球化负外部性的作用下，在空间上具有无限延展性的现代性风险在全球范围内迅速扩散。风险的全球化使得主权国家的边界失去了意义，世界各国必须以“人类”的主体性原则为依据相互合作共同应对全球性风险的威胁与挑战。更为重要的是，在资源日益稀缺的现实背景下，由勘探开发技术的发达所带来的海底、极地、太空等国家管辖之外的“全球公域”资源，更从“利益共同性”的层面改变了片面追求自身利益最大化的“主权国家本位”国际法体系。“人类共同继承财产”原则的确立使得全人类共同利益的重要性不断凸显。在“全球化 3.0 时代”，③ 随着超越于国家利益之上的国际社会公共利益的逐步成型。以国际社会为本位的理念必将在一定程度上深刻塑造既有的国际法价值体系，由此也会对整个现代国际法律体系产生重大的影响。

其二，“人类”还蕴含着对于作为个体的大写的“人”的尊严与权利的关切。它体现了国际法人本化程度不断加深的发展趋向，同时它也进一步突出了人权作为国际法最终价值的不可替代性。“人类命运共同体理念关注人类整体和个体，突出了人本身。”④ “人类”除了直接指向作为整体

---

① 李赞：《建设人类命运共同体的国际法原理与路径》，载《国际法研究》2016 年第 6 期。

② 江河：《人类主权的萌芽：现代国际法的启示与回应》，中国社会科学出版社 2011 年版。

③ 美国学者弗里德曼曾将全球化划分为“全球化 1.0”、“全球化 2.0”和“全球化 3.0”三个阶段，其中，在 2000 年开始的“全球化 3.0”阶段，科技的发达正在抹平国家之间的边界，世界由此变得更加平坦。参见［美］托马斯·弗里德曼：《世界是平的：21 世纪简史》，何帆等译，湖南科学技术出版社 2006 年版。

④ 张辉：《人类命运共同体：国际法社会基础理论的当代发展》，载《中国社会科学》2018 年第 5 期。

性存在的全人类外，它另一个潜在的外延就是作为国际法价值终极主体的“人”。前者彰显了宏观层面上人类的主体性，后者则从微观层面上强调了人的主体性——人的尊严与权利。人权就是对于人之为人所必需的价值。毋庸置疑，构建人类命运共同体的最终落脚点是实现每一个作为个体的人的主体性，亦即“一切人自由而全面的发展”。人权的概念缘起于西方社会的历史发展之中，但是，“对于一个被公共化的共享概念，西方人权文化的历史背景不意味着解释的特权，既然人权被认为是普遍有效的概念，它就必须在理论上是开放的，在文化上不可以设限”。① 换言之，任何国家、组织或个人都有以自己的方式理解和诠释人权的权利。中国所提出的人类命运共同体理念同样包含了对于人权价值的中国解读。诚如有学者所言，“中国特色人权建设的一个特点，就是把个人人权和集体人权统一起来，把两者结合起来”。② 这意味着，与“人类”这一关键词同时蕴含整体的人类和个体的人一样，人类命运共同体理念所倡导的人权具有一种主体上的双重指向。它既关注作为整体性存在的全人类，同时也关切作为个体性存在的个体。因而，在此意义上，“人权价值理念在构建人类命运共同体所需的价值体系中是不可或缺的”。③ 在以人类命运共同体理念指导和重塑国际法价值体系的过程中，对于国际法人权价值所应具有的中国意蕴的重申更是不言自明的。

需要指出的是，在主观构建的层面上，强调“人类”的主体性和人权的价值追求，对于以主权国家为基本行为体的现行国际秩序而言具有一定的超越性和前瞻性。但是，就构建人类命运共同体的现实面向而言，“人类”这一关键词无论侧重是“以人为本”还是“以人类为本”，“都无法改变一个根本性的事实，即：国际法对个人的关注或影响还须通过国家间权利义务的安排方能实现”。④也就是说，在人类命运共同体的实践路径上，“人类”必须依赖于“国家”。只有在世界各国的共同努力下，“人类”的共同利益才能得到应有的维护和保障，“人类”所面临的共同风

---

① 赵汀阳：《“预付人权”：一种非西方的普遍人权理论》，载《中国社会科学》2006 年第 4 期。

② 李龙：《构建人类命运共同体是世界人权事业的伟大创举》，载《武汉科技大学学报（社会科学版）》2018 年第 1 期。

③ 张卫华：《构建人类命运共同体的人权之维》，载《人权》2017 年第 5 期。

④ 车丕照：《“人类命运共同体”理念的国际法学思考》，载《吉林大学社会科学学报》2018 年第 6 期。

险才能获得有效的预防和控制，“人类”的“命运”才能有一个更好的归宿。

其次，“命运”是人类命运共同体的核心限定词。“人类”作为关键词凸显了全人类整体利益以及国际社会的公共性，“命运”的概念则构成了人类主体性的基本内容。换言之，命运表征着人作为主体通过自身的主观能动性去生存和发展所能够获取的可能状态，它在逻辑学的意义上指向了关于人乃至人类的“可能世界”和“可能生活”。[①] 基于此，人在社会中的生存和生活的具体实践过程及结果就可以被归结为人的命运。在国际法意义上，国家在国际社会中的可能生存状况同样代表了国家的命运。它的实质含义在于国家通过自主的决定和选择在国家间的交往活动中实现自身主体性的过程。举例来说，当国家的安全遭受威胁并导致主权受到侵犯，那么国家的命运就遭遇了不利的后果。当国家的经济获得空前的发展并实现了国富民强的目标时，那么国家的命运就获得了有利的结果。由此可见，命运实际上是一种关于人的生存状况的中性表达，它既指向表示“好”的利益与资源，同时也蕴含着代表“坏”的风险与损害。从“好”的层面而言，构建人类命运共同体中的命运表明了各个国家之间以及各国人民之间的利益交融及命运与共。亦即，彼此之间从利益共同体到责任共同体最终形成命运共同体。[②] 从“坏”的层面来看，命运共同体中的命运实际上还包含了一种“风雨同舟、荣辱与共”的意蕴，这意味着各国之间不仅在“好”的一面能够互利共赢，在遭遇困境和危机时也能够相互支持、携手共进。因此，如果将“命运”一词放在风险社会的语境中进行理解，那么一个人的命运状况就取决于其所处的风险的状况，现代性风险所塑造的“危险共同体”在某种意义上就潜藏了一种“命运共同体”的含义。这意味着风险社会中所有人和所有国家都在风险的面前命运与共，没有任何人或国家能够幸免于可能发生的风险威胁。换言之，“当代的全球性社

---

① “可能世界”是由莱布尼兹所提出的哲学概念，意指只要在逻辑上不包含任何矛盾便可能存在的某个世界，而由此阐发，“可能生活”便被定义为：如果一种生活是人类行动能力所能够实现的，那么就是一种可能生活。命运在人作为主体通过自身主观能动性去生存或生活的意义上构成了一种“可能世界”和“可能生活”。参见赵汀阳：《论可能生活》（第 2 版），中国人民大学出版社 2010 年版。

② 《李克强提出三个“共同体”建设和平繁荣开放亚洲》，中国新闻网，http：//www. chinanews. com/gn/2014/04-10/6048613. shtml。

会是一个全球风险共担的社会，这种‘风险’因各种全球问题的出现而变成了现实”“这些全球问题的出现，促成了另一种形式的人类共同利益”。[1]

最后，“共同体”构成了人类命运共同体的中心词，它既是一种客观的实在，也是一种主观的建构。“共同体”概念所显示的是关于人类社会的全新描述：“这个世界，各国相互联系、相互依存的程度空前加深，人类生活在同一个地球村里，生活在历史和现实交汇的同一个时空里，越来越成为你中有我、我中有你的命运共同体。”[2] 而在马克思和恩格斯所追求的联合体中，“每个人的自由发展是一切人的自由发展的条件”。[3] 由此可见，“国际共同体”和“人类共同体”远比“国际社会”和“人类社会”更具有融贯性和亲和性。因为，共同体不同于社会。社会仅仅止步于对人们相互间关系的客观描述，而共同体则是人们基于理性上的共同理解[4]和感性上的共同感觉[5]所促成的一种特殊的社会关系。基于此，人类命运共同体中对于“共同体”的构建实际上就是对于国家间交往模式主体间性的塑造。它是超越了实践理性支配下的主体性原则，转而强调作为主体的国家与同样作为主体的国家之间的紧密关联性。并且，它也是交往理性支配下围绕全球性风险的应对而在各国间形成的协商共识，更是一种超越了以“我”与“他者”之间的界限为前提的关系性存在而转向一种“包容他者”[6] 的“我们”的共在存在论范式。在全球风险社会的时代，共同体的建构必将有助于人类共同应对全球性风险的威胁。

概言之，由“人类”“命运”“共同体”三者有机结合而成的“人类命运共同体”，表明了人类作为整体在生存可能性的意义上集结为共同体的过程。推动构建人类命运共同体以构建合作共赢为核心的新型国家关系为基本内涵。这是实现必要且有效的全球风险社会治理的理念基础，同时也构成了风险社会视角下国际法价值体系重塑的中国理念。并且，“人类”“命运”“共同体”三者并非相互孤立地处于静止状态。它们通过一定的内

---

① 汪信砚：《构建人类命运共同体的本真意涵》，载《社会科学辑刊》2018 年第 6 期。

② 《国家主席习近平在莫斯科国际关系学院的演讲》，中央政府门户网站，http：//www. gov. cn/ldhd/2013-03/24/content_ 2360829. htm。

③ ［德］马克思、恩格斯：《共产党宣言》，人民出版社 2014 年版。

④ ［德］斐迪南·滕尼斯：《共同体与社会——纯粹社会学的基本概念》，林荣远译，商务印书馆 1999 年版。

⑤ ［英］齐格蒙特·鲍曼：《共同体》，欧阳景根译，江苏人民出版社 2007 年版。

⑥ ［德］尤尔根·哈贝马斯：《包容他者》，曹卫东译，上海人民出版社 2002 年版。

在逻辑相互联动并表现出一种"人本意识、合作意识和共进意识"的意识体系,[①]"以人（人类）为本""互利共赢""和谐共生"等诸多理念都在不同层面体现着三者之间的动态平衡。

（二）人类命运共同体的国际法价值之维

由"人类""命运""共同体"三者有机结合而成的"人类命运共同体"表明了人类作为整体在面向未来的意义上集结为共同体的过程。其中，推动构建人类命运共同体在国际法实践层面的基本内涵就是要构建以合作共赢为核心的新型国际关系。在国际法的价值层面，人类命运共同体不仅是实现必要且有效的全球风险社会治理的观念基础，同时也构成了风险社会视角下国际法价值体系重塑的中国理念。

"人类命运共同体不仅是利益共同体，也是价值共同体。"[②] 如果仅仅强调利益上的共同性，是无法将代表着不同文化的国家真正联系在一起的。人类命运共同体在客观层面上透过利益的共同性来强调各国及各国人民的命运相连。在主观的价值维度上，它所蕴含的"人类共同价值"更反映了世界各国人民所共同追求的价值目标。正如习近平主席所指出的："和平、发展、公平、正义、自由，是全人类的共同价值，也是联合国的崇高目标……我们要继承和弘扬联合国宪章的宗旨和原则，构建以合作共赢为核心的新型国际关系，打造人类命运共同体。"[③] 毋庸置疑，构建人类命运共同体就是要倡导人类共同价值，而"和平、发展、公正、正义、自由"等联合国的崇高目标，更无一例外地包含在国际法的价值体系之中。

人类命运共同体理念之所以成为重塑国际法价值体系的中国理念，是因为它是一种全新对待和协调价值间关系的方式。并且它所蕴含的"共同价值"表现为各价值主体间互为主观的共鸣，具有主体间性意义上的包容性和开放性。面对世界文明多样性的基本事实，它提倡相互尊重、求同存异，争取彼此不同文明和价值观之间的理解和欣赏，在最低限度内凝聚共

---

① 黄德明、卢卫彬：《国际法语境下的"人类命运共同体意识"》，载《上海行政学院学报》2015 年第 6 期。

② 廖凡：《全球治理背景下人类命运共同体的阐释》，载《中国法学》2018 年第 5 期。

③ 《携手构建合作共赢新伙伴，同心打造人类命运共同体》《联合国大会第七十届会议第十三次全体会议 A/70/PV. 13》，https：//documents-dds-ny. un. org/doc/UNDOC/GEN/N15/292/64/PDF/N1529264. pdf? OpenElement。

识，形成“和而不同”的“人类共同价值”。相比之下，西方自由主义价值观所倡导的“普世价值”则具有完全不同的意蕴。尽管在内容上它也包含自由、民主、法治、人权等国际法价值，但“普世价值”自其诞生之日起就携带着浓厚的西方中心主义色彩。一如早期欧洲基督教文明以正统之名排除异端的方式一样，“普世价值”的传播与倡导仍然是带有“征服性”甚至“侵略性”的文明化或西方化的过程。在国际法的发展史上，以“普世价值”塑造的国际法价值体系也在一定程度上体现了这种文化上的排他性。在《国际常设法院规约》第三十八条第三项中所规定的“一般法律原则为文明各国所承认者”中，“文明各国”的规范表述无疑印证了这一点。

概言之，人类命运共同体所提倡的“人类共同价值”构成了国际法价值体系重塑的重要组成部分。它以包容性和开放性的立场寻求人类价值观的最大公约数，尊重与交流、互鉴与共存成为不同文明之间相互联结的桥梁。同时，它也是构建“价值共同体”的可行之法和必由之路。

二、“新安全观”与国际法价值体系重塑的内在逻辑

人类命运共同体作为风险社会视角下国际法价值体系重塑的中国理念，其所倡导的共同、综合、合作、可持续的“新安全观”[①] 与国际法价值体系重塑的内在逻辑存在着高度理论融洽性。人类命运共同体理念下的“新安全观”为以安全为主导的国际法价值体系提供了切实可行的构建思路。

（一）“新安全观”与国际法的安全价值

人类命运共同体理念所追求的新安全观，建立在对于当前国际社会安全形势的准确研判之上。正如习近平主席所指出的：“当今世界，安全的内涵和外延更加丰富，时空领域更加宽广，各种因素更加错综复杂。各国人民命运与共、唇齿相依。当今世界，没有一个国家能实现脱离世界安全

① 人类命运共同体理念旨在“建设一个持久和平、普遍安全、共同繁荣、开放包容和清洁美丽的世界”，其中“普遍安全”构成了人类命运共同体理念下“总体国家安全观”的缩影，共同、综合、合作、可持续的“新安全观”亦被称为“亚洲安全观”，是“总体国家安全观”在国际层面的创新安全理念。参见中共中央党史和文献研究院：《习近平关于总体国家安全观论述摘编》，中央文献出版社 2018 年版。

的自身安全，也没有建立在其他国家不安全基础上的安全。”① 由此可见，安全概念在当今时代中已经发生了根本性的变化，它已成为“人类”“命运”“共同体”关键词所涵摄的国际法价值。这意味着，安全超越了主权国家的边界，指向作为整体和集合体的人类。安全同时也在以个人与国家存在可能性为内容的命运维度上展开构建，安全不再局限于个体主义上的个人对于不受客观威胁的主观感受，而成为人与人之间、国家与国家之间命运与共的联结词。安全更指向了共同体层面上的共同安全，在全球化时代，由时空压缩所造成的彼此关系上的拉近也带来了安全在共同体意义上的延伸与扩展。安全就是共同体的安全，单个人的安全依赖于其他人的安全，而单个国家的安全同样也依赖于其他国家的安全，共同体加深了安全的基本内涵。

由现代性风险在时空上的延展性所带来的跨国性风险与威胁，使得世界各国人民在主体性上趋向于作为整体和集合体的人类的主体性。这不仅是对于国家主体性的发展与延伸，更是对于全球风险社会时代人类社会应对共同的挑战与威胁所必需的一种整体性生产关系的强调。就“新安全观”所强调的安全概念而言，它是对于“类安全”的维护与保障。这意味着主权国家的安全必须放在人类安全的框架中予以理解和实现。指向于全人类整体的“类安全”涵盖并提升了主权国家间作为“际安全”的国际安全的根本意蕴。因为“类”所指的是整体的“共在”，而“际”则仅仅指的是个体之间的关系。对于“人类”的强调必将有助于实现风险社会时期国际社会的公共性和整体的安全实现水平。

（二）以共同、综合、合作、可持续安全为主导的国际法价值体系

“新安全观”所倡导的共同、综合、合作、可持续的安全构成要素，在一定程度上是对于风险社会视角下以安全为主导的国际法价值体系的一种全新的构建思路。共同安全、综合安全、合作安全以及可持续安全分别沿着国际法安全价值的主体论、本体论、运行论和进化论范畴构建了一种全新的安全概念。它不仅是对西方自由主义价值观中安全价值的扬弃，同时也是人类命运共同体理念指导下，中国对日益严重的全球性风险威胁的

① 《习近平：反对动辄使用武力或以武力相威胁》，中国新闻网，http：//www. chinanews. com/gn/2015/03-28/7166252. shtml。

有效回应。

其一，新安全观的共同性要素使得国际法的安全价值从遵循主体性原则演变为一种安全的主体间性。这使得安全以及由安全制度性外化之后的秩序价值不再局限于对主权国家主体性的实现，有效防止了霸权国家在主导国际秩序时可能产生的价值异化。共同安全将安全价值放在主权国家之间的位置上。这意味着，任何一个国家都不能排除在安全价值主体之外，“责任共担、权利共享的主体是任何一国”。[①] 国际法的安全价值不再是对于强权压制下那种被曲解的安全价值规范的服从，而成为世界各国通过商谈与交往可以形成共识的价值观。

其二，新安全观的综合性要素使得国际法的安全价值具有一种普遍性的意义，综合意味着对于所有类型的安全进行统筹和涵摄。因此，在内容上，由综合安全所塑造的国际法安全价值既包含指向于政治军事安全的传统安全，也包含指向于具有不确定性和无边界性的非传统安全。由于外延的拓展与更新，综合安全更可以包容由全球性风险所带来的任何新的安全类型。这不仅是对于既有国际法秩序价值内涵缺失的补足，同时也丰富了风险社会视角下国际法秩序价值的新内涵。

其三，新安全观的合作性要素在运行论的范畴提升了安全价值的实现程度。无论共同性要素和综合性要素如何丰富和拓展安全价值的概念内涵与外延，国际法安全价值最终要依靠具体的实在的国际法实践来获得满足。基于此，合作安全观就表明了对于安全价值实现的实践路径。合作意味着摒弃冷战思维与零和博弈的多边主义和伙伴关系，表明了世界各国摒弃既有的意识形态成见共同应对全球性风险威胁的基本态度。合作更显示出一种关于安全合作的可行方案：不仅在友好关系的国家中开展积极的安全合作，同时也在可能存在敌对关系的国家展开消极的安全预防。

其四，新安全观的可持续性要素使得国际法的安全价值具有一种指向于未来的价值关切。它要求对于安全的维护与保障不再局限于一代人的安全问题，而是指向代际正义的可持续的安全状态。因为，安全在客观上的表现形式以及主观上的心理认知都会随着时代的发展而产生变化。当代人在维护共同、综合及合作安全的同时，有可能危及下一代人的安全状态。

---

① 石俊杰：《人类命运共同体理念下的“总体国家安全观”研究——对主要西方国际安全观的超越》，载《重庆大学学报（社会科学版）》2020 年第 6 期。

换言之，安全的可持续性要素在历时性的维度上拓展了安全的辐射范围，使得安全不仅存在着特定时空的主客观二维性，同时也呈现出一种动态的可持续变化与发展的历史性。对于全球气候变暖风险的威胁进行安全防护就属于这种可持续安全观的具体体现，绿色低碳的经济发展政策更蕴含了对于未来后代的安全状况的提前审视。并且，从人类社会进步与发展的历史可以看到，忽视这种代际性的可持续安全会造成只注重经济发展而忽视经济发展负外部效应的情况，现代性风险也会随之产生。由此可见，可持续性的安全对于风险的预防具有积极的作用。

第四节　“一带一路”倡议：国际法价值体系重塑的中国实践

人类命运共同体及其新安全观为国际法价值变革提供了中国理念。人类命运共同体所蕴含的“人类”“命运”“共同体”的关键要素使得国际法价值体系的重塑具有了理念层面的创新与突破。而新安全观所倡导的共同、综合、合作、可持续的安全，则进一步在概念的内涵与外延以及现实性和未来性上深化了国际法上安全价值的根本含义。这不仅为全球风险社会治理提供中国式的新思路，更为构建以安全为主导的国际法价值体系增添了切实可行的新思路。承此，作为推动构建人类命运共同体的重要实践，“一带一路”倡议的基本理念及其初步实施，都将沿着从经济融合到政治互信及文化融合路径为国际法价值体系的重塑提供重要的实践基础。

一、“一带一路”倡议的基本理念：从经济融合到政治互信

如果说人类命运共同体构成了新时代国际法价值体系重塑的中国理念，那么“一带一路”倡议则是实践该理念的重要举措。“一带一路”倡议自提出伊始就将其主要内容定位于跨国间的经济合作上，并以“共商、共建、共享”的“三共”原则为指导。参与“一带一路”建设的国家借由经济上的合作实现“互利共赢”的目标。并且，在“溢出效应”的作用下，“一带一路”倡议所蕴含的价值理念也通过经济融合而不断拓展到政治互信与文化融合上，由此为进一步构建人类命运共同体奠定坚实的实践基础。

"一带一路"倡议的完整表述是经由国家领导人在国际层面的倡导而逐步成型的。2013 年 9 月 7 日，习近平在哈萨克斯坦纳扎尔巴耶夫大学演讲时提出，为了使欧亚各国经济联系更加紧密、相互合作更加深入、发展空间更加广阔，可以用创新的合作模式，共同建设"丝绸之路经济带"。[①] 这是中国国家领导人首次提出建设"丝绸之路经济带"倡议。2013 年 10 月，习近平在印度尼西亚国会演讲时提出，东南亚地区自古以来就是"海上丝绸之路"的重要枢纽，中国愿同东盟国家加强海上合作，使用好中国政府设立的中国—东盟海上合作基金，发展好海洋合作伙伴关系，共同建设"二十一世纪海上丝绸之路"。[②] 至此，建设"丝绸之路经济带和二十一世纪海上丝绸之路"的新时代命题应运而生，"一带一路"倡议的伟大构想由此也在世界范围内传播开来。

在中国政府的全力推动下，"一带一路"倡议迈出了初步实践的步伐。这首先体现为通过政策文件及法律规范逐步充实和丰富"一带一路"倡议的具体实施内容，而这一过程是从国内到国际层面不断展开的。2015 年 3 月 28 日，国家发展改革委、外交部、商务部联合发布《推动共建丝绸之路经济带和 21 世纪海上丝绸之路的愿景与行动》，[③] 这为全面贯彻落实"一带一路"倡议提供了宏观的指导方针。与此同时，"一带一路"倡议也在国际社会引发了普遍关注，联合国的诸多国际决议都逐步将其写入文件之中。2016 年 11 月 17 日，第七十一届联合国大会协商一致通过第 A/71/9 号决议，首次写入"一带一路"倡议，得到 193 个会员国的一致赞同，体现了国际社会对推进"一带一路"倡议的普遍支持。

"一带一路"倡议秉持"和平合作、开放包容、互学互鉴、互利共赢"的理念，并以"共商、共建、共享"作为指导原则。在"一带一路"的理念中，和平合作意味着参与和建设"一带一路"方式的和平性，这不仅是中国古代"丝绸之路"和平精神的延续，同时也是新时代中国与世界各国和平共处、和谐共生的现实写照。开放包容表明了中国在面对世界文明多

---

① 《习近平在哈萨克斯坦纳扎尔巴耶夫大学发表重要演讲》，中央政府门户网站，http：//www.gov.cn/ldhd/2013-09/07/content_ 2483425. htm。

② 《习近平在印度尼西亚国会的演讲》，中央政府门户网站，http：//www.gov.cn/ldhd/2013-10/03/content_ 2500118. htm。

③ 《推动共建丝绸之路经济带和 21 世纪海上丝绸之路的愿景与行动》，新华网，http：//www.xinhuanet.com/world/2015-03/28/c_ 127631962. htm。

样性时所展现的开放态度。古代丝绸之路就穿插在不同的文明之中，并像一座桥梁拉近了各国之间的距离，“文明在开放中发展，民族在融合中共存”。[①] 求同存异成为开放包容的必然结果，互学互鉴是各国在经济交往活动中必不可少的重要环节。各国的语言文化、科学技术、知识观念都在相互间的经济合作中展开了交流与传播，进一步地增进了彼此间的理解与信任。互利共赢是“一带一路”沿线经济合作与建设的最终目标，实现互利共赢也是构建人类命运共同体的现实要求。并且，从目前“一带一路”倡议的实施情况来看，它在某种程度上已成为全球最受欢迎的公共产品，也是目前前景最好的国际合作平台。[②]

“一带一路”倡议有赖于“共商、共建、共享”的“三共”原则贯彻落实。“三共”原则不仅是“一带一路”的指导原则，同时也是构建人类命运共同体的国际法基石。[③] 其中，共商蕴含了平等协商、共同探讨的民主化交流方式。参与“一带一路”建设的各国无论大小强弱均彼此尊重，以平等主体的身份加入“一带一路”建设的商讨中。与此同时，共商还表明了各国之间在话语权上的平等性，避免了话语霸权所带来的危害。这不仅从积极方面促进了经济合作的有效性，同时也从消极方面确立了协商化解分歧、对话解决争端的争议解决途径，在很大程度上消除了参与“一带一路”建设国家尤其是发展中小国的身份忧虑。共建则体现了各国在具体建设“一带一路”过程中的权责对等。一方面，共建强调了国家无论实力强弱均有参与建设的权利和资格，另一方面，共建也凸显了实力较强的大国在实际参与建设方面所应承担的大国责任。换言之，共建在要求各国积极参与经济合作的基础上为各参与主体增添了共同的责任。大国担负起大国应有的责任，小国担负起小国应有的责任。共享原则实际上是对于“一带一路”建设成果的合理分配原则。它摒弃了“零和博弈”你输我赢、你赢我输的僵化思维，遵循的是“互利共赢”的理念，并且也是共商和共建的必然结果。共享原则与自由霸权秩序支配下的“赢者通吃”模式完全不

---

① 《习近平在“一带一路”国际合作高峰论坛开幕式上的演讲》，新华网，http：//www. xinhuanet. com//2017-05/14/c_ 1120969677. htm。

② 《什么是“一带一路”?》，中国一带一路网，https：//www. yidaiyilu. gov. cn/info/iList. jsp?tm_ id＝540。

③ 龚柏华：《“三共”原则是构建人类命运共同体的国际法基石》，载《东方法学》2018 年第1期。

同，它是不分彼此的共享劳动成果，它指向的是真正意义上的“和谐共生”国家间关系。

由此，“一带一路”倡议在其基本理念层面就展现出了多元开放性与包容性、合作性与共赢性、历史性和地缘政治性等诸多特征。这些基本特征真实地反映了“一带一路”倡议之基本理念所蕴含的特性：通过经济上的跨国间交往活动来促进各国的经济发展水平，切实提高各国人民的物质生活水平。这种经济融合的过程也必然蕴含了政治上国家间互信的逐步建立。

“一带一路”倡议所倡导的“政策沟通”有助于实现各国之间在政治层面的互动和互通，而“民心相同”则通过各国民众之间的交往能够促进相互之间的了解与信任。价值观念在这种经贸往来和政治互动中被不断充分地理解和塑造，最终展现为文化层面上的逐步融合。回顾国际法的历史发展可知，反映国际社会共同意志的国际法从来都是在国家之间以及国家民众之间的经济贸易往来中不断形成的。经济上的融合必然会形成一种“溢出效应”从而影响和推动政治上、文化上乃至价值观念的沟通。这种从经济融合到政治互信的模式与思路正是实现国际法价值体系重塑所必需的社会基础。缺失了现实的国家之间、民众之间的经济往来，理论上的抽象的价值重塑就丧失了生存的土壤，其所重塑的价值目标也沦为一种符号和标签。只有在经济融合与政治互信的国家间互动中，国际法价值体系的重塑才具有实现的可能性。由“一带一路”倡议所实现的不仅是各国的经济增长和物质丰富，更将促进价值观念层面的相互理解和沟通。

二、“一带一路”倡议下的国际合作：国际法价值体系重塑的实践基础

“一带一路”倡议之所以取得成功，根本原因在于响应了沿线各国加强互利合作的迫切愿望，提出了共商、共建、共享的开放包容理念。尤其是在当前保护主义、单边主义抬头的形势下，“一带一路”是各国“撸起袖子一起干”的共同事业。① 作为国际经贸交往与合作的伟大构想，“一带

① 《“一带一路”：构建人类命运共同体的重要实践》，新华网，http://www.xinhuanet.com/silkroad/2017-03/16/c_129510520.htm。

一路”倡议必然与国际法发生密切的联系。[①] 随着“一带一路”倡议实施的深化，它必将对既有的国际法律体系带来重大的影响。许多新的国际法律规范也会随之产生。延续了人类命运共同体理念的“一带一路”倡议必将通过国家实践的方式，逐步渗透到既有国际法价值体系之中。“一带一路”倡议下的国际合作，也将在此意义上为国际法价值体系的重塑奠定坚实的实践基础。

从“一带一路”倡议实施的基本事实可以看到，共商、共建、共享逐步成为“一带一路”建设中的基本原则。在这些原则作用下的国家间合作，在某种意义可以被视为是对《联合国宪章》所确立的国际合作原则的深化。在这种国际合作的过程中，也相应地会存在新国际法规则的创制问题。而无论是通过立法方式进行新国际法规则的制定，抑或是通过创设“一带一路”争端解决机制的司法方式来进行创制，都各自存在着一定的阻碍和困难。但是毋庸置疑，由“一带一路”倡议所带来的国际合作必然会增加中国创制新国际法规则的机会。中国也应当发挥司法路径的功能，创设“一带一路”相匹配的争端解决机制，并通过推进立法途径的方式来控制司法途径的弊端。[②] 因为，“一旦关注、认可、参与共建‘一带一路’的国家越多，‘一带一路’倡议的理念就会变成共识，进而成为新的国际规范，对权力转移进程产生深远的影响，而中国则有望实现由崛起国向权力主导国的巨大转变”。[③]

更重要的是，以和平共处五项原则和人类命运共同体基本理念为指导，通过经济合作过程中国际公共产品的供给，中国将展开“一带一路”倡议下国际法话语的构建。这必将有利于破除国际法长期以来受到“欧洲中心主义”影响的偏倚立场。[④] 换言之，对于既有国际法价值体系的重塑而言，最大的障碍应当是美国霸权支配下自由主导国际法价值体系。由“一带一路”建设所形成国家间经济合作，大都以发展中国家为合作主体。因此，与美国自由霸权所输出的国际公共产品相比，由广大发展中国家合

---

① 李鸣：《国际法与“一带一路”研究》，载《法学杂志》2016 年第 1 期。

② 刘敬东、王路路：《“一带一路”倡议创制国际法的路径研究》，载《学术论坛》2018 年第 6 期。

③ 刘方平：《“一带一路”倡议与世界权力的转移》，载《新疆社会科学》2018 年第 2 期。

④ 何驰：《“一带一路”倡议与中国国际法话语的构建：以供给国际公共产品为视角》，载《国际法研究》2019 年第 2 期。

作而成的“一带一路”国际公共产品就更多地蕴含了对于平等价值的诉求。如果“一带一路”倡议的实施能够持续有效地向全世界输出高品质的国际公共产品，那么包括中国在内的广大发展中国家追求平等价值的诉求就能够在“一带一路”倡议的支持下形成一定的国际话语权。由此，与美国霸权的自由主义价值观形成一定的对照。并且，依托“一带一路”经济建设过程中的国际合作，中国必将为世界提供更多更有益的全球公共产品。人类命运共同体理念中蕴含的“人类共同价值”的外延将不断拓展，以“中华民族精神共同体”为内核的中国特色全球治理价值必将对全球治理产生重大的推动作用。①

“一带一路”倡议的基本理念反映出了从经济融合到政治互信以及文化融合过程。由此，国际法价值体系的重塑也会获得更大的实现可能性。“一带一路”倡议的初步实践则显示出，理念层面的倡议已经逐步落实为国家之间、民众之间的具体经济活动，并且这种初步实践也获得了国际社会的广泛参与。通过这一实践，原本存在着文化差异的各国间必将形成一种对于文化价值观念本身的交流与沟通。而这种主体间的协商沟通，必将重新塑造彼此各自对于国际法价值的理解，从而为国际法价值体系的重塑提供物质基础乃至观念基础。如果将国际法的价值视为一种抽象的脱离人们物质生活的理念，那么国际法的价值必然会失去存在的根基。对于国际法价值的理解和诠释，以及对于国际法价值体系的逻辑重塑也只有在人们的具体实践中才能够获得真正意义上的实现。

---

① 马俊毅：《从民族精神共同体到人类命运共同体——“一带一路”与中国特色全球治理价值》，载《思想战线》2018 年第 5 期。

结　语

从国际法的实践层面观之，既有的国际法价值体系实际上表现为一种自由主导的国际法价值体系。它由美国自由霸权秩序所支配，并在国际规范层面充当了国际社会的主导价值观。在这种自由主义价值观影响下，国际法价值体系不仅在整体架构上出现了失衡：自由、平等与安全之间的价值冲突，同时，该体系也在具体价值目标上出现了价值要素的缺失：秩序、平等与人权价值都在不同层面上出现了危机。导致国际法价值体系危机的直接原因，无疑是美国主导的自由霸权秩序，经济全球化的负外部性则进一步加剧了该危机。但深入研究后可知，危机产生的根本原因在于自由主义自身的困境，而自由霸权秩序的衰落更使得自由主义身陷囹圄。与此同时，从法律与社会的互动视角来看，价值体系危机更深层次的缘由来自国际法社会基础的变化。换言之，该危机是国际社会现代性的转向与国际法的滞后性共同作用的结果。亦即，既有的国际法价值体系已经无法满足国际社会对于国际法价值的新需求。因此，重塑一种合理的国际法价值体系在全球化日益深化的背景下显得至关重要。

回顾国际法价值体系的历史演变，国际社会每一次重大的变迁都必然伴随着适应于那个时代的新兴国际法价值：主权平等之于《威斯特伐利亚和约》，自由平等博爱之于法国大革命，海洋自由之于资本主义海外扩张，维护国际和平及安全之于《联合国宪章》。从本质上讲，既有国际法价值体系的危机实际上根源于它对国际法价值发展之“历史性”规律的某种违和。换言之，自由主导的国际法价值体系在一定程度上背离了当前国际社会对于国际法价值需求的新方向。

那么，什么才是合乎世界历史发展趋势的国际法价值体系？这就需要对国际法的社会基础或称国际社会的发展趋势作出研判。旨在描述现代社会转型的风险社会理论则构成了检视国际法价值体系和国际法社会基础的新视角。从风险到风险社会，风险与国际法之间的联系渊源已久。而从经济全球化到风险全球化，全球风险社会时代的到来势不可当。尽管连贝克本人也无法将现实的社会直接断定为风险社会，① 但几乎很少人会否认“风险”这个关键词在人们的生活中占据着越来越重要的角色。因为，气候变化、经济危机、恐怖主义、未知病毒传播等全球性风险在世界范围内不断蔓延扩散的事实，让人们逐渐认识到了风险的重要性。② 因此，至少可以认为，全球风险社会在某种意义上构成了把握国际社会发展新趋势的一种理论描述。就像人们用“后现代”去描述那些诞生于“现代性”却又异于“现代性”的事物一样，全球风险社会正是对我们尚未完全形成理性认知但又无法否认的新世界的某种诠释。

以全球风险社会为时代风向，全球治理也被塑造为全球风险治理。因而，重塑既有的国际法价值体系能够为凝聚全球风险治理价值共识提供一定的基底。但这一重塑从理论上必须突破国际法自由、平等与安全价值所形成的“三元悖论”。由此，摒弃自由与平等之间的论争，而将安全重新放置在国际法价值体系的中心，就构成了国家法价值体系逻辑重塑的核心内容。随之而变的，还有秩序、平等和人权，这些价值也会受到风险社会的影响而改变自身的含义。

在逻辑上对既有国际法价值体系进行了改造，那么在实践层面必然需要相应的路径来实现这一改造。从“实践”一词的主客观意蕴出发，大国政治、交往理性、司法衡平作为关键词分别在主体条件、主观条件和客观条件上形成了各自的实践之道。尽管这种实践路径的路线图亟待现实层面的检验，但它们至少是一种理论上对普遍性方案的尝试。最终，从中国的现实立场出发，国际法价值体系重塑的中国方案则自有一整套深具现实感和责任感的方法论。对于既有国际法价值体系进行重塑，首先就要求中国具备相应的主体资格，而这必然要求作为和平崛起国的中国具有一种身份上的自觉。在此基础上，中国通过和谐价值观来改造既有的国际法价值体

---

① ［德］乌尔里希·贝克、邓正来、沈国麟：《风险社会与中国——与德国社会学家乌尔里希·贝克的对话》，载《社会学研究》2010 年第 5 期。

② 世界经济论坛（The World Economic Forum）每年都会发布一项年度的《全球风险报告（The Global Risks Report）》，该报告根据各项量化的指标和数据经统计和分析后得出关于未来一年全球风险的预测，最新的《2019 年全球风险报告》指出：“全球共同应对主要紧迫风险的能力已经降至危机水平，不断恶化的国际关系正妨碍各国应对与日俱增的严峻挑战。同时，由于地缘政治紧张局势等因素，经济前景日趋黯淡，将在 2019 年进一步挫伤国际合作前景。”参见《2019 年全球风险报告》，世界经济论坛，https：//cn. weforum. org/reports/the-global-risks-report-2019。

系，并借助和平共处五项原则和人类命运共同体来丰富该体系的中国内涵，最终凭借“一带一路”倡议的实施为重塑该体系奠定实践基础。这一系列的重塑方案都深深地体现了中国作为崛起中的大国所应有的责任感，也无不蕴含着对于实现中华民族伟大复兴这一中国梦的现实关切。

“世界首先是个坏世界，而人们幻想好世界。人们通过政治去研究坏世界，而通过道德去想象好世界。”① 其实，世界本无好与坏可言，是人赋予了世界以意义，人创造了一个意义的世界。对真善美的价值追求就是人以自己内在所固有的尺度为自己构建一个自由、平等与安全的好世界。价值是人对于自己作为一种超越性存在的本体性承诺，而法律正是对于这一承诺的制度性实践。在人类社会的历史发展中，法律以规范的形式承载了政治认清既有事实与道德追求应有价值的双重功能。它既直面政治的现实，又背负着道德的理想，最终在人类的社会生活实践中逐步实现和丰富着人的主体性。国际法自诞生之日起就携带了价值的基因，没有对于主权国家的独立与平等的价值追求，人们赖以生存的世界将仍旧处在“一切人对一切人的战争”状态中。而一旦脱离了法律价值的规范评价与行为指引，国际法也会沦为戕害基本人权和维系霸权统治的工具。没有价值，就没有法律。

人们对于国际法价值的追求与实现总离不开人自身的社会实践，而国际法价值本身所据以存在的根基就是作为主体的人以及其所生存的社会。法律不应当仅被视为一种理性的抽象规范，而法律价值更不能被当作一种遥不可及的理想而束之高阁。法律存在于社会之中，法律价值同样扎根于人们的社会生活实践。如果认为国际法价值体系既存的诸多危机与缺陷是国际社会的产物，那么随着全球风险社会的来临，国际法的价值体系同样会产生变革。这并不表示风险社会必然会导致国际法价值体系的根本性变化，但却暗示出：国际法如果要继续承载人们的价值理想，就必须对其社会基础的变迁作出规范性的回应。风险社会不仅提供了一种检视国际法价值体系的新视角，同时也提供了国际法价值体系重塑的契机。借由这种社会转型和时代变迁，以安全为主导的国际法价值体系便能够在一定程度上化解国际法价值体系既存的危机，并进而有效应对风险社会中人们所面临

① 赵汀阳：《坏世界研究：作为第一哲学的政治哲学》，中国人民大学出版社2009年版。

的现代性风险之威胁。

人类社会发展的历史表明，每一个新时代在降临之前，必然会存在着各种各样的征兆和预警，人们根据这些警示总会在理性的支配下作出有效的回应。法律作为一种社会控制的方式正是人们应对未来危机的最佳途径。风险社会视角下国际法价值体系的重塑，也正是出于对正在以及即将到来的全球风险社会的一种回应。它与历史上任何一次法律变革的初衷一样，都旨在建立一个和平与希望共存的“好世界”。

参考文献

一、著作类

（一）中文著作

［1］陈波．逻辑学十五讲：2 版［M］．北京：北京大学出版社，2016.

［2］陈嘉映．价值的理由［M］．北京：中信出版社，2012.

［3］樊纲．市场机制与经济效率［M］．上海：上海三联书店，1995.

［4］冯玉军主编．新编法经济学：原理、图解、案例［M］．北京：法律出版社，2018.

［5］高岚君．国际法的价值论［M］．武汉：武汉大学出版社，2006.

［6］韩东屏．人是元价值——人本价值哲学［M］．武汉：华中科技大学出版社，2013.

［7］何志鹏．国际法哲学导论［M］．北京：社会科学文献出版社，2013.

［8］江河．国际法的基本范畴与中国的实践传统［M］．北京：中国政法大学出版社，2014.

［9］劳东燕．风险社会中的刑法：社会转型与刑法理论的变迁［M］．北京：北京大学出版社，2015.

［10］李从军．价值体系的历史选择［M］．北京：人民出版社，1992.

［11］李德顺．价值论［M］．北京：中国人民大学出版社，2013.

［12］李先波等．主权、人权、国际组织［M］．北京：法律出版社，2005.

［13］梁西．国际法：3 版［M］．武汉：武汉大学出版社，2011.

［14］梁治平．法辨：中国法的过去现在与未来［M］．北京：中国政法大学出版社，2002.

［15］刘挺．经济全球化与社会风险［M］．北京：社会科学文献出版社，2007.

[16] 刘星．法律是什么：20 世纪英美法理学的批判阅读 [M]．北京：中国政法大学出版社，1998.

[17] 刘志云．国际关系与国际法学刊 [M]．厦门：厦门大学出版社，2012.

[18] 罗国强．论自然国际法的基本原则 [M]．武汉：武汉大学出版社，2011.

[19] 苏力．法治及其本土资源：修订版 [M]．北京：中国政法大学出版社，1996.

[20] 孙国华主编．市场经济是法治经济 [M]．天津：天津人民出版社，1995.

[21] 吴从周．概念法学、利益法学与价值法学 [M]．北京：中国法制出版社，2011.

[22] 习近平．习近平谈治国理政：第二卷 [M]．北京：外文出版社，2017.

[23] 谢鹏程．基本法律价值 [M]．济南：山东人民出版社，2000.

[24] 严存生．法律的价值 [M]．西安：陕西人民出版社，1991.

[25] 阎学通，何颖．国际关系分析：3 版 [M]．北京：北京大学出版社，2017.

[26] 张斌峰主编．法学方法论教程 [M]．武汉：武汉大学出版社，2013.

[27] 张大松，蒋新苗主编．法律逻辑学教程：3 版 [M]．北京：高等教育出版社，2013.

[28] 张明楷．刑法学：5 版 [M]．北京：法律出版社，2016.

[29] 张千帆．宪法学导论：原理与应用．3 版 [M]．北京：法律出版社，2014.

[30] 张千帆等．比较行政法：体系、制度与过程 [M]．北京：法律出版社，2008.

[31] 张维迎．经济学原理 [M]．西安：西北大学出版社，2015.

[32] 张文显．法哲学范畴研究 [M]．北京：中国政法大学出版社，2001.

[33] 赵鹏．风险社会的行政法回应：以健康、环境风险规制为中心

[M]. 北京：中国政法大学出版社，2018.

[34] 中国法学会研究部编. 马克思恩格斯论法 [M]. 北京：法律出版社，2010.

[35] 周晴. 三元悖论原则：理论与实证研究 [M]. 北京：中国金融出版社，2008.

[36] 卓泽渊. 法的价值论：3 版 [M]. 北京：法律出版社，2018.

（二）中文译著

[1] 阿达. 经济全球化 [M]. 何竞等，译. 北京：中央编译出版社，2000.

[2] 埃利希. 法律社会学基本原理 [M]. 叶名怡等，译. 北京：中国社会科学出版社，2009.

[3] 安德森. 想象的共同体：民族主义的起源与散布 [M]. 吴叡人，译. 上海：上海人民出版社，2016.

[4] 奥威尔. 动物庄园 [M]. 隗静秋，译. 上海：上海三联书店，2009.

[5] 贝克. 风险社会：新的现代性之路 [M]. 张文杰，何博闻，译. 南京：译林出版社，2018.

[6] 贝克. 世界风险社会 [M]. 吴英姿等，译. 南京：南京大学出版社，2004.

[7] 波兰尼. 巨变：当代政治与经济的起源 [M]. 黄树民，译. 北京：社会科学文献出版社，2013.

[8] 波斯纳. 法理学问题 [M]. 苏力，译. 北京：中国政法大学出版社，2002.

[9] 伯尔曼. 法律与革命：第二卷 [M]. 袁瑜琤，苗文龙，译. 北京：法律出版社，2008.

[10] 伯林. 自由论：修订版 [M]. 胡传胜，译. 南京：译林出版社，2011.

[11] 博登海默. 法理学：法律哲学与法律方法 [M]. 邓正来，译. 北京：中国政法大学出版社，1998.

[12] 布尔. 无政府社会：世界政治中的秩序研究 [M]. 张小明，

译. 上海：上海人民出版社，2015.

［13］拉德布鲁赫. 法哲学［M］. 王朴，译. 北京：法律出版社，2005.

［14］阿·菲德罗斯，等. 国际法［M］. 李浩培，译. 北京：商务印书馆，1981.

［15］弗里德曼. 世界是平的："凌志汽车"和"橄榄树"的视角［M］. 赵绍棣等，译. 北京：东方出版社，2006.

［16］福山. 历史的终结及最后之人［M］. 黄胜强等，译. 北京：中国社会科学出版社，2003.

［17］富勒. 法律的道德性［M］. 郑戈，译. 北京：商务印书馆，2005.

［18］戈德史密斯，波斯纳. 国际法的局限性［M］. 龚宇，译. 北京：法律出版社，2010.

［19］格劳秀斯. 战争与和平法：第1卷［M］. 马呈元，译. 北京：中国政法大学出版社，2015.

［20］格里菲斯，奥卡拉格汉，罗奇. 国际关系关键概念：2版［M］. 朱丹丹，译. 北京：北京大学出版社，2015.

［21］格里芬. 论人权［M］. 徐向东等，译. 南京：译林出版社，2015.

［22］赫尔德等. 全球大变革：全球化时代的政治经济与文化［M］. 杨雪冬等，译. 北京：社会科学文献出版社，2001.

［23］亨金. 国际法：政治与价值［M］. 张乃根等，译. 北京：中国政法大学出版社，2005.

［24］霍贝尔. 原始人的法：法律的动态比较研究：修订版［M］. 严存生等，译. 北京：法律出版社，2012.

［25］霍布斯. 利维坦［M］. 黎思复，黎廷弼，译. 北京：商务印书馆，1985.

［26］霍布斯. 论公民［M］. 应星等，译. 贵阳：贵州人民出版社，2003.

［27］基欧汉，奈. 权力与相互依赖：4版［M］. 门洪华，译. 北京：北京大学出版社，2012.

［28］吉登斯，皮尔森. 现代性——吉登斯访谈录［M］. 尹宏毅，

译. 北京：新华出版社，2001.

[29] 吉登斯 . 超越左与右：激进政治的未来 [M]. 李惠斌等，译 . 北京：社会科学文献出版社，2001.

[30] 吉登斯 . 失控的世界 [M]. 周红云，译 . 南昌：江西人民出版社，2011.

[31] 吉登斯 . 现代性后果 [M]. 田禾，译 . 南京：译林出版社，2011.

[32] 吉尔平 . 国际关系政治经济学：2 版 [M]. 杨宇光等，译 . 上海：上海世纪出版集团，2011.

[33] 卡拉布雷西 . 制定法时代的普通法 [M]. 周林刚等，译 . 北京：北京大学出版社，2006.

[34] 卡塞斯 . 国际法 [M]. 蔡从燕等译，北京：法律出版社，2010.

[35] 凯尔纳，贝斯特 . 后现代理论——批判性质疑 [M]. 张志斌，译 . 北京：中央编译出版社，1999.

[36] 凯尔森 . 法与国家的一般理论 [M]. 沈宗灵，译 . 北京：商务印书馆，2013.

[37] 康德 . 法的形而上学原理 [M]. 沈叔平，译 . 北京：商务印书馆，1997.

[38] 康德 . 永久和平论 [M]. 何兆武，译 . 上海：上海世纪出版集团，2005.

[39] 科恩，肯尼迪 . 全球社会学 [M]. 文军等，译 . 北京：社会科学文献出版社，2001.

[40] 拉佳齐 . 国际对世义务之概念 [M]. 池漫郊，译 . 北京：法律出版社，2012.

[41] 莱克 . 国际关系中的等级制 [M]. 高婉妮，译 . 上海：上海人民出版社，2013.

[42] 勒普顿 . 风险 [M]. 雷云飞，译 . 南京：南京大学出版社，2016.

[43] 里斯本小组 . 竞争的极限：经济全球化与人类的未来 [M]. 张世鹏，译 . 北京：中央编译出版社，2000.

[44] 罗尔斯 . 万民法 [M]. 陈肖生，译 . 长春：吉林出版集团有限责任公司，2013.

[45] 罗尔斯 . 正义论：修订版 [M]. 何怀宏等，译 . 北京：中国社

会科学出版社，2009.

[46] 罗西瑙．没有政府的治理 [M]．张胜军等，译．南昌：江西人民出版社，2001.

[47] 马克思，恩格斯．马克思恩格斯全集：第 6 卷 [M]．北京：人民出版社，1961.

[48] 马克思，恩格斯．马克思恩格斯选集：第 1 卷 [M]．北京：人民出版社，2012.

[49] 马克思．1844 年经济学哲学手稿：3 版 [M]．北京：人民出版社，2000.

[50] 马林诺夫斯基．原始社会的犯罪与习俗 [M]．原江，译．北京：法律出版社，2007.

[51] 梅因．古代法 [M]．沈景一，译．北京：商务印书馆，1959.

[52] 美国海军部海军作战部，海军陆战队总部，海岸警卫队交通运输部．美国海上行动法指挥官手册：2007 版 [M]．宋云霞等，译．北京：海洋出版社，2012.

[53] 米尔斯海默．大国政治的悲剧 [M]．王义桅等，译．上海：上海人民出版社，2014.

[54] 密尔．论自由 [M]．许宝骙，译．北京：商务印书馆，1998.

[55] 摩根索．国家间政治：权力斗争与和平（7 版） [M]．徐昕，郝望，李保平，译．北京：北京大学出版社，2006.

[56] 莫里森．法理学：从古希腊到后现代 [M]．李桂林等，译．武汉：武汉大学出版社，2003.

[57] 奈，唐纳胡．全球化世界的治理 [M]．王荣军等，译．北京：世界知识出版社，2003.

[58] 奈，韦尔奇．理解全球冲突与合作：理论与历史（9 版） [M]．张小明，译．上海：上海人民出版社，2012.

[59] 努斯鲍姆．简明国际法史 [M]．张小平，译．北京：法律出版社，2011.

[60] 庞德．通过法律的社会控制 [M]．沈宗灵，译．北京：商务印书馆，2010.

[61] 皮金，卡斯帕森，斯洛维奇．风险的社会放大 [M]．谭宏凯，

译．北京：中国劳动社会保障出版社，2010.

［62］森．以自由看待发展［M］．任赜，于真，译．北京：中国人民大学出版社，2012.

［63］孙斯坦．风险与理性：安全、法律及环境［M］．师帅，译．北京：中国政法大学出版社，2005.

［64］索伦．法理词汇：法学院学生的工具箱［M］．王凌皞，译．北京：中国政法大学出版社，2010.

［65］温特．国际政治的社会理论［M］．秦亚青，译．上海：上海人民出版社，2014.

［66］肖．国际法［M］．白桂梅等，译．北京：北京大学出版社，2011.

［67］亚当，贝克，龙．风险社会及其超越：社会理论的关键议题［M］．赵延东等，译．北京：北京出版社，2005.

［68］亚里士多德．尼各马可伦理学［M］．廖申白，译．北京：商务印书馆，2003.

［69］伊肯伯里．自由主义利维坦——美利坚世界秩序的起源、危机和转型［M］．赵明昊，译．上海：上海人民出版社，2013.

（三）英文著作

[1] ADAM. The Risk Society and Beyond: Critical Issues for Social Theory, SAGE Publications, 2000.

[2] AMBRUS, RAYFUSE, WERNER. Rsik and the Regulation of Uncertainty in International Law. New York: Oxford University Press, 2017.

[3] BEDERMAN. The Spirit of International Law [M]. Athens Georgia: The University of Georgia Press, 2002.

[4] BEITZ. Political Theory and International Relations [M]. New Jersey: Princeton University Press, 1979.

[5] BIANCHI. International Law Theory [M]. Oxford: Oxford University Press, 2016.

[6] EITZ. Political Theory and International Relations [M]. New Jersey: Princeton University Press, 1979.

[7] FRANKLIN. The Politics of Risk Society, Polity Press, 1998.

[8] HALAFOFF. The Multifaith Movement: Global Risks and Cosmopolitan Solutions, Springer Dordrecht Heidelberg New York London, 2013.

[9] HELD. Global Covenant: The Social Democratic Alternative to the Washington Consensus [M]. Cambridge: Polity Press, 2004.

[10] HENG. War as Risk management: Strategy and Conflict in An Age of Globalised Risks [M]. Routledge, 2006.

[11] HUDSON. Justice in the Risk Society: Challenging and Re-affirming Justice in Late Modernity [M]. London: SAGE Publications, 2003.

[12] JACQUELINE. Science and risk regulation in international law [M]. Cambridge University Press, 2013.

[13] KEOHANE. Thinking about Leadership [M]. Princeton: Princeton University Press, 2010.

[14] KOSKENNIEMI. The Gentle Civilizer of Nations The Rise and Fall of International Law 1870-1960 [M]. Cambridge: Cambridge University Press, 2004.

[15] LUHMANN, A Sociological Theory [M]. New York: Aldine de Gruyter, 1993.

[16] MAITHA. Nussbaum. Frontiers of justice: Disability, nationality, species membership [M]. Cambridg: Harvard University Press, 2006.

[17] MASSUMI. The Politics of Everyday Fear [M]. Minneapplis: University of Minnesota Press, 1993.

[18] NEFF. Justice Among Nations: A History of International Law [M]. Cambridge: Harvard University Press, 2014.

[19] NUSSBAM. Our Global Neighborhood: The Report of the Commission on Global Governance [M]. New York: Oxford University Press, 1995.

[20] PEEL. Science and Risk Regulation in International Law [M]. Cambridge: Cambridge University Press, 2010.

[21] POGGE. Realizing Rawls [M]. Ithaca: Cornell University Press, 1989.

[22] RASMUSSEN. The Risk Society at War: Terror, Technology and Strategy in the Twenty-First Century [M]. Cambridge University Press, 2006.

[23] RAWLS. A Theory of Justcie [M]. Cambridge: Harvard University

Press, 1999.

[24] ROSE. Powers of Freedom: Reframing Political Thought [M]. Cambridge: Cambridge University Press, 1999.

[25] SCHULTZ. Information Technology and Ethics of Globalization [M]. Hershey: IGI Global, 2010.

[26] UNDP. Human Development Report 1994 [M]. New York: United Nations, 1994.

[27] WEATHERALL, COGENS. international law and social contract [M]. Cambridge: Cambridge University Press, 2015.

二、论文类

(一) 中文论文

[1] 贝克. "9·11" 事件后的全球风险社会 [J]. 王武龙，编译. 马克思主义与现实，2004 (2).

[2] 贝克. 风险社会政治学 [J]. 刘宁宁，沈天霄，编译. 马克思主义与现实，2005 (3).

[3] 布坎南，基欧汉. 全球治理机制的合法性 [J]. 赵晶晶，杨娜，译. 南京大学学报 (哲学·人文科学·社会科学版)，2011 (2).

[4] 蔡从燕. 风险社会与国际争端解决机制的解构与重构 [J]. 法律科学 (西北政法大学学报)，2008 (1).

[5] 蔡拓. 全球治理的中国视角与实践 [J]. 中国社会科学，2004 (1).

[6] 曹帅，许开轶. 逆全球化浪潮下 "全球风险社会" 的治理困境与中国方案 [J]. 理论探索，2018 (6).

[7] 曾皓. 论国际组织中的比例平等原则 [J]. 湖南社会科学，2011 (5).

[8] 曾令良，古祖雪，何志鹏. 国际法治与中国法治建设 [J]. 中国社会科学，2015 (10).

[9] 曾令良. 现代国际法的人本化发展趋势 [J]. 中国社会科学，2007 (1).

[10] 曾向红，邹谨键．反恐与承认：恐怖主义全球治理过程中的价值破碎化 [J]．当代亚太，2018 (4).

[11] 车丕照．国际社会契约及其实现路径 [J]．吉林大学社会科学学报，2013 (3).

[12] 车丕照．我们可以期待怎样的国际法治？[J]．吉林大学社会科学学报，2009 (4).

[13] 陈家刚．全球治理：发展脉络与基本逻辑 [J]．国外理论动态，2017 (1).

[14] 陈维春．国际法上的风险预防原则 [J]．现代法学，2007 (5).

[15] 陈小鼎，王亚琪．从“干涉的权利”到“保护的责任”——话语权视角下的西方人道主义干涉 [J]．当代亚太，2014 (3).

[16] 陈拯．失衡的自由国际秩序与主权的复归 [J]．国际政治科学，2018 (1).

[17] 崔伟奇．论风险观念的价值哲学基础 [J]．哲学研究，2012 (2).

[18] 范如国．“全球风险社会”治理：复杂性范式与中国参与 [J]．中国社会科学，2017 (2).

[19] 高岚君．中国的和平发展与国际法的价值体系 [J]．法学评论，2006 (3).

[20] 高秦伟．论欧盟行政法上的风险预防原则 [J]．比较法研究，2010 (3).

[21] 龚泽宣．“民主国家”之间的利益冲突与战争——民主和平论存疑 [J]．政治学研究，2004 (1).

[22] 古祖雪．论国际法的理念 [J]．法学评论，2005 (1).

[23] 关信平，郭瑜．“人类安全”：概念分析、国际发展及其对我国的意义 [J]．学习与实践，2007 (5).

[24] 韩雪晴．自由、正义与秩序——全球公域治理的伦理之思 [J]．世界经济与政治，2017 (1).

[25] 何志鹏．“良法”与“善治”何以同样重要——国际法治标准的审思 [J]．浙江大学学报（人文社会科学版)，2014 (3).

[26] 何志鹏．从“和平与发展”到“和谐发展”——国际法价值观

的演进与中国立场调试［J］. 吉林大学社会科学学报，2011（4）.

［27］何志鹏. 大国政治中的正义谜题——阿拉伯变局与国际法价值反思［J］. 法商研究，2012（5）.

［28］何志鹏. 国际法治：一个概念的界定［J］. 政法论坛，2009（4）.

［29］胡键. 全球治理的价值问题研究［J］. 社会科学，2016（10）.

［30］黄文艺. 全球化时代的国际法治——以形式法治概念为基准的考察［J］. 吉林大学社会科学学报，2009（4）.

［31］季卫东. 风险社会与法学范式的转换［J］. 交大法学，2011（2）.

［32］江河，洪宽. 专属经济区安全与航行自由的衡平——以美国"航行自由行动"为例［J］. 太平洋学报，2018（2）.

［33］江河. 人类命运共同体与南海安全合作——以国际法价值观的变革为视角［J］. 法商研究，2018（3）.

［34］金德霍伊泽尔. 安全刑法：风险社会的刑法危险［J］. 马克思主义与现实，2005（3）.

［35］拉什. 风险社会与风险文化［J］. 王武龙，编译. 马克思主义与现实，2002（4）.

［36］李炳烁. 法律价值体系之内的自由与和谐［J］. 法制与社会发展，2006（4）.

［37］李东燕. 联合国的安全观与非传统安全［J］. 世界经济与政治，2004（8）.

［38］梁西. 国际法的社会基础与法律性质［J］. 武汉大学学报（社会科学版），1992（4）.

［39］林东茂. 客观归责理论［J］. 北方法学，2009（5）.

［40］林国华. 西洋正义战争学说简述——从奥古斯丁到维多利亚［J］. 学术月刊，2015（2）.

［41］刘飞. 论柏拉图《理想国》中城邦正义与个人正义的一致性［J］. 哲学动态，2014（6）.

［42］刘长秋. 生物经济国际法的基本价值研究［J］. 东方法学，2011（4）.

［43］刘志军，刘民权. 人类安全：概念与内涵［J］国际观察，2006（1）.

[44] 刘志云．论国家利益与国际法的关系演变 [J]．世界经济与政治，2014 (5)．

[45] 刘志云．论全球治理与国际法 [J]．厦门大学学报（哲学社会科学版），2013 (5)．

[46] 罗国强．论当代国际法基本价值之构建 [J]．南通大学学报（社会科学版），2015 (1)．

[47] 罗国强．重读平等：正义与公平的形式要求 [J]．求索，2014 (8)．

[48] 南连伟．风险刑法理论的批判与反思 [J]．法学研究，2012 (4)．

[49] 倪春纳．民主能产生和平吗？——对“民主和平论”的批判及回应 [J]．外交评论，2013 (2)．

[50] 彭岳．中美贸易战中的安全例外问题 [J]．武汉大学学报（哲学社会科学版），2019 (1)．

[51] 任剑涛．在一致与歧见之间——全球治理的价值共识问题 [J]．厦门大学学报（哲学社会科学版），2004 (4)．

[52] 石斌．“人的安全”与国家安全——国际政治视角的伦理论辩与政策选择 [J]．世界经济与政治，2014 (2)．

[53] 石斌．共同安全的困境——论当代国际安全的文化价值基础 [J]．国际安全研究，2013．

[54] 石斌．权力、秩序、正义——“英国学派”国际关系理论的伦理取向 [J]．欧洲研究，2004 (5)．

[55] 石斌．秩序转型、国际分配正义与新兴大国的历史责任 [J]．世界经济与政治，2010 (12)．

[56] 司平平．联合国大会维护和平职能的扩展——对《联合国宪章》第 12 条逐步扩大的解释 [J]．法学评论，2007 (2)．

[57] 宋亚辉．风险控制的部门法思路及其超越 [J]．中国社会科学，2017 (10)．

[58] 苏向荣．风险、信任与民主：全球气候治理的内在逻辑 [J]．江海学刊，2016 (6)．

[59] 孙国华，何贝倍．法的价值研究中的几个基本理论问题 [J]．

法制与社会发展，2001（4）.

[60] 孙万怀. 风险刑法的现实风险与控制 [J]. 法律科学（西北政法大学学报），2013（6）.

[61] 王金良. 全球治理的内在逻辑与模式 [J]. 比较政治学研究，2015（1）.

[62] 王岚. 世界风险社会语境下的国际环境法律责任追究机制 [J]. 江西社会科学，2012（1）.

[63] 王立. 平等的双重维度：形式平等和实质平等 [J]. 理论探讨，2011（2）.

[64] 王绍光. 治理研究：正本清源 [J]. 开放时代，2018（2）.

[65] 王秀梅. 中国的和平发展与国际法价值多元化 [J]. 南京航空航天大学学报（社会科学版），2007（2）.

[66] 韦宗友. 西方正义战争理论与人道主义干预 [J]. 世界经济与政治，2012（10）.

[67] 吴万得. 论德国法律保留原则的要义 [J]. 政法论坛，2000（4）.

[68] 夏春利. 论人类共同继承财产——兼谈世界资源的公平分享 [J]. 理论与改革，2014（1）.

[69] 夏勇. "风险社会"中的"风险"概念辨析：刑法学研究中"风险"误区之澄清 [J]. 法商研究，2011（5）.

[70] 谢来辉. 从"扭曲的全球治理"到"真正的全球治理"——全球发展治理的转变 [J]. 国外理论动态，2015（12）.

[71] 星野昭吉. 全球治理的结构与向度 [J]. 南开学报（哲学社会科学版），2011（3）.

[72] 熊文驰. 民主和平与战争状态问题——再谈"民主和平论"与现实主义之争 [J]. 外交评论，2009（2）.

[73] 徐向东. 罗尔斯的政治本体论与全球正义 [J]. 道德与文明，2012（1）.

[74] 徐勇. GOVERNANCE：治理的阐释 [J]. 政治学研究，1997（1）.

[75] 薛澜，俞晗之. 迈向公共管理范式的全球治理——基于"问题—

主体—机制”框架的分析［J］. 中国社会科学，2015（11）.

［76］阎学通. 公平正义的价值观与合作共赢的外交原则［J］. 国际问题研究，2013（1）.

［77］杨国荣. 全球正义：意义与限度［J］. 哲学动态，2004（3）.

［78］杨雪冬. 全球化、风险社会与复合治理［J］. 马克思主义与现实，2004（4）：65.

［79］杨泽伟. 当代国际法的新发展与价值追求［J］. 法学研究，2010（3）.

［80］杨泽伟. 国家主权平等原则的法律效果［J］. 法商研究，2002（5）.

［81］俞可平. 全球治理引论［J］. 马克思主义与现实，2002（1）.

［82］俞可平. 重新思考平等、公平和正义［J］. 学术月刊，2017（4）.

［83］袁发强. 国家安全视角下的航行自由［J］. 法学研究，2015（3）.

［84］张爱宁. 国际人权法的晚近发展及未来趋势［J］. 当代法学，2008（6）.

［85］张恒山. 论正义与法律正义［J］. 法治与社会发展，2002（1）.

［86］张华. 论欧盟食品安全法中的风险预防原则：问题与前瞻［J］. 欧洲研究，2011（4）.

［87］张劲松. 论全球治理过程中的中西价值冲突及其消解［J］. 学海，2008（4）.

［88］张明楷. “风险社会”若干刑法理论反思［J］. 法商研究，2011（5）.

［89］张明楷. 论被允许的危险的法理［J］. 中国社会科学，2012（11）.

［90］张宇燕，任琳. 全球治理：一个理论分析框架［J］. 国际政治科学，2015（3）.

［91］赵晨. 中美欧全球治理观比较研究初探［J］. 国际政治研究，2012（3）.

［92］赵海月，王瑜. 全球治理与和谐世界［J］. 理论与改革，2010（5）.

[93] 赵骏，谷向阳．论全球治理中的G20软法治理［J］．浙江学刊，2018（2）．

[94] 赵可金．从国际秩序到全球秩序：一种思想史的视角［J］．国际政治研究，2016（1）．

[95] 赵洲．国际法视野下核能风险的全球治理［J］．现代法学，2011（4）．

[96] 周灵方．法的价值冲突与选择——兼论法的正义价值之优先性［J］．伦理学研究，2011（6）．

[97] 周战超．当代西方风险社会理论引述［J］．马克思主义与现实，2003（3）．

[98] 朱剑．航行自由问题与中美南海矛盾——从海洋的自由属性出发［J］．外交评论，2018（4）．

[99] 朱文奇．中国与北非中东变局中的国际法［J］．中国法学，2012.

（二）英文论文

[1] BAHN R . Reputational Risk and Enforceability in International Law [J]. Sais Review of International Affairs, 2008, 28 (2).

[2] BECK. The Terrorist Threat: World Risk Society Revisited [J]. Theory, Culture & Society, 2002 (4).

[3] BECK. Varieties of Second Modernity and the Cosmopolitan Vision [J]. Theory, Cultural & Society, 2016 (7—8).

[4] Blewett . Congleton R D. Non-global social contracts: A note on inefficient social institutions [J]. Public Choice, 1983, 41 (3).

[5] BLEWETT, CONGLETON. Non-global social contracts: A note on inefficient social institutions [J]. Public Choice, 1983, 41 (3).

[6] BOUDIA, JAS. Introduction: Risk and Risk Society in Historical Perspective [J]. History and Technology, 2007 (4).

[7] BRILMAYER. International Justice and International Law [J]. West Virginia law Review, 1996 (98).

[8] DAHHOUR. Three Models of Global Community [J]. Journal of Ethics, 2005, 9 (1—2).

[9] FUKUYAMA. Governance: What Do We Know, and How Do We Know It? [J]. Annual Review of Political Science, 2016 (19).

[10] FUKUYAMA. What is Governance? [J]. Governance: An International Journal of Policy, Administration, and Institutions, 2013 (26).

[11] GREGORY, B HE. Global Social Justice at the WTO? The Role of NGOs in Constructing Global Social Contracts [J]. International Affairs, 2007, 83 (4).

[12] INOGUCHI , LELTQ. Toward Modelling a Global Social Contract: Jean-Jacques Rousseau and John Locke [J]. Japanese Journal of Political Science, 2016, 17 (3).

[13] JARVIS. Risk, Globalisation and the State: A Critical Appraisal of Ulrich Beck and the World Risk Society Thesis [J]. Global Society, 2007 (1).

[14] KATHRANIP. Social Contract Theory and the International Normative Order: A New Global Ethic? [J]. Jurisprudencija, 2010, 1 (119).

[15] MARTHA. Nussbaum. Beyond the social contract: capabilities and global justice. an Olaf Palme lecture, delivered in Oxford on 19 June 2003 [J]. Oxford Development Studies, 2004, 32 (1).

[16] MYTHEN. Thinking with Ulrich Beck: Security, Terrorism and Transformation [J]. Journal of Risk Research, 2018 (1) .

[17] OWADA. Conflict of Values in international Law: University of International Law in a Globalizing World [J]. Austrian Review of international and European Law, 2009 (14).

[18] SCHULTZ. The Role of IT in the Ethics of Globalization [J]. Issues in Informing Science & Information Technology, 2010, (7).

[19] SOBEL. The League of Nations Covenant and the United Nations Charte: An Analysis of Two International Constitutions [J]. Constitutional Political Economy, 1994 (5).

[20] SORENSEN. Ulrich Beck: Exploring and Contesting risk [J]. Journal of Risk Research, 2018 (1).

[21] STEINBERG. In the Shadow of Law or Power? Consensus-Based Bar-

gaining and Outcomes in the GATT/WTO [J]. International Organization, 2002 (56).

[22] STONE . Social Contract Theory in the Global Context [J]. Law Ethics & Philosophy, 2014 (2).

[23] TAKEMURA . Global Risk and International Law : Focusing on the SPS Agreement [J]. Kyushu International University Law Journal, 2011 (18).

[24] WIMMER, QUANDT. Living In the Risk Society [J]. Journalism Studies, 2006 (2).

三、网络文献

（一）中文类

[1] 发展权利宣言 [EB/OL]. 联合国大会决议 A/RES/41/128, (1986-12-04) [2018-10-15]. http://www.un.org/zh/documents/view_doc.asp?symbol=A/RES/41/128。

[2] 关于各国依联合国宪章建立友好关系及合作之国际法原则之宣言 [EB/OL]. 联合国大会决议 A/RES/2625 (XXV), (1970-10-24) [2018-10-15]. http://www.un.org/zh/documents/view_doc.asp?symbol=A/RES/2625 (XXV)。

[3] 国际法院对在被占领巴勒斯坦领土修建隔离墙的法律后果发表的咨询意见 [EB/OL]. 联合国大会第十届紧急特别会议 A/ES-10/273, (2004-07-13) [2018-12-15]. http://www.un.org/en/ga/search/view_doc.asp?symbol=A/ES-10/273&Lang=C。

[4] 加强国际安全宣言 [EB/OL]. 联合国大会决议 A/RES/2734 (XXV), 1970-12-16 [2018-12-15]. http://www.un.org/zh/documents/view_doc.asp?symbol=A/RES/2734 (XXV)。

[5] 团结一致共策和平 [EB/OL]. 联合国大会决议 A/RES/377 (V), 1950-11-0 [2018-12-15]. http://www.un.org/zh/documents/view_doc.asp?symbol=A/RES/377 (V)。

（二）英文类

[1] Burundi first to leave ICC [EB/OL].（2017-10-27）[2018-12-15] http：//www. polity. org. za/article/burundi-first-to-leave-icc-2017-10-27.

[2] North SeaContinental Shelf Cases (Federal Republic of Germany v. Denmark; Federal Republic of Germany v. Netherlands) [EB/OL].（1969-02-20）[2018-12-15]. https：//www. refworld. org/cases，ICJ，50645e9d2. html.

[3] Quadrennial Defense Review Report [EB/OL]. U. S. Department of Defe. (2010 [2018-12-15]). http：//www. defense. gov/QDR/images/QDR_ as_ of_ 12Feb10_ 1000. pdf.

[4] Resolution adopted by the 55th General Assembly [EB/OL]. United Nations Millennium Declaration (A/RES/55/2), (2000-09-18) [2018-12-15]. http：//www. un. org/millennium/declaration/ares552e. pdf.

后　记

本书是在我的博士学位论文《国际法价值体系的重塑——以风险社会理论为视角》的基础上修订而成的。本书从初稿到出版，得到了诸多亲友师长的关心、鼓励、支持和帮助。在此，一并向他们表示感谢！

感谢我的导师江河教授！江老师引我入国际法门径，教我做人做事之正道，授我安身立命之良法，此生受益无穷！

感谢我的博士后合作导师王勇教授！

感谢给予我专业指导的杨泽伟教授、陈业宏教授、邓烈教授、简基松教授、徐伟功教授、何艳编审等。

感谢从本科、硕士直至博士一路上关心并助我成长的恩师：湖北经济学院法学院的张功教授、李振华教授、潘德勇教授、韩祥波老师，广东财经大学法学院的谢雄伟教授、涂四益副教授、黄伟文副教授等。

感谢我的同门师弟师妹：杜倩、洪宽、鲁蒙、刘晶、胡梦达、李文静等。

感谢与我同舟共济的博士同学：周楠博士、李凯博士、李爽博士、许皓博士、黄佳博士、张巍博士、刘安韦博士、王裕根博士、贺增磊博士、郭梦溪博士、魏钢泳博士等。

感谢多年来一路相随的小伙伴：罗建意、马昭烈、王杨、李勇、孙铖、王国栋、王李夫、朱至元、叶亚强、于明伍、王天乐、朱士玉、于翔、詹浩然、陈楚、钱鑫昌、汤蒙、贺晓龙、罗潇等。

感谢我最亲爱的家人：父亲、母亲、姐姐、姐夫等。

感谢我的爱人：龙凌。

感谢我的母校：中南财经政法大学。在南湖边求学三余载，我真实地感受到了中南财经政法大学法学深厚的学术传统和浓厚的学术氛围，在这里，我如沐春风！

感谢湖北汽车工业学院人文学院杨高举书记、黄永昌院长、成继平副院长、安军博士、张书林教授等领导和同事的关心及支持！

本书的出版得到了湖北省社会科学基金、湖北汽车工业学院博士科研启动基金、马克思主义学院学术基金和检察理论与实务研究基地学术基金等项目的资助。中国民主法制出版社的领导和许泽荣、逯卫光编辑为本书的出版付出了艰辛的劳动。在此，向所有对本书的出版给予支持和帮助的师长致以诚挚的谢意！

以上。

2019 年 10 月 1 日，初稿于湖北武汉。

2019 年 12 月 1 日，定稿于广东深圳。

2021 年 9 月 21 日，终稿于湖北十堰。